主　　编：王　名
副 主 编：马剑银
执行主编：蓝煜昕
编　　委：赖伟军　李长文　李朔严　罗文恩　宋程成　俞祖成　张　潮
编辑秘书：田秀丽　刘瑜瑾
刊物支持：增爱公益基金会

学术顾问委员会：
白永瑞（韩国延世大学）
陈金罗（北京大学）
陈锦棠（香港理工大学）
陈旭清（中央民族大学）
大卫·霍顿·史密斯（David Horton Smith，美国波士顿学院）
邓国胜（清华大学）
丁元竹（国家行政学院）
高丙中（北京大学）
官有垣（台湾中正大学）
郝秋笛（Jude Howell，英国伦敦政治经济学院）
何增科（北京大学）
华安德（Andrew Watson，澳大利亚阿德莱德大学）
黄浩明（深圳国际公益学院）
贾西津（清华大学）
江明修（台湾政治大学）
康保瑞（Berthold Kuhn，德国柏林自由大学）
康晓光（中国人民大学）
莱斯特·萨拉蒙（Lester Salamon，美国约翰-霍普金斯大学）
林尚立（中央政策研究室）
罗家德（清华大学）
马长山（华东政法大学）
马克·西得乐（Mark Sidel，美国威斯康星大学）
山内直人（Naoto Yamauchi，日本大阪大学）
沈　原（清华大学）
师曾志（北京大学）
天儿慧（Amako Satoshi，日本早稻田大学）
陶传进（北京师范大学）
托尼·塞奇（Tony Saich，美国哈佛大学）
王　名（清华大学）
王绍光（香港中文大学）
温铁军（中国人民大学）
吴玉章（中国社会科学院法学研究所）
谢寿光（社会科学文献出版社）
徐家良（上海交通大学）
雅克·德富尔尼（Jacques Defourny，比利时列日大学）
杨　团（中国社会科学院社会学研究所）
张　经（中国商会行业协会网）
张秀兰（北京师范大学）
张严冰（清华大学）
周延风（中山大学）
朱晓红（华北电力大学）
（以上均按首字母排序）

China Nonprofit Review Vol.26 2020 No.2

本刊编辑部地址：北京市海淀区中关村东路1号院5号楼文津国际公寓807
电话：010-62773929
投稿邮箱：lehejin@126.com
英文版刊号：ISSN：1876-5092；E-ISSN：1876-5149
出版社：Brill出版集团
英文版网址：www.brill.nl/cnpr

# 中国非营利评论

清华大学公益慈善研究院
明德公益研究中心　主办

第二十六卷　2020　No.2

社会科学文献出版社
SOCIAL SCIENCES ACADEMIC PRESS (CHINA)

本刊得到增爱公益基金会的赞助

理事长胡锦星寄语本刊：增爱无界，为中国公益理论研究作出贡献！

增爱无界

胡锦星

增爱公益基金會

More Love Foundation

# 卷首语

　　本应年中出版的这一卷，因疫情等原因拖延至今，深感不安和歉疚。这是评论创刊以来首次。故先要向读者诸君深表歉意！

　　这一年，许多事情被疫情挡住了，改变了，整个世界都这样。

　　但疫情没能挡得住我们调研的脚步。自启动基于新史观的两岸田野研究以来，在不到半年的时间里，我们的行迹遍布大半个中国，中行晋豫，南入粤闽，东驰鲁浙，北至辽东，先后探访 30 多个市县的近百处历史文化圣地，一路探源尧舜，寻根商周，祖述孔孟，遍访遗址、祖地、祠堂、寺庙、故居等，沿着文化—社会—宗教的脉络，纵横几万里，上下五千年，怀着钱穆先生所倡"对历史的敬意与温存"，秉承从历史中探寻文明传承之道的信念和宗旨，以易为指引，从心致良知，初步搭建起一个以生活资本及共同性为核心范畴的关于华人社会之内在黏度与外在韧性的解释框架。下一步，我们将循此进一步完善相应的理论体系，并逐步展开以海峡两岸为主要基地的贤士群体及其家族之传承研究，其阶段性成果亦将通过新媒体及论文、出版物等形式公开发表。

　　本卷刊发的四篇专题文章聚焦抗疫行动，关注社会组织与社会治理在疫情大考中的作为与反思；一篇专稿则以第三次分配为主题探讨慈善之文化面向。这两个主题我们都将继续关注，疫情引发的思考尚未结束，第三次分配则提供了更加广阔的视野。期待来自读者诸君这两个方面更多的赐稿。

　　庄河有一种神鸟叫黑脸琵鹭，此时应在飞往台南的途中。其生活资本一半在辽东一半在台湾。我们的田野研究有如这神鸟，一半在大陆一半在宝岛。期待明年斯时，台湾田野研究能够跟随这神鸟的脚步踏上宝岛。

王　名

2020 年 11 月 18 日

于清华园

# 目　录

# CONTENTS

# 慈善
## ——从道德实践到文化自信

马　昕\*

【摘要】基于第三次分配的道德属性充分认识慈善的作用，是理解和认识慈善事业重要价值的关键所在。除了从资源配置、调整收入的角度来评价慈善事业的作用，更需要重视慈善活动所产出的精神产品。慈善事业的发展状况体现全民道德积累和社会文明程度。慈善所培育的责任意识、诚信意识、公正意识、规则意识、契约意识，既为经济平稳运行营造安定的社会局面，又为市场机制发挥作用提供价值观支撑。慈善传播的互助、友善、信任等精神，弥补初次分配和再分配的不足，推动社会进步。慈善的道德培育落实于人人可以参与的、广泛的社会实践，对培育价值理念、凝聚社会共识富有成效。履行慈善事业在积累伦理道德、推进文化自信中的价值使命是构建慈善事业之中国特色的重要路径。

【关键词】慈善；道德；价值观；文化自信

## 引　言

党的十九届四中全会明确提出，要"重视发挥第三次分配作用，发展慈善

---

\*　马昕，民政部慈善事业促进和社会工作司慈善组织处处长。

等社会公益事业"。最早提出第三次分配概念,并将慈善作为第三次分配的主要方式的是厉以宁先生。早在 20 世纪 90 年代,厉以宁先生就提出,"把市场进行的收入分配称作第一次分配,把政府主持下的收入分配称作第二次分配。在这两次收入分配之外,还存在着第三次分配——基于道德信念而进行的收入分配"(厉以宁,1994:77)。时隔二十多年,党的十九届四中全会将"第三次分配"写入党的重要文件,并将第三次分配作为基本经济制度的组成部分,这无疑是对改革开放以来慈善事业在经济社会发展中地位与作用的充分肯定,同时也为慈善事业未来的发展指出了更明确的方向。充分认识并应用第三次分配理论,将是今后完善慈善事业制度、推进慈善治理现代化的基础。正如厉以宁先生指出的,"道德信念"是慈善事业对国民收入进行调节分配的根本动力。慈善,无论是从其在经济运行中的作用,还是对社会发展的作用来看,都凸显其道德属性。习近平总书记早就指出,"树立慈善意识、参与慈善活动、发展慈善事业,是具有广泛群众性的道德实践"(习近平,2007:252),强调的正是慈善在道德实践、价值观培育中的重要作用。探讨发展慈善事业对于经济运行、社会建设的意义,除了关注慈善对财富分配的直接作用,更需要紧紧抓住慈善的道德属性来评价其价值所在,而这一维度尚未获得充分的重视。

## 一　基于第三次分配的道德属性充分认识慈善的作用

第一次分配即初次分配,主要依赖市场机制来评价各生产要素的贡献并决定报酬。第二次分配即再分配,主要由政府以税收、社会保障、转移支付等手段调节收入分配,解决市场机制不够公平的问题,保障市场机制不能提供的公共服务。第三次分配是由社会力量自愿通过慈善捐赠、志愿服务等慈善行为增加公共利益,依靠的是道德信念的力量(厉以宁,1994:77~79)。为何要将慈善事业放到与初次分配、再分配并列的第三次分配的高度来加以认识?从厉以宁先生的阐述出发,可以抓住两个要点,一是在以市场经济为主体的基本经济制度中,慈善事业是分配制度的组成部分,尽管是居于第三位发挥补充作用,但在基本经济制度中是不可或缺的;二是慈善事业的发展动力归结为"道德信念",超越了第一次分配和再分配调节利益的作用,上升到更长远的人类社会发展目标和更高的精神层面。从经济角度来看,慈善是对初次分配和再分配的补充完善，通过动员慈善捐赠引导资源向困难群体和老百姓的其他社会需求流动，或者通过动员志愿服务来减少困难群体和一般老百姓的资源流出，从而促进收入分配更加公平。但是，如果仅仅从资源配置、调整收入的角度来评价慈善事业的作用，就明显低估了慈善对经济社会发展的价值所在，更值得重视的应当是慈善活动所产出的精神产品。

我们可以观察到，无论是对于经济运行，还是对于社会治理，慈善事业都从道德观念、价值理念的维度发挥着重要作用。

**（一）慈善事业促进安定的社会局面，是经济平稳运行的基础**

三次分配都服务于经济的运行，相互配合来实现效率与公平的有机统一。我国经济进入高质量发展阶段，经济长期向好，物质基础雄厚，人力资源丰厚，市场空间广阔，发展韧性强大，社会大局稳定，继续发展具有多方面优势和条件；但发展不平衡不充分问题仍然突出，在民生保障方面还存在短板，在社会治理中还有弱项。"重视发挥第三次分配作用"确实有利于补充再分配在资源上的不足。慈善的精神产品不仅能使受助方受益，还能对捐赠方和第三方公众产生深远影响，无论是对受助方、捐赠方还是广大公众，其意义都远远超过财富分配本身。例如，一项成功的资助乡村小学贫困学生的慈善活动，除了助力受助学生完成学业、获得对未来的信心，也让捐赠人、学生的家长、教师、所在乡村的居民，以及其他接触和了解到该活动的人受到激励，增加对社会的信任。很多社会扶贫项目通过慈善组织来实施，正是因为慈善活动绝不是简单的财富分配。在实施慈善项目的过程中，慈善既能够与再分配一起调节市场机制未能解决的贫富差距、分配不公问题，也能够通过伦理道德的再生产、再传播，增强社会信心，促进社会安定团结，从而助力经济平稳运行。因此，不能简单地认为再分配和第三次分配之间此消彼长，再分配对第三次分配有"挤出效应"。正是由于慈善受到道德观念、价值驱动，产出价值理念这种特性，无论慈善领域所调配的财富多少，其存在发展都有特殊意义。如果仅仅计算慈善活动的经济效益，仅仅基于资源供给、财富分配来认识慈善，不免会落入"功利主义"的窠臼，忽略了慈善对经济社会发展的真正价值所在，难免会对慈善事业如何配合党和国家的战略部署，并对如何把握其中的发展机遇等产生困惑。

**（二）慈善事业提供丰富的精神产品，是巩固完善市场机制的支撑**

不论中西方国家驱动慈善的价值理念有何差别，所有的慈善行为都表现为

自愿的、广泛的、公共的社会活动，必须诚信、公正、遵守规则、遵守契约，才能够持续进行。因此，慈善既面向不同社会群体在扶贫济困、养老助残、科教文卫、生态环保等方面提供具体的差异化服务，又面向全社会普遍提供责任意识、诚信意识、公正意识、规则意识、契约意识这些精神产品，这正是市场经济开展"公平竞争"所需要的理性精神。马克斯·韦伯提出，现代经济的发展是以理性主义的发展占据统治地位为显著特征的（韦伯，2006：31~32）。通过巩固强化理性精神，慈善促进了市场的成熟和健康，推动了经济发展和财富增长。

**（三）慈善活动所产出的伦理道德、价值观念，是克服功利主义危害的利器**

马克思指出，伴随着技术、机器的改进和生产力的发展，工具理性的发展使人越来越表现为物的奴役，不但使人的智力被物化，而且对技术理性、经济理性、金钱的狂热追求直接导致了价值、道德的失落（陈志刚，2001）。马克斯·韦伯则将资本主义高度发展以后，物质代替信仰成为人们直接追求目标的非理性行为称为套上了"铁的牢笼"（韦伯，2006：105）。今天，一些发展中国家落入"中等收入陷阱"，不仅表现出经济发展的乏力和政治上的混乱，也体现为社会的伦理道德混乱、价值观念缺位、公平正义缺失，人民普遍丧失幸福感、获得感、安全感。而中国在改革开放40多年以来，经济增长、财富增加、人民生活水平提高了，但与此同时，过度逐利、金钱至上、消费主义等思想观念的蔓延，家庭美德、职业道德、社会信用的部分遗失，让人们经常担忧，这个社会怎么了？经济快速发展之后，社会的发展需要防止陷入被物质主宰一切的牢笼。虽然社会发展建立在经济基础上，但不能简单地按经济规律来运行。如果社会发展也采用市场机制，仍然以个体对利润的追求为基础，不但无法融合各类群体，共享改革开放的成果，还将加剧利益之争，引起社会撕裂，制约社会的进步。社会的凝聚力需要建立在对公平正义、公共利益的共同追求上，需要以互助、友善、信任等精神为驱动，而这些精神正是慈善事业所承载，并且在慈善活动中反复产生和传递的。

**（四）慈善活动对于伦理道德、价值观念的培育是弥补再分配制度缺陷的重要力量**

我们知道，再分配是政府为了兼顾效率和公平，弥补初次分配的不足，促进经济社会协调发展的手段。但是，一些"福利国家"的再分配制度已经显现出阻碍经济社会发展的副作用。一方面，高福利政策替代家庭责任，使得家庭观念解体，很多人不婚、不育催生老龄化社会，没有足够的新工人支付退休者的养老金，形成经济负担；另一方面，高福利意味着高税收，降低了劳动者可支配收入，降低了生产要素投入再生产的积极性，从而降低了效率；民众在社会保障上过于依赖财政统揽、政府责任，还削弱了家庭和社会的责任，减损了国家、民族团结一致、奋发向上的动力。这些问题都反映出，仅有初次分配和再分配不能满足社会发展在精神层面的需要，需要依靠慈善事业等第三次分配来培育、传播伦理道德，促进社会融合，增加精神动力。

## 二　慈善的道德实践与价值观培育

文化是一个国家、一个民族的灵魂。一个国家、一个民族的文化以及文化所蕴含的价值理念、所呈现的道德水准是国家和民族的软实力，是国家治理体系和治理能力现代化的精神基础。伦理道德、价值理念、思想文化的培育，既要靠宣传教育，还要靠实践。公益慈善事业的发展状况体现全民的道德积累状况，直接反映一个国家的文化水平、文明进步程度。慈善作为人们能够普遍参与的道德实践，关系到文化的自信、社会的进步、民族的复兴，应当得到更多的重视。

### （一）慈善与伦理道德、价值观念、思想文化的密切关系

慈善既闪耀着人类文明的光辉，又时常在不经意间标注出人们道德容忍的底线。我们可以看到，有关慈善的舆论风波，往往会引发社会大讨论，凡慈善领域引发的社会舆情，往往显露出人们对伦理道德的争议、对公平正义的隐忧、在价值层面的意见分歧。因此，在整个社会治理中衡量慈善领域的风险也要从伦理道德、价值观念、思想文化的角度来进行。

随着改革开放不断推进、经济持续发展，我国的社会主要矛盾发生了变化，而伦理道德、价值理念、文化水平在许多方面表现出不适应，就折射出发展的不充分、不平衡。与此同时，慈善活动所产出的伦理道德、价值理念、先进文化，又恰是解决经济和社会发展不平衡不充分问题的良药。立足于解决社会发展的深层次问题，需要更深入地理解和贯彻党的十九届四中全会对发展慈善事业的要求，从我国培育伦理道德、树立和巩固社会主义核心价值观、推动文化

自信的紧迫需要出发，去认识和挖掘慈善的作用。

### （二）慈善作为道德实践的特殊意义

慈善对道德的传播是落实在广泛的实践中的，与一般的宣传、教育手段相比，对培育价值理念、凝聚社会共识更见成效。道德在很大程度上通过个人化的实践内化为社会公共生活的伦理。慈善既是对捐赠人、志愿者的动员，也是对受益人和一般社会公众道德情操的陶冶。受到慈善动员和感召的人，不论是一元钱还是一亿元的捐赠，不论是偶然的助人为乐还是经常性的志愿服务，其内心深处的道德都会得到提升。通过诸多个体化的慈善实践，人们能够形成普遍的道德认知，从而使更多的人明义利、辨是非，增进情感、相互信任。慈善的道德实践非常广泛，没有年龄、职业、身份、贫富、地域的限制，更能够让道德意识从社会的每个毛细血管涌动到主干动脉，促成对共同目标和规范准则的社会共识。这种"共同的思想基础，是与共同的奋斗目标紧密结合在一起的，是一个国家、一个社会团结一致向前进的根本保证"（黄坤明，2019：96）。比如，2004 年的印度洋海啸造成了世界近 200 年来死伤最惨重的海啸灾难，但也形成了人类历史上规模最大的跨国人道主义救援，在全球治理中推动形成了"人类共同命运"的共识。关于慈善这种从认识到实践，再从实践到认识的强大力量，习近平总书记很早就指出，"无论是个人还是组织，无论是贫穷还是富裕，不管在什么条件下，不管做了多少，只要关心、支持慈善事业，积极参与慈善活动，就开始了道德积累。这种道德积累，不仅有助于提高个人和组织的社会责任感及公众形象，而且也有助于促进整个社会的公平、福利与和谐，有利于增强社会凝聚力和向心力，使社会主义荣辱观在全社会得到更好的弘扬，切实提高全社会的道德水平和文明程度"（习近平，2007：252）。

## 三　中国特色慈善事业的价值使命

慈善的价值观可以分为表里两层。全世界的慈善活动都遵循自愿、无偿、非营利原则，是慈善与市场、政府相区别的表层价值观。但同样是做慈善，为什么而做，怎样做，有了深层次的价值差异、文化差异，就会产生不同的效果。在不同的国家和民族，什么样的价值观占据了主流，或者是具有比较大的影响力，这种价值观也将通过慈善活动而影响社会的走向。党的十九大报告指出，

"文化自信是一个国家、一个民族发展中更基本、更深沉、更持久的力量"。因此，强化对国家和民族文化生命力的坚定信念，让我们的国家、民族在广泛的道德实践中走向文化自信，是中国特色慈善事业最基本也是最长远的目标。中国特色慈善事业应当追求什么样的价值理性？可以从下列几方面去寻求答案。

**（一）通过坚守新时代中国特色社会主义文化建设总目标，固本强基**

通过慈善弘扬社会主义先进文化。"马克思主义一以贯之的基本价值追求，就是让人民大众摆脱奴役压迫，成为自由全面发展的人，实现人类解放"，"要坚守人类解放这一根本价值追求，为绝大多数人谋福利"（董振华，2019）。为绝大多数人谋福利，而不是为了少数人，也正是发展慈善事业的目的，因此中国特色慈善事业离不开以马克思主义先进理论为指导，用马克思主义的立场、观点、方法来认识时代、认识世界、认识中国。习近平新时代中国特色社会主义思想这一当代中国马克思主义，以"贯穿其中的人民至上、历史自觉、实事求是、问题导向、战略思维、斗争精神等鲜明品格"（黄坤明，2019：99），以中华民族伟大复兴的中国梦，成为构建中国特色慈善事业的强大精神能量。

将慈善根植于源远流长的中华优秀文化。中国传统文化以家庭为本位，并由家庭责任感出发，向亲戚朋友、邻里、乡亲延伸，再向外投射到更大范围的社会、国家乃至天下的责任。家是最小国，国是最大家，家与国是命运共同体。"老吾老以及人之老，幼吾幼以及人之幼"，"民之所欲，天必从之"，"先天下之忧而忧，后天下之乐而乐"，"修身、齐家、治国、平天下"，既是价值观也是慈善观，无不表述的是"家国天下""民本思想"的责任与情怀，以德行为个人追求，以天下为己任，把个人价值放在社会目标之下，把个人和家庭的安康幸福寄托于国家的安定富强。钱穆先生将之概括为"中国人认为人应该在人群中做一人"（钱穆，2019：22）。而关于西方的价值观，马克斯·韦伯转引富兰克林的话，给出了生动的描绘，"切记，时间就是金钱"，"切记，信用就是金钱"，"切记，金钱具有滋生繁衍性"，"假如你是个公认的节俭、诚实的人，你一年虽只有六英镑的收入，却可以使用一百英镑"（韦伯，2006：12~13）。这种以利己为基础的价值观，在个体与集体之间多侧重于个体利益，少侧重于集体责任，对中国这样一个人口众多、幅员辽阔的大国来说，难以调和社会矛盾，难以凝聚社会认同。在中国梦的共同目标下，中华文明绵延五千年的家国天下、民本思想等价值理念是基本的文化认同。中国特色慈善事业也需要通过弘扬、发展中国优秀文化来生根、开花、结果。

还需要强调的是，本文所称现代慈善事业对中国优秀传统文化的传承，是指现代慈善方式下动员社会参与和提供慈善服务所依托的价值理念，应当将优秀传统文化作为重要基础，并不意味着在现代中国推行传统慈善方式。

**（二）我国慈善事业的发展既吸收外来观念而产生了质的飞跃，也与外来价值观碰撞而制约了作用发挥，需要去芜存菁**

中国特色慈善事业的价值观念，需要适应工业化、城镇化、人口大规模流动、社会分工变化、科技革命等带来的社会转型需求，需要在传承中吸纳外来思想的精华，形成和建立体现时代精神的道德共识和道德约束机制。首先必须承认，我国慈善事业能够建立法人治理、财产独立、程序正义、公开透明的现代制度，而且行之有效，确实是向西方学习的结果。这一套现代慈善制度所基于的理念是经济理性向社会领域延伸的成果，既能够保障慈善事业服务公共利益，免遭私人利益的侵蚀，又服从服务于发展市场经济的理性主义价值观需求。

然而，西方慈善观又带来了深层的价值观冲突。我国的慈善事业在改革开放以来的发展中也确实经历了对本国本民族文化在自信与不自信之间的摇摆。在如何理解慈善"现代化"上，也受到了某些理论语境的束缚，即：把现代与传统对立起来，忽略了任何现代社会都是"现代性与传统性兼而有之的社会"，用现代性来反对传统性（罗荣渠，2004：40）。还有些观点把扶贫济困的直接帮扶视为"落后"的传统慈善统加以贬低，将"现代慈善"标签化，忽视了困难群众的现实困难和长远利益，脱离现实需求，远离慈善初心。思想观念的冲突直接反映到实际方法中，导致一些慈善项目偏离党和国家的路线方针政策，有的在实施后见不到成果，有的无法落地，有的还给社会带来了副作用。事实证明，需要以中国特色社会主义先进文化及其蕴含的价值观为试金石，对我国慈善领域存在的各种思想观念进行检验和扬弃。

**（三）中国特色慈善事业要发挥中华文化的同化力，来建立既符合中国特色又适应现代化需要的价值基础**

关于中国特色社会主义文化及价值观如何适应国家治理能力现代化的需要，钱穆先生认为，"中国文化得天独厚，其民族性最为平正中和，最为可久可大，此则称之为中华文化之同化力"（钱穆，2019：69），中华文化能够以平和的力量融合、吸纳外来文化，使其成为中国文化的一部分，是我们这个古老文明总是能焕发新的生机的秘诀。稳定、绵延的文化可能是中华民族没有实现自我革命自主产生现代化的原因，但又能使我们的国家和民族在不割裂传统的基础上很快适应现代化的需要，取得改革开放和社会主义现代化建设的辉煌成果。在现代化进程中，人们在具体问题上出现思想的碰撞，虽然暴露出矛盾，但也体现出社会的活力，只要加以正确的引导和激励，统一到"公平正义""民族复兴""人民幸福"的共同追求上，就能在碰撞中不断强化对社会主义核心价值观的共识。

在城市化的进程中人的流动性增强，淡化了亲情、友情、乡情，特别是互联网的发展进一步打破、割断了固有的社会关系，形成了很多社会问题和风险隐患。而慈善领域的探索证明，如果假以慈善的力量，互联网不但不会成为信任和道德的荒漠，反而能成为联系情感、强化责任的纽带。有的慈善项目为偏远小山村搭建外向型的网上社交平台，形成了既有实体又有虚拟主体的新型"社区"，强化了家族和邻里关系、乡土感情、城乡互动，从而给村子带来过去无法想象的资源和发展机遇。很多互联网募捐活动，把遥远山村的贫困户、病床上的孩子、辛劳的长途货运司机、平凡而伟大的乡村教师等普通群众从互联网社会的后端推到前端，与处于其他生活空间的人们建立了情感和责任的联系。广受关注的互联网个人大病求助服务，就是基于互联网用家庭、亲友的伦理价值链来联结社会的典范，虽然屡受质疑，仍然在坎坷中前行，但数百万人参与捐赠、数百亿元的筹款金额、数亿人关注的事实，都彰显了中华传统价值观的力量。

改革开放以来，特别是党的十八大以来，我国的慈善事业有了长足进步，近年来每年的社会捐赠总额均超过 900 亿元，疫情防控期间全社会积极捐赠款物，互联网慈善在 2018 年、2019 年都有超过 50 亿人次的点击量、关注和参与。尽管成绩斐然，但与我国十四亿人口的总需求相比，慈善事业的贡献还是远远不够的。慈善在道德、价值观、文化培育中的积极作用还远远没有体现出来，受到的伦理道德、价值理念、先进文化的驱动仍然不充足，发生在慈善领域的负面案例还暴露出思想文化方面的深层次问题，反映了人们对社会总体道德水平的不满。慈善事业必须致力于强化民族认同感和国家凝聚力，推进社会主义先进文化的发展，传承、吸纳和探索出实现"两个一百年"奋斗目标、中华民族伟大复兴、现代化建设所需要的价值观念，才能释放出更强的生命力。

# 四 体现价值观培育的慈善事业制度建设

改革开放以来，我国的慈善事业制度建设不断推进。1999 年《中华人民共和国公益事业捐赠法》颁布实施，2004 年《基金会管理条例》颁布实施，2016 年《中华人民共和国慈善法》颁布实施，2017 年《志愿服务条例》颁布实施，基本形成了慈善事业的专门法律体系，慈善法的配套规章对慈善组织登记认定、公开募捐、慈善财产、慈善信托、信息公开等方面作出了细化规定。与此同时，公益慈善捐赠和慈善组织的所得税优惠等激励政策也出台，慈善组织、慈善行为初步被纳入信用管理体系，互联网公益慈善受到明确鼓励。上述制度建设为慈善事业取得良好成绩奠定了基础。但是，与党的十九届四中全会所确立的实现各方面制度更加成熟、更加定型的目标相比，我国慈善制度还存在很多不足，特别是在落实道德实践和价值观培育方面有待加强。慈善事业在这方面的作用难以用数字、经济效益来衡量，恰恰成为长期以来制度建设中最容易受到忽略的部分，制约着慈善事业深层次作用的发挥。激励慈善事业发挥道德实践、价值培育作用，已经成为慈善领域制度机制建设的紧迫需要，可以从以下几个方向重点推进。

## （一）推动"人人向善"的制度机制建设

人都是活跃的社会治理主体，在人人有责、人人尽责、人人享有的社会治理共同体中，最广大的人民群众是慈善的服务对象，也是慈善的力量源泉。发展慈善事业不能忽视对企业、企业家履行社会责任的激励，但绝不能把慈善看作少数人的权利，或是财富的附属品，如何广泛发动全体人民群众都来参与慈善在目前更需要得到重视。社会治理最坚实的力量在基层，最突出的矛盾和问题也在基层。慈善事业需要下沉到基层来构建推动力量，无论是资源动员还是慈善服务都需要落脚到具体的"人"的身上，用道德、价值观的力量吸引人、凝聚人，推动人人向善。面对现代化在技术、经济、政治、社会方面的一系列挑战与机遇，慈善事业的发展可以借助新的科技革命的力量，形成线上线下的"慈联网"，有破有立。"破"，即打破城乡、地域、单位、职业、财富等级、年龄、偏好等的界限，让每个人在自己的工作、生活、交际、娱乐空间里能够方便地触及和参与慈善、享有慈善。"立"，即通过线上线下的结合，增强家庭、单位、城乡社区的黏合力、向心力，在互联网、大数据、人工智能、区块链等技术的帮助下，鼓励家族、亲友、城乡社区、单位内部的守望相助，推崇天下一家的宽广情怀，用慈善的力量加深新时代家族关系、社区关系、社会责任，在中华传统美德中融入时代的特征，推动整个社会团结为一个"大家庭"。

### （二）在法律政策体系中体现"以善化人"

文化乃以文化人，具体到慈善，就是要以善化人。不能过度依靠税收等分配手段的调节，不能只停留于表扬好人好事。可以从慈善的特点出发，用制度和机制来实现对捐赠人、志愿者、慈善组织等慈善参与主体的信用激励、荣誉奖励、价值肯定，引导慈善组织等在服务供给上旗帜鲜明地体现社会主义先进文化、社会主义核心价值观的思想理念，在慈善活动中坚守人民立场、集体主义、家国情怀；鼓励大力开展慈善募捐、志愿者招募等社会动员，以实际行动倡导同舟共济、守望相助、先公后私、先人后己。除了激励，对慈善组织、慈善活动的规范，也需要充分利用制度和机制的力量，促使慈善领域率先做到公开透明、诚实守信、公平正义，对慈善领域发生的违反社会主义核心价值观、背离社会主义先进文化的行为进行惩戒，着力落实对失信失德行为的打击。还有一个很重要的方面，就是要用制度和机制来激发活力，为慈善组织营造充分的空间，鼓励慈善领域各方参与主体开展社会创新，以更丰富的社会实践、更喜闻乐见的形式来实现伦理道德和价值观念的培育。

### （三）大力培育慈善事业，发挥"凝心聚力"的作用

从国家层面来看，尤其需要充分发挥慈善事业凝聚社会共识、推动社会进步的作用。慈善领域是充满活力的开放场，但不能因其活力、开放而成为各种利益逐鹿的角斗场，更要避免沦为一团散沙的名利场，要把各类主体参与慈善的动力凝聚为社会主义核心价值观，落实为社会生活中的具体行动。中国特色慈善活动的价值追求需要集中到浇筑文化自信的根基上，让人民群众通过丰富多彩的慈善活动受到爱国主义、集体主义、社会主义教育；引导人们树立正确的历史观、民族观、国家观、文化观，增强理想信念。从慈善的道德实践入手，在关怀、沟通、黏合、凝聚中培育自尊自信、理性平和、积极向上的社会心态，推进有效的社会治理、良好的社会秩序，增强人民的获得感、幸福感、安全感，从而实现培育发展慈善事业的根本目的。

**参考文献**

陈志刚（2001）：《马克思的工具理性批判思想——兼与韦伯思想的比较》，《科学技术与辩证法》，第 6 期。

董振华（2019）：《发扬斗争精神必须坚持马克思主义立场观点方法》，中国共产党新闻网，http://theory. people. com. cn/n1/2019/0909/c40531 – 31343070. html，9 月 9 日。

厉以宁（1994）：《股份制与现代市场经济》，南京：江苏人民出版社。

黄坤明（2019）：《坚持马克思主义在意识形态指导地位的根本制度》，《〈中共中央关于坚持和完善中国特色社会主义制度、推进国家治理体系和治理能力现代化若干重大问题的决定〉辅导读本》，北京：人民出版社。

罗荣渠（2004）：《现代化新论——世界与中国的现代化进程》，北京：商务印书馆。

〔德〕马克斯·韦伯（2006）：《新教伦理与资本主义精神》，于晓、陈维纲等译，西安：陕西师范大学出版社。

钱穆（2019）：《中华文化十二讲》，贵阳：贵州出版集团、贵州人民出版社。

《人民日报》（2019）：《中共中央关于坚持和完善中国特色社会主义制度、推进国家治理体系和治理能力现代化若干重大问题的决定》，中国共产党新闻网，http://cpc. people. com. cn/n1/2019/1106/c64094 – 31439558. html，11 月 6 日。

习近平（2007）：《之江新语》，杭州：浙江人民出版社。

——（2017）：《决胜全面建成小康社会，夺取新时代中国特色社会主义伟大胜利》，"学习强国"学习平台，https://article. xuexi. cn/articles/pdf/index. html？art_id = 16141965 889633088089，10 月 18 日。

# Philanthropy：From Moral Practice to Cultural Confidence

Ma Xin

[**Abstract**] A full understanding based on the moral attributes of the third distribution is the key to understanding the important value of philanthropy. In addition to evaluating the effects of philanthropy from the perspective of resource allocation and income adjustment, more attention should be paid to the spiritual products accompanied with philanthropy. The development of philanthropy reflects the nation's moral accumulation and the level of social civilization. Philanthropy cultivates the senses of responsibility, integrity, justice, rules, and contract etc. It not only creates a stable social situation for economy, but also provides value support for market mechanisms. The spirits of mutual assistance, friendliness, trust, etc. can make up for the shortcomings of initial distribution and redistribution and promote social progress. The moral cultivation of philanthropy is implemented in a wide range of social practices that everyone can participate in, and it is effective in cultivating value concepts and consolidating social consensus. Playing full roles of philanthropy in accumulating ethics and promoting cultural self-confidence is an important way to development philanthropy with Chinese characteristics.

[**Keywords**] Philanthropy; Ethics; Values; Cultural Self-confidence

（责任编辑：蓝煜昕 ）

# 合作的阶梯

## ——社会组织抗击新冠疫情的联合行动研究[*]

杨　宝　　肖鹿俊　　陈　堃[**]

【摘要】新冠疫情发生以来，社会组织的联合行动屡见不鲜且不断优化升级。为此，本文旨在扫描和探索社会组织合作网络的典型形态及发展趋势。基于社会组织联合行动的案例研究，本文根据"行动者网络理论"建立了分析框架，研究表明，第一，社会组织联合抗击疫情期间出现了"松散型"、"垂直型"及"去中心化"等典型形态的合作网络，其中"去中心化"是一种具有较强自主性的新型合作形态。第二，应急时期出现的"复杂需求"与"政治机遇"，以及常态时期累积的"社会创业家精神"和"联结性社会资本"等共同驱动了垂直型合作网络迈向去中心化阶段。上述三种合作形态各自存在不可替代的功能，它们共同构成了社会组织联合行动的生态系统，本文将社会组织联合行动的动态实践图景归纳为"合作的阶梯"。

【关键字】新冠肺炎疫情；社会组织；合作网络；去中心化；合作的阶梯

---

[*]　基金项目：国家社会科学基金项目"政府购买服务项目的绩效差异及其优化路径研究"（18CGL044）；重庆大学中央高校自主科研项目"政府精准治理与公共政策创新"（2019GGXY03）。

[**]　杨宝，重庆大学公共管理学院副教授；肖鹿俊，重庆大学公共管理学院研究生；陈堃，重庆大学公共管理学院研究生，研究方向为国家建设与社会治理、政社关系与公共服务创新。

# 一 引言：社会组织的合作困境

突如其来的新冠肺炎疫情，不仅检验了国家治理体系和治理能力现代化的程度，也间接考验了我国社会组织的发育水平和响应能力。疫情发生以来，政府主要采取"物理隔离"的防控策略，由此产生的"社会隔离"衍生了大量的社会服务需求，尤其是部分脆弱性群体的社区照顾问题难以解决（田毅鹏，2020）。面对政府在应急防控过程中无暇顾及的复杂性需求，民间的社会组织可以基于专业优势构建合作网络予以分散性回应，减缓突发性事件对于社会运行的不确定性冲击（徐浩、张永理，2014）。疫情防控期间，官办慈善依然延续"归集政策"，统一调配捐赠资金及物资，而这种政策在武汉红十字会口罩分配危机之后遭遇了严重的合法性质疑（马剑银，2020）。然而，民间慈善、专业社工参与疫情防控时由于缺乏有效的风险防控体制机制和应急治理体系，处于专业孤立和行动边缘化等"体系之外"的尴尬境地（徐选国，2020）。社会组织的这次出场似乎又要陷入窘迫的境地，但是我们欣喜地观察到了大规模的"线上线下"社会组织联合行动，它们在信息共享、资源链接、社区防疫、特殊人群服务等方面做了有益尝试，它们的组织形态或松散或紧密，但各自发挥了相应的社会功能。如果这种联合行动代表了社会组织成熟的"星星之火"，我们需要分析联合行动的典型形态和生成机制使之"燎原"。

社会组织的联合行动并不是一件容易的事情，其组织和运行过程中时常面临难以想象的挑战。最为关键的两个原因，首先，社会组织长期以来都是以"单打独斗"为主，较少进行紧密的联合行动。即使存在联合行动，它们在有限政治机遇结构的制度环境中也会选择"不完全合作"，表现为自我约束的行动目标、有限的组织参与和弹性的组织形式等显著特征（朱健刚、赖伟军，2014）。其次，社会组织的联合行动难以持续，合作关系快速走向终结。政府及其他主体施加的合法性压力带来的"身份模糊"和"资源限制"等外部因素迫使社会组织终结合作网络的伙伴关系，而合作网络的"治理结构低效"、"领导能力不足"和"成员的目标冲突"等内部因素也使得联合行动趋向破裂（Hu et al.，2016）。因此，社会组织联合行动具有重要的意义，既代表了社会组织的自主能力和话语权，也意味着提升了专业服务的效率和社会动员的回应能力

（罗婧、王天夫，2016）。

汶川地震以来的经验研究表明，社会组织的联合行动多数表现为"松散型合作"或"不完全合作"（Hu et al.，2016；朱健刚、赖伟军，2014）。也有研究表明，资源型组织对于社会组织合作网络具有引擎作用，当然那些占据"结构洞"位置的孵化器组织拥有相当的比较优势（Yang & Cheong，2019）。根据我们的观察，松散型合作对于成员进出的要求较低，主要目标在于信息分享和知识共享，多数由"支持型组织"运营合作网络；垂直型合作有较为明确的主导者，成员围绕主导者提出的行动纲领进行紧密合作，通常以"资源供给方"为中心运行合作网络。然而，社会组织联合抗击新冠肺炎疫情过程中出现了一些更加积极的变化，即部分合作网络中的社会组织能够自主发现需求、设计应对措施、寻求外部资源，它们灵活地以自己为中心构建了无数个"节点"来应对复杂的外部环境，本文将其称为"去中心化合作"。

因此，本文试图从纷繁复杂的合作形态中勾勒出社会组织联合行动的动态谱系，描述各种合作网络的结构、行动者、合作框架及社会功能等特征，并且解释这些特征得以形成的深层原因。以此为基础，本文尝试提出"合作的阶梯"概括理想化的社会组织联合行动的生态系统。本文采用案例比较的研究方法，旨在对不同类型的合作网络进行详细而完整的勾画及解释。我们搜集了部分合作网络的公开资料，同时也通过它们疫情期间的在线沙龙、论坛、讲座及访谈等方式搜集资料。基于实证资料，本文借鉴韦伯的"理想类型"描述合作网络的特征，并从"危机—常态"的情境中寻找合作网络升级的逻辑。

## 二　疫情应对中的合作网络

### （一）合作网络的描述框架

20世纪90年代以来，组织间合作网络（inter-organizational collaborative network）研究广泛地应用于社会福利、环境保护、灾害管理等诸多棘手领域的公共服务供给过程之中，学术界认为合理的资源分配及高效的政策执行需要各类组织的有效协调与合作（朱凌，2019）。网络内部的成员资格、权力结构、管理行为及资源禀赋等因素影响了合作网络的有效性和回应性，反之合作网络的相关特征也影响了行动主体的决策行为（Agranoff & McGuire，2001；Cristofoli & Markovic，2016）。国内非营利领域的多数研究重点锁定在政府与社会组织之间的合作网络方面，较少关注社会组织之间的合作网络（张强，2020；沈永东，2020）。当前研究国内社会组织联合行动或合作网络有效性的主要影响因素包括两个方面：外部的政治机遇结构和内部的资源共享程度。这是因为合作网络有助于社会组织在发展过程中突破"制度"和"资源"的双重约束（朱健刚、赖伟军，2014；Hu et al.，2016；Yang & Cheong，2019；Dong et al.，2019）。

显然，现有研究同时关注社会组织联合行动的"约束条件"和"支持条件"，但是这些研究较少关注联合行动的过程、机制及功能。此外，现有研究具有非常明显的"结构—行为"范式的分析痕迹，过多地强调社会组织受到了外部环境的结构性限制，当然这与社会组织发育不足的客观现实密切相关（Hsu & Hasmath，2017）。然而，现有研究难以解释目前出现的合作网络及其呈现的不同类型、不同功能等差异化特征。因此，长期存在的结构化分析范式磨灭了社会组织的"能动性"和"建构性"，这才导致了现有理论无法解释客观的真实世界。

本文试图引入法国新社会学派的行动者网络理论（Actor Network Theory，简称 ANT）分析社会组织合作网络的运行过程。ANT 摒弃了结构化理论的主张，强调社会是行动者构建的真实形态，行动者又处于不断变幻的具有不确定性的情境之中。因此，该理论倡导"追踪"行动者面对各种不确定性的具体行动并从中"合成"相对稳定的规律，尤其重视行动者对于社会建构的主观能动性（Latour，2006）。ANT 的核心概念包括：行动者（actor），即具有能动性或主动改变事物状态的主体；网络（network），即行动者采取行动时不断建构而成的联结及互动空间；转译（translation），即行动者吸引其他主体进入网络互动的一套行动框架，包括问题呈现、使命征召、利益共享、资源动员等多个方面，这也是行动者使合作网络得以运转的关键途径（吴莹等，2008）。故而，ANT 提供了理解相同组织在不同网络呈现不同行为的理论，也可进一步分析不同情境下合作网络所展现的不同功能。

根据行动者网络理论的内涵，本文提炼了社会组织合作网络的描述框架，包括"行动主体"、"网络结构"、"转译框架"及"网络功能"等四个核心指标。具体而言，行动主体强调社会组织能动性的强弱及其在网络中的角色，如松散型、领导型及多中心型等；网络结构指行动主体相互联结的空间中的权力分配规则，可以归类为共享型网络、领导型网络、协同型网络；转译框架指核心行动者吸引其他参与者的手段和话语框架；网络功能也是合作的目标，即行动者在网络内能够收获的利益或资源，如共享的信息、专业性知识、外部的资源及行动性方案等。鉴于行动主体和网络结构的重要影响，我们在此提炼了三种典型的合作网络，包括松散型合作网络、垂直型合作网络和去中心化合作网络。基于上述描述框架，本文将详细分析社会组织联合抗击新冠肺炎疫情的各种合作网络及其运行特征。

**（二）松散型合作网络**

武汉疫情暴发以来，各地各类社会组织迅速行动起来，积极寻找可能的行动空间，为抗击新冠肺炎疫情提供力所能及的支持。然而，新冠肺炎疫情的不可预知性和超乎想象的扩散速度导致多数社会组织不知所措，也不清楚详细的社会需求和可能的参与策略。此时，社会组织急需疫情影响下的需求信息，尤其缺乏经过专业分析的需求清单。在这种情况下，卓明灾害信息服务中心、北京惠泽人公益发展中心等于 2020 年 1 月 23 日迅速联合了北京、湖北等地社会组织共同发起了"京鄂 I Will 志愿者联合行动"，它们不仅提供疫情影响下的需求清单，还为前线的社会组织和志愿者提供建制化的专业援助。① 2 月 2 日，爱德基金会、南都公益基金会等众多基金会联合发起了范围更大的"抗击新冠肺炎疫情社会组织协作网络"，主要目标在于分享行动信息、开展疫情需求评估、传播公众健康知识以及支持相关能力建设，面向国际建立信息协调机制，分享国际专业知识和经验乃至推动国际联合行动等。② 作为疫情初期最具影响力的合作网络，它们主要在"信息共享"和"知识传播"等方面发挥了积极作用。

从行动主体来看，这类网络中的成员存在明显的"主导者"和"追随者"的身份之分。主导者也即合作网络的"发起者"，他们具备了相应的专业能力和社会影响力；而追随者通常是外围的跟风行动者，但他们又扮演了重要的支持角色。以"京鄂 I Will 志愿者联合行动"的主导者为例，惠泽人公益发展中心是志愿服务领域资深的培训和行动机构，曾经参与了北京奥运会等各种大型赛事的志愿者培训工作；③ 卓明灾害信息服务中心是自汶川地震以来专门以提

---

① 《对话志愿服务专家翟雁：社会组织如何响应重大公共卫生危机事件？| CNC - COVID 专题 15》，正荣公益基金会，http://www.zhenrogy.org/project_view.asp? aid = 3021。

② 《"抗击新冠疫情社会组织协作网络"正式启动》，中国发展简报，http://www.chinadevelopmentbrief.org.cn/news - 23798.html。

③ 《惠泽人专业志愿者培训师"为志愿而教"工作坊招募学员》，中国发展简报，http://www.chinadevelopmentbrief.org.cn/org0/active - 8187 - 1.html。

供灾害信息、协助救灾资源对接、促进救灾效率为工作内容的志愿者组织，其核心骨干都曾深度参与汶川地震救援。① 因此，这类网络的主导者依靠专业建树确立了核心地位，而跟随者又为网络提供了信息、专家乃至资源的支持。由于追随者进出网络的门槛并不高甚至可以说是"来去自由"，他们只需分享信息或者被动学习即可，因此合作网络的规模可能呈现几何倍数的扩大。但是，这类网络呈现了"主导者—追随者"的松散结构，网络成员之间形成了一种"共享"特征，即主导者没有领导作用，追随者没有责任义务。抗击新冠肺炎疫情社会组织协作网络的行动主体类型和网络结构特征也是如此。

如此松散的合作网络，行动主体之间又是如何相互影响的呢？根据观察，行动主体在松散型合作网络中的角色更接近于"知识搬运工"。在志愿者联合行动网络中，行动主体通过在线方式接受了抗击新冠肺炎应知应会的医学常识、社工在线服务社群管理技巧、武汉疫情下的志愿服务技巧及社会工作者在线服务实务技巧②等知识介绍。另外，社会组织协作网络也在陆续转发卓明灾害信息服务中心发布的需求信息，比如提醒危重患者比例增加对呼吸机产生的紧急需求、低收入人群的生计影响尚无关注等。③ 同时，地区性的协调组织也会在协作网络中对一线行动机构的行动信息、资助信息和被资助信息进行分享，比如包含时间、地点、人员、具体行动内容、行动支持对象等信息，以期能够为资助机构和一线行动机构提供决策支持。④ 显然，这些行动主体在网络中几乎毫无改动地"转运"信息和知识，并没有被卷入或被赋予全新的意义。当然，合作网络的行动者在接收信息之后可能有了新的理解，进而影响或指导它们的实践过程，但是这个过程在当前网络的行为中并没有表现出来。

目前来看，松散型合作网络受限于行动主体的能动性和角色扮演，网络的功能主要体现为"信息共享"和"能力支持"两方面。疫情防控的初期，这些功能是至关重要而不可或缺的，松散型合作网络的共享结构又促进了行动主体

① 《"卓明"：传递灾害信息的信鸽》，多彩贵州网，http://gongyi.gog.cn/system/2016/07/14/015015446.shtml。
② 《京鄂iWll志愿者联合行动简报1-5期》，北京博能志愿公益基金会，https://mp.weixin.qq.com/s/uIxNEdzETY23O-VHchUPow。
③ 《CNC-COVID19动态|卓明简报：湖北省新冠病毒形势报告（五）》，基金会救灾协调会，https://mp.weixin.qq.com/s/YXkp6-qQv6ESl3Izky4ig。
④ 《"抗击新冠疫情社会组织协作网络"正式启动》，中国发展简报，http://www.chinadevelopmentbrief.org.cn/news-23798.html。

快速地分享信息和学习知识，为社会组织积极抗击新冠肺炎疫情提供了机会窗口和效率保障。因此，松散型合作网络在危机应对过程中具有快速响应和行动支持的特殊功能，那些看似松散的行动主体、网络结构及中介角色较好地维护了合作网络的顺畅运行。

### （三）垂直型合作网络

随着新冠肺炎疫情的蔓延，政府防控之外的社会问题日渐暴露，比如弱势群体的照顾、社区防控的支持等。然而，松散型合作网络的功能越来越有限，外部环境呼吁社会组织采取更多的"一线行动"。既然要推动一线行动则需要专业方案及资源支持，此时大型基金会充分发挥了自身的资源优势，或者以曾经应对危机的经验为样板进行了联合行动。具有突出表现的合作网络包括：友成基金会联合零零壹救援队等组织以汶川地震的遵道救灾模式创建了"友成抗击新型肺炎联合行动"，各方充分开放在各自领域的资源、技术、采购等核心优势，为疫区筹集和捐赠急需的战略物资，提供专业志愿服务;[1] 恩派（NPI）公益根据自身扎根社区的经验，联合汇丰社区伙伴计划、联想基金会、万科公益基金会等发起了"社区战疫"行动，旨在支持居民自组织及志愿者社群帮助社区的脆弱人群，试图探索疫情之后的社区修复机制。[2]

上述合作网络的行动主体之间构成了典型的上下游结构。首先，核心行动主体根据拥有的资源或能力禀赋占据主导地位。主导者不仅是资源供给方，还承担了网络运行的"顶层设计"角色。比如，"社区战役"行动聚焦于社区可持续发展、重建社区关系，致力于以各种资源来支持社区建设、问题解决及志愿精神培养。万科公益基金会以此框架先后资助了成都根与芽、成都爱有戏开展"成都环卫工人抗疫支持计划"和"护航计划：湖北社区社会组织回应疫情专项资助"等项目；招商局慈善基金会面向全国发起了"防疫抗疫，社区有招"的小额资助计划。[3] 其次，行动主体之间的互动呈现为"中心—外围"的网络结构。比如，"友成抗击新型肺炎联合行动"在友成基金会总体支持下，

---

① 《请挺住！我们呼吸与共——"友成抗击新型肺炎联合行动"为疫区捐赠无创呼吸机》，友成企业家扶贫基金会，http://www.youcheng.org/m/news_detail.php? id = 705。

② 《社区战疫快报》，NPI 恩派，https://www.npi.org.cn/info/build? id = 1234751903922425856& tabIndex = 0。

③ 《社区战疫快报》，NPI 恩派，https://www.npi.org.cn/info/build? id = 1234751903922425856& tabIndex = 0。

以为疫情重灾区提供物资支援为共同目标，行动主体分为资助端和执行端，根据不同地区的实际情况提供物资援助。① 还有一些联合行动也是如此，比如招商局慈善基金会的"灾急送"应急物流平台，由招商局慈善基金会提供运费支持，联合其他救灾伙伴向社会各界提供抗疫物资应急运输和仓储支持。② 这类合作网络的运行结构存在较强的依赖性和高信任等特征，核心行动主体成为合作网络的超级中心，具有典型的"垂直型"网络结构。

既然行动主体的主导者具有较强的能动性，它们主动采取了哪些策略吸引其他的跟随者呢？我们可以观察到行动者的两个典型转译策略，即"问题呈现"和"利益征召"。首先，无论是友成基金会还是恩派公益，它们都意识到需要清晰地建构救灾"问题"，以此吸引其他行动者的参与。比如，恩派公益刻意强调"社区工作在应对突发公共危机、迅速恢复正常生活以及长期修复社区创伤中具备关键价值"，意图让其他行动主体一起行动。③ 截至 2020 年 3 月 16 日，"社区战疫"行动共有 12 家成员单位，参与到社区战役行动中并肩作战。④ 其次，问题呈现之后则以项目资助的方式号召跟随者行动。恩派公益与联想基金会共同发起"湖北省社区防疫志愿服务小额资助项目"，主要面向湖北各地招募社会组织开展社区志愿服务工作，共收到 132 份项目申请，最终 10 个城市的 30 个社会组织获得了资助。⑤ 并且截至 2020 年 3 月 11 日，整个"社区战役"行动的 12 家成员共计资助了小额项目 362 个，总额约为 4000 万元。⑥

垂直型合作网络拥有明确的行动中心，也具有较强的行动意识和号召能力。网络功能主要表现为顶层设计和资源供给，大多数跟随者在主导者的领导下进行紧密的、富有成效的行动。疫情防控的攻坚时期，垂直型合作网络能够有效

---

① 《专访零慧：社会组织抗疫的"联合""反思"和"重塑"》，善达网，https://ishare. ifeng. com/c/s/v002iyLaHN5hqdM6nOmTehZJXn89—wRS2cSzG0LOw7zwN7M_。

② 《招商局慈善基金会接收抗疫捐赠公示》，招商局集团，https://www. cmhk. com/main/a/ 2020/c09/a40014_41396. shtml？1。

③ 《"社区战疫"支持联盟倡议书》，公益时报，http://www. gongyishibao. com/html/gongyizix-un/18326. html。

④ 《社区战疫快报》，恩派 NPI，https://www. npi. org. cn/info/build？id = 1239821985102577664& tabIndex = 0。

⑤ 《社区战疫快报》，恩派 NPI，https://www. npi. org. cn/info/build？id = 1234751903922425856& tabIndex = 0。

⑥ 《社区战疫快报》，恩派 NPI，https://www. npi. org. cn/info/build？id = 1239821985102577664& tabIndex = 0。

地号召社会组织解决那些已知的社会问题，对于解决社会问题具有积极影响。当然，也正是因为部分组织拥有明确目标，它们才能做出顶层设计、使用科层结构和设计转译框架等主导网络的运行过程。

**（四）去中心化合作网络**

新冠肺炎疫情全球暴发带来的"不确定性"还在不断加剧，"社会隔离"衍生的需求日益复杂。虽然垂直型合作网络提供了可资借鉴的行动框架和资金支持，但是多数项目表现为非专业性和非持续性等特征。换言之，部分社会组织的领导者依据过往经验设计和资助的项目对于现实需求的回应还存在较大的不确定性；并且随着疫情的发展，这些需求也会变化。因此，传统的垂直型合作网络如需应对不断变化的疫情，就需要配备"超级大脑"随时做出科学调整。显然，这是不切实际的。面对各种不确定性，我们观察到脱胎于垂直型合作网络的新型网络正在出现。10 年前，南都公益基金会资助并建立的银杏伙伴计划网络在此次疫情期间表现出极强的生命力，其成员先后自发形成了"NCP（新型冠状病毒肺炎）生命支援"网络和"武汉银杏在行动"网络等具有自主性的网络（访谈资料：YB – 20200708 – LH①）。它们的网络成员及主要活动都是基于当地防疫需求而变化的，比如"武汉银杏在行动"为轻重症患者提供制氧机、心理支持、资源链接、孕妇及儿童关怀等支持服务，如图 1 所示。

这类合作网络的行动主体拥有不同的专业知识和资金来源，它们随着需要不断地扩展，也不存在明显的主导者和追随者之分。行动主体之间具有较强的异质性，相互支持、相互合作。"NCP 生命支援"网络随着行动的深入，行动者数量在逐渐增加，通过网络招募了 600 余名具备临床执业资格、社工和心理学背景的志愿者，以去中心化、自组织团队网络协作的形式为患者及其家属提供身心健康恢复支持服务。② "武汉银杏在行动"网络有超过 21 位银杏伙伴及其所在机构参与，它们自发地形成了"项目总统筹"、"决策小组"、"筹资小组"、"需求调研小组"、"采购与物流小组"及"制氧机信息平台"等井然有

---

① 遵照学术惯例，文中对相关的人名、地名、机构名等进行了匿名处理，而运用到的访谈资料采用了"X – Y – Z"编码："X"代表访谈人姓名的拼音首字母，"Y"代表访谈时间，"Z"代表被访谈人姓名的拼音首字母。

② 《郝南：新冠一线紧急救援 47 天启示》，我的捐赠故事，http://www.mygivingstory.cn/reviews/290？kind = & season_id = 1。

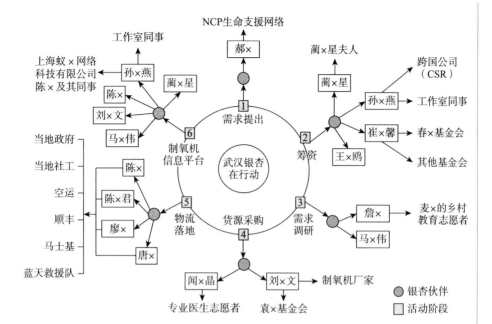

**图 1 "武汉银杏在行动"的合作网络**

资料来源：笔者根据对银杏基金会 ZXS 的访谈和《亲历 20 余天的救灾行动：串起生命线，为湖北传递氧气》（商业生态，https://mp.weixin.qq.com/s/50Zk0CDbpP0M8GjdiR87Xg）资料自绘。

序的协作结构。① 所有行动者都表现出了超强的能动性，还能自主地与潜在的行动者建立协同机制。为了充分保障行动者的灵活性和应变能力，合作网络采取了"横向的协同结构"，既不是松散的共享结构也不是垂直的领导结构。截至 2020 年 3 月 9 日，"武汉银杏在行动"募集和捐赠了 2321 台制氧机等医疗救助的紧缺物品，覆盖了湖北省 14 个城市 62 个区县 158 个医疗点。② 可以说，这种去中心化合作网络面对外部不确定性时展现了惊人的行动能力。

也许大家好奇，每个行动者都是一个"中心"，它们到底依靠什么实现协同作战？或者说，行动者怎样确保"转译"的准确性？首先，行动者依然需要"问题呈现"，更需要达成共识。"武汉银杏在行动"的发起人孙海燕则说："突如其来的疫情暴发，我在老家一下子就没有了过年的心情，我感觉只有去做点

① 《亲历 20 余天的救灾行动：串起生命线，为湖北传递氧气》，商业生态，https://mp.weixin.qq.com/s/50Zk0CDbpP0M8GjdiR87Xg。

② 《亲历 20 余天的救灾行动：串起生命线，为湖北传递氧气》，商业生态，https://mp.weixin.qq.com/s/50Zk0CDbpP0M8GjdiR87Xg。

儿事情才能战胜无力感。"① 但是，它们的问题呈现的不仅是疫情期间的需求，还包括了解决问题的方法，比如两个网络都强调了"参与"和"协作"是关键，而不是简单地聚焦于某个议题。其次，行动者以"使命征召"形式实现资源动员。行动者联合起来旨在抵御疫情的不确定性，这时的使命感就显得极为重要，只有这种基于至高道德、乌托邦式的使命才能彻底激发行动者的自主性。比如"武汉银杏在行动"网络的行动者都是"银杏伙伴"，而在筛选银杏伙伴时特别强调"社会创业家"特质，即：他们都是具有坚定公益使命、扎根专业领域的青年领袖，都是从民间成长起来的全职公益人，能够脚踏实地，迅速看到真实的需求，通过专业的方法，汇聚社会资源，迅速找到解决办法（访谈资料：YB – 20200713 – ZXS）。基于这些转译框架，网络成员自觉地行动起来，以去中心化的方式实现了自主的协同行动，以此应对各种不确定性带来的挑战。

不同于其他类型的合作网络，去中心化合作网络有助于行动者自发地回应紧急需求、精准动员资源，尤其适应复杂环境中的多元化任务。"NCP 生命支援"网络在参与疫情防控工作以来，切实满足了服务对象多样的需求，例如为孕妇提供防疫包、为确诊患者的家属提供哀伤辅导、为儿童提供支持等（访谈资料：YB – 20200713 – ZXS）。"武汉银杏在行动"网络通过弹性的合作也能充分动员外部资源，可以说合作网络还带来了"涟漪效应"（访谈资料：YB – 20200714 – CD）。面对日益不确定的复杂环境时，去中心化合作网络的表现全面兼容和超越了垂直型合作网络。因此，去中心化合作网络是社会组织联合行动的高级版本。

**（五）比较：合作网络的类型分析**

根据行动者网络理论框架，此次社会组织联合抗疫集中表现为"松散型合作网络"、"垂直型合作网络"和"去中心化合作网络"等三种类型。每个类型在行动主体、网络结构、转译框架及网络功能等四个指标上体现了逻辑自洽的特征，以此构成了类型方面的较大差异，具体呈现如表1所示。与此同时，我们也看到了合作网络的形态是递进式发展的，并不是一蹴而就的跨越式发展。当然，这也不能得出所有的合作网络都需经历从松散型升级为去中心化的过程，只有满足了特定条件才能完成优化升级。

---

① 《亲历 20 余天的救灾行动：串起生命线，为湖北传递氧气》，商业生态，https://mp. weixin. qq. com/s/50Zk0CDbpP0M8GjdiR87Xg。

表 1　各种社会组织合作网络的特征比较

| 网络类型 | 行动主体 | 网络结构 | 转译框架 | 网络功能 | 典型案例 |
|---|---|---|---|---|---|
| 松散型 | 支持型组织，能动性弱 | 共享型网络 | • 缺乏转译的过程<br>• 知识搬运工和信息中介 | • 信息共享<br>• 能力支持 | • 京鄂 I Will 志愿者联合行动<br>• 抗击新冠肺炎疫情社会组织协作网络 |
| 垂直型 | 资源型组织，能动性强 | 领导型网络 | • 问题呈现：需求导向<br>• 利益征召 | • 顶层设计<br>• 资源供给 | • 友成抗击新型肺炎联合行动<br>• 恩派公益"社区战疫"行动 |
| 去中心化 | 专业型组织，能动性强 | 协同型网络 | • 问题呈现：需求与方法导向<br>• 使命征召<br>• 自主动员 | • 回应不确定性<br>• 满足多元需求 | • NCP 生命支援<br>• 武汉银杏在行动 |

## 三　合作的阶梯：如何迈向"去中心化合作"？

新冠肺炎疫情发生以来，社会组织联合行动的数量越来越多，规模越来越大。但是，多数的联合行动停留在松散型合作阶段，少量的联合行动进入了垂直型合作阶段，甚至只有极少数的联合行动能够升级为去中心化合作。从逻辑上来看，合作网络似乎存在一个明显的升级过程，形成了动态发展的"合作的阶梯"，每种网络适应于不同的情境，也拥有不同的社会功能。那么，我们要继续探究的问题则是：这些合作网络的形态是如何演化的？哪些动力因素促使合作升级？尤其是去中心化合作需要哪些条件支撑？

### （一）合作升级的演化过程

相较于政府而言，社会组织拥有靠近基层、灵活、专业及创新等一系列的比较优势（Shils，1991）。这些优势使得社会组织难以像庞大的政府结构那样独立面对复杂的外部环境，所以联合行动似乎应该成为社会组织的天然选择。西方的慈善发展史也表明，慈善组织会社（Charity Organization Society）通过分工与协作可以提升慈善资源的投放效率，也可以精确地匹配慈善需求和供给，最终实现"科学慈善"（陈涛，2011）。与此同时，睦邻友好运动（Settlement House Movement）又认为慈善组织联合起来不仅需要追求效率，还有助于深入基层找到问题根源、动员资源及设计方案，只有类似激进式的行动才能彻底解决社会问题（甘炳光，2010）。无论怎样，社会组织的联合行动对于提升服务效率和回应能力都有积极作用，也是高效率追求社会目标的重要手段。

新冠肺炎疫情可谓重大突发公共卫生事件，外部环境的复杂程度和不确定性都是前所未有的。疫情初期社会组织需要松散的联合行动，借机摸清楚基本情况，尽可能地降低行动风险。这是因为：首先，各地社会组织缺乏一线需求的相关信息，也没有较为明晰的行动方向；其次，这种流行性的传染疾病存在人传人的风险，社会组织没有专业知识也不敢贸然行动，甚至也不知道朝向何处行动。那么，快速地获取疫情状况、需求信息及专业知识成为社会组织的头等大事。因此，那些具有支持性功能的社会组织更有可能构建松散型合作网络，广泛吸引异质性的行动者尽可能地提升信息和知识的饱和程度，比如社会组织协作网络在吸纳网络新成员时强调，优先考虑具有丰富经验的地区行业平台、专注于某一议题的专业机构，或者有过相关应急救灾经验、对于抗击新冠肺炎疫情已经采取行动或者有明确响应计划的多样化机构。[①] 信息共享、知识介绍等网络功能在实践中不断地重现和再生产，行动者中的跟随主体就像忙碌的"搬运工"一样便捷地向外普及知识。从某种程度来讲，松散型合作网络在信息传递和知识分享方面具有强大的支撑效果，这是社会组织联合行动不可或缺的条件之一。

掌握了信息和知识之后，社会组织则需考虑实际行动。大部分支持性组织擅长咨询、评估、培训和倡导等工作，它们发起的松散型合作网络难以满足行动性组织的实践需要，尤其是无法提供足够的资源支持。此时，资源供给者建立的垂直型合作网络应运而生，构建了严格的主导者与跟随者的二元结构：首先，资源供给者处于"中心"地位，通过资助项目吸引松散型合作网络中具有能动性的行动者；其次，资源供给者还根据自身的判断或以往的经验设计了行动纲领，处于跟随地位的行动者则予以主动响应。比如，"社区战役"行动发起主体之一的汇丰社区伙伴计划就是汇丰银行携手恩派公益组织发展中心于2013年12月启动的以培育社区内生力量、支持社区组织参与社区建设、营造社

---

① 《CNC – 2019CoV 申请加入说明暨新的申请通道》，基金会救灾协调会，https://mp. weixin. qq. com/s/pByzXVsr144DxKx69EGYmg。

区共同体为核心目标的计划。① 在此次防疫工作中，汇丰社区伙伴计划对项目进行了调整，在原有本职工作基础上，支持各类社区防疫领域的社区提案，加快社区提案审批进度，支持更多优秀的社区提案落地，助力在地社区的防疫工作。② 最终，垂直型合作网络建构了紧密的行动共同体，可以快速地在各地复制同质化的服务项目。

但是，垂直型合作网络的有效运行需要较强的顶层设计。换言之，这种网络与创新性要求较低、外部环境相对稳定的状况是非常契合的，否则它们的能力就使其无暇应对各种问题了。遗憾的是，那些标准化、可复制的服务项目多数由政府承担，而社会组织更需要采取创新的方式回应政府不能解决的社会问题。这时垂直型合作网络如果不能提供清晰的行动纲领，跟随的行动者就变成"无头苍蝇瞎撞"了，这会严重降低服务效率，削弱回应能力。

此时，越是贴近基层的社会组织则越具有创新能力和回应能力，这就越需要激活它们的自主性、能动性和建构性，那么去中心化合作网络既能提供支持，也不会僵化。如果网络中的行动者能够理性地自主选择转译框架，以此延伸性地链接其他主体，它们就可以良性循环地维护和升级网络，使之吸引更多的主体、更多的资源并能有序地协同行动。正如"武汉银杏在行动"通过各个银杏伙伴进一步地链接到了医生、出租车司机、企业家等加入行动中，还感召了更多的资方加入，为联合行动追加了捐助资金，使行动网络不断向外延伸（访谈资料：YB－20200713－ZXS）。去中心化合作网络集成性地获得了松散型合作网络提供的共享信息、能力支持和垂直型合作网络建立的顶层设计、资源动员等功能。

**（二）"去中心化合作"的生成条件：基于常态与应急的比较视角**

回顾来看，社会组织联合行动具备了从"松散型合作"、"垂直型合作"到"去中心化合作"等完整的生态系统，这些合作类型各自承担了不可替代的社会功能，以此有序地支撑着各类社会组织的发展和行动。从社会组织的自主性视角来看，"去中心化合作"的表现更优于前两种合作类型，也是此次新冠肺

---

① 《关于汇丰社区伙伴计划》，汇丰社区伙伴计划，http：//hccb. npi. org. cn/index. php？ m = Alone&a = index&id = 2。

② 《社区战疫快报》，恩派 NPI，https：//www. npi. org. cn/info/build？ id = 1234751903922425856& tabIndex = 0。

炎疫情社会组织联合行动中不可多得的亮点。但是，松散型合作网络、垂直型
合作网络并不能顺其自然地升级为去中心化合作网络。然而，本文所关注到的
"武汉银杏在行动"则是生发于常态化的"银杏伙伴计划"（垂直型合作网络），
那么令我们感兴趣的问题是：合作网络走向去中心化的外部条件究竟是什么？
这种形态与当前的应急情境又有何关系？以及，常态时期哪些储备有助于实现
去中心化合作？梳理来看，应急时期出现的"复杂化需求"、"政治机会结构"
和常态时期积累的"社会创业家特质"、"联结性社会资本"等四个要素共同推
动了合作网络迈向去中心化阶段，本文把社会组织联合行动的变迁图景概括为
"合作的阶梯"，如图2所示。

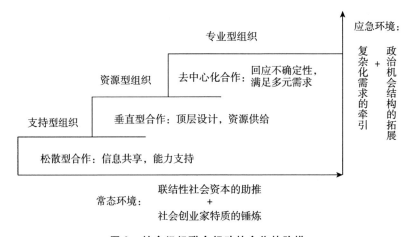

**图2　社会组织联合行动的合作的阶梯**

第一，应急环境下复杂化需求"牵引"合作网络走向去中心化。表面上，
社会组织的运行受到使命愿景或战略目标的影响，但实质上，社会组织无时无
刻不在回应社会需求。如果把"联合行为"理解为社会组织应对外部挑战的组
织策略，那么新冠肺炎疫情产生的不断变动的要求则是促使社会组织行为变化
的关键。信息共享和能力建设构成了社会组织行动的基础，由此催生了松散型
合作网络。随后，头部社会组织依照汶川地震以来的经验设计项目，引导社会
组织主动参与，这种惯常性思维自动地产生了垂直型合作网络。但是，这种模
式还不能完全应对由新冠肺炎疫情产生的社会诉求，正如"武汉银杏在行动"
的发起人之一所讲，"我们有多少的社会组织知道呼吸机的类型，又有多少组织
知晓不同级别的医院应该配备何种型号的呼吸机，……而且疫情期间的应急医
疗和常规医疗之间也存在巨大矛盾，一些危重的非新冠肺炎的病人难以得到及

时抢救，所以说两种不同时期的医疗体系存在完全不同的规律和需求"（访谈资料：XLJ - 20200308 - HN）。面对新出现的需求，20多位银杏伙伴及所在机构并没有充足经验而只能重新思考、重新设计项目方案（访谈资料：YB - 20200714 - CD）。所以，去中心化合作网络也就非常自然地出现了。这也表明不同情境下存在不同的合作网络，比如垂直型合作网络在目标清晰、方案确定时展现出较高的效率，但遇到复杂的未知需求时则显得束手无策，而去中心化合作网络恰好能够应对自如。

第二，应急环境下政治机会结构"催生"合作网络的自主升级。紧急状态不仅使得社会需求的复杂程度加剧，这种复杂需求还导致政府难以顾全所有，自然而然地为社会组织留足了行动空间。长期以来，外部制度环境的约束使得民间自发社会组织的合法性不足、资源依赖程度严重、行动空间受限，社会组织时刻寄希望于寻找制度空间获得耦合共生的发展机遇（Spires，2011）。然而，应急抗疫期间政府发布政策文件动员社会组织参与防控工作，几乎各个省份都制定了动员和规范社会组织、社会工作者、志愿者等参与疫情防控工作的具体规则。虽然这些支持性文件并没有号召社会组织联合行动，但呼吁社会组织结合实际情况，发挥各自能动性，在条件允许的情况下进入一线开展工作。所以，这些政治机遇窗口为社会组织联合提供了空间支持，也使得合作网络逐渐升级成为可能。

第三，常态积累的社会创业家特质"支撑"合作网络走向去中心化。应急状态为社会组织联合行动走向去中心化提供了契机，但是"武汉银杏在行动"为何得以落地呢？这就需要从常态时期窥探它们积累起来的专业素养。首先，银杏基金会的负责人之一认为武汉银杏伙伴们拥有独特的气质，那就是具有"胸怀天下、脚踏实地、富有潜力及追求创新"的社会创业家精神（访谈资料：YB - 20200713 - ZXS）。社会创业家秉持使用创新性方法跨界整合资源创造社会价值的理念，尤其关注贫困、边缘及弱势群体的生活福祉（Alvord et al.，2004）。其次，银杏伙伴在合作过程中主动坚持"规范"、"公开透明"及"高效合作"的原则，项目执行时需要动员社会资源的能力、吸引服务对象参与的能力、策划项目方案的能力等。① "武汉银杏在行动"所展现的素养正是银杏伙

---

① 《十问｜林红：疫情之下处处危急，"武汉银杏行动"尽显职业公益人的有章有法》，搜狐网，https://www.sohu.com/a/373922039_264034。

伴计划长期坚持的核心元素，这种特征系统地支撑了此次防控过程中临时组建的网络在医疗、筹资、采购、物流、执行、风险防控等各个环节高效运转（访谈资料：YB - 20200714 - CD）。可以说，银杏伙伴计划在常态时期达成的共识与积累的素养延续到了"武汉银杏在行动"的各个方面。因此，合作网络的升级事实上也需要能力的升级，松散型合作需要基础的学习能力，垂直型合作需要高效的执行能力，而去中心化合作还需要协同合作能力、自主策划能力、社会价值使命等社会创业家素养。

第四，常态时期培养的联结性社会资本"助推"合作网络不断升级优化。通常来讲，社会资本指诸如信任、规范和网络，它们能够通过促进合作行为来提高社会的效率；那些跨区域、跨领域的社会组织在互动过程中产生了包容、互惠及团结的联结性社会资本，这种资本可以有力地支持更大范围的跨界合作（帕特南，2011）。从实践分析来看，银杏基金会主导建立了"伙伴委员会"和"小额合作基金"等跨行业、跨区域的互动社群，把天南海北的130多名银杏伙伴联结在一起。银杏基金会强调社群运行的"民主管理"和"协同合作"等特征，比如银杏伙伴民主选举社群的管理委员会，也资助伙伴们在境内外考察学习，类似的"训练"为此次"武汉银杏在行动"提供了信任基础和合作规则。比如，"武汉银杏在行动"的20多位行动主体来自8个省份且分布在10个活动领域（访谈资料：YB - 20200713 - ZXS），恰好是这种联结性社会资本支撑了"武汉银杏在行动"的运行过程，表现为：明确的团队分工（信息收集组、文宣传播组、救助关怀组等）、协作工具（微博、微博群、微信工作群等）以及支援工作流程。同时通过发布行动简报的方式确保信息透明、行动合规。因此，银杏基金会主导发起的伙伴社群通过长期的磨合、训练及互动产生的联结性社会资本支撑了去中心化合作。

## 四 结论与启示

新冠肺炎疫情发生以来，由于防控需要，社会组织的参与并没有如汶川地震时期那样大爆发，但是社会组织联合行动的惯例得以继续保持。为此，本文重点扫描和研究了社会组织合作网络的形态及变化趋势。基于疫情期间社会组织联合行动的案例观察和行动者网络理论，本文建立了研究框架，结果表明：第一，社会组织联合抗击疫情期间出现了"松散型合作网络"、"垂直型合作网络"及"去中心化合作网络"等完整的生态链条，各种网络在不同情境存在不可替代的社会功能，其中，"去中心化"是一种具有较强自主性的新型合作形态；第二，应急时期出现的"复杂化需求"、"政治机会结构"和常态时期积累的"社会创业家特质"、"联结性社会资本"等四个要素是合作网络升级的动力源泉。本文把社会组织联合行动的现象及变迁图景概括为"合作的阶梯"。

虽然本文主要观察了应急状态下的社会组织联合行动，但是相关结论依然适用于常态时期，尤其是如何迈向去中心化的自主合作网络。基于上述结论，我们建议社会组织通过如下方式广泛推动联合行动。第一，建立常态化应急行动的松散型网络；应急性社会组织按照应急事件的类别，逐步建立需求评估框架、应急知识体系等相关工具，以备不时之需。第二，建立常态化应急资助的垂直型网络；国内部分基金会主导建立了区域性的应急网络，但多数处于悬浮型的休眠状态，建议加强项目资助和能力训练，以及构建深入基层的行动网络。第三，呼吁行动性社会组织建立常态化的合作框架；面对不确定性环境，社会组织需要确立包容、合作、透明的行动准则及培养提升服务质量的专业素养。第四，呼吁资源供给方在资助的同时建立松散型或垂直型合作网络，加强被资助方之间的深度交流，形成相互协同的规范，以此建立跨区域、跨行业的紧密型资助网络，也自动地培育了社会组织的联结性社会资本。我们认为第三部门不能一味地追求专业化和高效率，还需加强培育社会创业家精神和增加联结性社会资本，以此扩大跨界合作和提升社会自主性。

**参考文献**

陈涛（2011）:《社会工作专业使命的探讨》,《社会学研究》，第6期。

甘炳光（2010）:《社会工作的"社会"涵义：重拾社会工作中社会的本质》,《香港社会工作期刊》，第1期。

罗婧、王天夫（2016）:《志愿组织寻求合作的意向、机会与制度》,《学海》，第5期。

马剑银（2020）:《新冠疫情中慈善募捐"合法性"的冷观察》,《中国非营利评论》，第1期。

〔美〕帕特南（2011）：《独自打保龄：美国社区的衰落与复兴》，刘波等译，北京：北京大学出版社。

沈永东（2020）：《将社会治理优势转化为疫情防控效能》，《中国非营利评论》，第1期。

田毅鹏（2020）：《治理视域下城市社区抗击疫情体系构建》，《社会科学辑刊》，第1期。

吴莹等（2008）：《跟随行动者重组社会——读拉图尔的〈重组社会：行动者网络理论〉》，《社会学研究》，第2期。

徐浩、张永理（2014）：《灾害救援中非营利组织的自合作趋势及其行动逻辑》，《中国行政管理》，第10期。

徐选国（2020）：《专业自觉与体系之外：社会工作介入新冠肺炎疫情初期防控的双重逻辑及其反思》，《华东理工大学学报》（社会科学版），第2期。

朱健刚、赖伟军（2014）：《"不完全合作"：NGO 联合行动策略 以"5·12"汶川地震 NGO 联合救灾为例》，《社会》，第4期。

朱凌（2019）：《合作网络与绩效管理：公共管理实证研究中的应用及理论展望》，《公共管理与政策评论》，第1期。

张强（2020）：《"机会窗口"与应急管理中政社合作"新常态"》，《中国非营利评论》，第1期。

Agranoff, R. & McGuire, M. (2001), "Big Questions in Public Network Management Research", *Journal of Public Administration Research and Theory*, 11 (3), pp. 295 – 326.

Alvord, S. H., et al. (2004), "Social Entrepreneurship and Societal Transformation：An Exploratory Study", *Journal of Applied Behavioral Science*, 40 (3), pp. 260 – 282.

Cristofoli, D. & Markovic, J. (2016), "How to Make Public Networks Really Work：A Qualitative Comparative Analysis", *Public Administration*, 94 (1), pp. 89 – 110.

Dong, Q., et al. (2019), "Nonprofit Alliance in China：Effects of Alliance Process on Goal Achievement", *VOLUNTAS：International Journal of Voluntary and Nonprofit Organizations*, 30 (2), pp. 300 – 311.

Hsu, J. Y. J. & Hasmath, R. (2017), "A Maturing Civil Society in China？The Role of Knowledge and Professionalization in the Development of NGOs", *China Information*, 31 (1), pp. 22 – 42.

Hu, M., et al. (2016), "Termination of Nonprofit Alliances：Evidence from China", *VOLUNTAS：International Journal of Voluntary and Nonprofit Organizations*, 27 (5), pp. 2490 – 2513.

Latour, B. (2006), *Reassembling the Social：An Introduction to Actor-Network-Theory*, New York：Oxford University Press.

Shils, E. (1991), "The Virtue of Civil Society", *Government and Opposition*, 26 (1), pp. 3 – 20.

Spires, A. J. (2011), "Contingent Symbiosis and Civil Society in an Authoritarian State：

Understanding the Survival of China's Grassroots NGOs", *American Journal of Sociology*, 117 (1), pp. 1 – 45.

Yang, A. & Cheong, P. H. (2019), "Building a Cross-Sectoral Interorganizational Network to Advance Nonprofits: NGO Incubators as Relationship Brokers in China", *Nonprofit and Voluntary Sector Quarterly*, 48 (4), pp. 784 – 813.

# Cooperation Ladder of the Nonprofit Sector: Research on Collective Actions of NPOs to Fight the COVID – 19 Epidemic

$\mathcal{NP}$

Yang Bao, Xiao Lujun & Chen Kun

[**Abstract**] Since the outbreak of the COVID – 19 epidemic, collective actions by NPOs have been constantly upgraded. This article aims to scan and analyze the typical forms and development trends of inter-organizational collaborative networks. Based on many cases, this paper establishes a research framework employed the "Actor-Network Theory". The finding shows that: First, there are three typical inter-organizational collaborative networks including loose cooperation, vertical cooperation and decentralized cooperation. The last type is a new form of cooperation during fighting the COVID – 19 Epidemic in the nonprofit sector. Second, there are four conditions to drive the decentralized collaborative networks, such as complex demands and political opportunities in emergency situation, and the spirit of social entrepreneurship and connected social capital cultivated by routine activities. This article summarizes the dynamic practice of social organizations' collective actions named "cooperation ladder".

[**Keywords**] COVID – 19 Epidemic; the Nonprofit Sector; Collaborative Networks; Decentralized Cooperation; Cooperation Ladder

（责任编辑：宋程成）

合作的阶梯

33

# 异军突起的高校校友会：防疫医护物资调配的组织协作网络

## ——以武汉大学校友会为例<sup>*</sup>

林顺浩　　何立晗[**]

**【摘要】** 新冠肺炎疫情暴发早期，防疫医护物资一度供不应求。以组织网络为分析视角，高校校友会突破传统社会组织的局限，展现出了扩展版的 NGO 联盟、多元化的政企关联体和密集型的智库等组织网络特征。在公共危机事件的刺激下，家国情怀下的仁爱精神与"地方感"认同下的校友情结发生情感共鸣，转化为集体意向性的慈善动机，激活辐射全球和各行各业的校友组织协作网络，在资源动员、信息协调、价值凝聚等方面构建抗疫网络运行机制，协作完成医护物资调配的信息对接、全球采购、物流运输和仓储分发等供应全流程。疫情防控中高校校友会有效运转的组织协作网络机制，对中国高校校友会建设以及社会组织能力提升都具有一定启示。

**【关键词】** 新冠肺炎；高校校友会；组织网络；社会组织动员

---

[*] 基金项目：国家社科基金重大项目"中国特色社会体制改革与社会治理创新研究"（16ZDA077）。

[**] 林顺浩，清华大学公共管理学院博士生，研究方向为社会组织政策与第三部门发展；何立晗（通讯作者），清华大学公共管理学院博士生，研究方向为社会治理与公益慈善。

# 一　问题的提出

社会力量在应急救援和公共危机处置中都扮演着不可忽视的角色，但在此次新冠肺炎疫情暴发早期，包含基金会在内的社会组织存在一定的缺位和失语情况（陈慧娟，2020）。有学者认为，官方指定相关社会组织统一调配物资的政策，破坏了慈善志愿机制，限制了社会慈善力量的参与（贾西津，2020）。新冠肺炎疫情属于重大突发公共卫生事件，传染性强且病理不明，存在巨大的安全威胁，客观上也阻止了本地社会组织的参与和外地社会组织的进场。但我们也看到了一支独特的社会力量——高校校友会，在响应新冠肺炎疫情公共卫生危机应急救援中，尤其是在医护物资筹集调配方面异军突起。

数据显示，截至2020年3月6日，全国共有3440家募捐机构参与了慈善募捐，共募捐到270亿元资金，通过湖北高校校友会（基金会）募捐的金额高达1亿元，武汉大学教育发展基金会、清华大学教育基金会分别以7623万元和2368万元位居前二位①，表1展示了湖北防疫专项基金募捐超过100万元的高校基金会（并不完全为校友捐赠）。除了资金之外，大量的医疗物资（主要包括防护类口罩、手套、防护服、护目镜、消毒液、呼吸机等）、生活物资在高校校友会的协调下快速地投入一线抗疫中，在资金筹集、医疗物资认购、物流转运等方面形成了一个快速响应的民间网络，向社会表明公益慈善行业抗疫并未缺席。

高校校友会是学校范围内联络和服务校友的独立非营利法人单位，并非一个日常活跃在社会公共事务治理视野中的组织群体，却于此次抗疫行动中尤其是初期展示了民间力量的作为。基于此，本文主要回答两个核心问题：在新冠肺炎疫情暴发初期，高校校友会为什么能及时且有效地响应并运作？其背后的逻辑机制是什么？具体而言，分为两个方面，其一，相对于日常状态，应急状态下的高校校友会为什么能被迅速激活？其二，相对于其他社会力量，高校校友会为什么能更有效地参与疫情应急治理？为此，本文首先对社会组织参与应急事件处置的影响因素进行综述，为本文的网络分析视角进行理论铺垫。之后

---

①　数据来源于"易善数据：全国新型肺炎疫情捐赠流向数据平台"，其中参与此次疫情募捐的基金会、红十字会和慈善会，简称三类募捐机构。

简要分析医护物资调配流程中社会力量面临的现实约束。接下来以武汉大学校友会为例进行案例描述，并进一步从校友会网络特征、网络动力和网络机制等方面对高校校友会何以有效参与进行分析。最后反思高校校友会的发展并进一步展望中国社会组织的未来。

**表1 部分高校校友会（基金会）募捐信息**

| 高校校友会/基金会 | 专项基金（元） | 截止日期 | 开始披露时间 | 披露频率 | 披露内容 |
|---|---|---|---|---|---|
| 武汉大学教育发展基金会 | 76229163.33 | 3月6日 | 1月25日 | 每日 | 接受捐赠总体情况及明细、物资接收方联络方式及需求、捐赠相关信息说明 |
| 华中科技大学教育发展基金会 | 18009098.57（3340000） | 3月6日 | 1月27日 | 每日 | 接受捐赠总体情况及明细、捐赠相关信息说明 |
| 武汉理工大学教育发展基金会 | 3649115.57 | 2月29日 | 1月28日 | 每五日 | 接受捐赠总体情况及物资明细 |
| 中南财经政法大学教育发展基金会 | 1396221.78 | 2月29日 | 1月29日 | 每五日 | 接受捐赠总体情况及明细 |
| 华中师范大学教育发展基金会 | 3571779.83 | 2月27日 | 1月27日 | 每四日 | 接受捐赠总体情况及明细 |
| 华中农业大学教育发展基金会 | 1204328.65 | 3月4日 | 2月5日 | — | 接受捐赠明细 |
| 中国地质大学教育发展基金会 | 3803820.97 | 3月3日 | 1月31日 | 每三日 | 接受捐赠明细及物资领取明细 |
| 清华大学湖北校友会教育发展基金会 | 1156198.41 | 3月1日 | 1月28日 | 每五日 | 接受捐赠及支出情况 |

注：高校基金会是校友会向校友指定的募捐平台，本文将高校基金会也纳入校友会工作。
资料来源：湖北部分高校基金会或校友会公开数据（截至2020年3月6日）。

## 二 社会组织应急动员的影响因素与分析视角

面对日益多元化和复杂化的社会风险，相比于政府和其他主体，社会组织参与公共危机治理在专业性、资源、效率、沟通和协调方面存在潜在优势（金华，2019）。有学者曾从微观的组织能力、中观的组织间网络关系以及宏观的制度环境三个视角归纳社会组织参与社会治理有效性的影响因素（张潮、张雪，2020）。借鉴他们的分析框架，本文从宏观的制度层面、中观的网络层面和微观的能力层面出发，就社会组织应急动员的影响因素进行总结，并结合现实实践进行思考。

**（一）宏观制度层面：缺乏制度化的政社合作机制**

当代中国社会组织发展紧密嵌入社会治理体制创新的宏观改革脉络之中（黄晓春、周黎安，2017），在关注社会组织参与危机治理时，我们首先要对其制度体制背景加以审视。自 2003 年"非典"疫情至今，我国逐步建立并完善了"一案三制"的应急管理体系框架，并强调社会力量参与应急救援的重要性，但社会组织参与应急救援的制度建设仍存在不够完善、不够明确和滞后性等问题（沈燕梅、张斌，2020），在具体纳入、淘汰、培育以及合作方式方面缺乏深入的制度建构（陶鹏、薛澜，2013）。师钰和陈安（2019）指出，应急管理秉承"统一领导、综合协调、分类管理、分级负责、属地管理为主"的原则，但是实践中常常出现政府与社会组织间沟通渠道不畅通、信息共享不及时、相互之间不了解的问题。尽管经历了 2003 年"非典"、2008 年"汶川地震"、2010 年"玉树地震"等危机后，我国初步形成并总结了社会组织参与应急救援工作的基本经验，但社会组织仍缺乏应对重大公共卫生事件的经验，未建立完善的救灾物资支援渠道和机制。[①] 在参与重大应急事件时，社会组织仍受到政府在功能定位、能力门槛、活动领域等方面的限制和规范，通常表现为缺乏制度性的政社协调渠道与合作机制，从而呈现一种零散分布式、各自为政的救援局面，造成社会组织的"茫然"，无法有效率地合作达成应急救援目标。

**（二）微观能力层面：注重组织个体内部能力建设**

在危机状态下，社会组织和政府之间缺乏成熟的对话与合作机制，社会组织要快速建立临时合作网络有较大难度，正式协调机制不足、组织信任有限、资源竞争等因素导致"志愿失灵"出现，使得社会组织整体发挥功能有限。也有学者对此进行了反思，指出社会组织维持稳定的政府合作模式，其关键在于社会组织需具备一定的能力专有性（王名、蔡志鸿，2019），将视角聚焦在社会组织个体能力建设上，诸如财务能力、人力资源能力、组织技术能力、行政能力、政治能力（Lee & Clerkin，2017），在此基础上对社会组织开展项目能力进行测量（Despard，2017）。沈燕梅、张斌（2020）指出，许多救援类社会组织在资金装备、人员素质上的能力建设有限，为提高自身专业能力，更多的社会

---

组织将有限的精力和资金投入自身内部能力建设中。另外，一些官办组织由于长期依附于政府体系，受限于自身的科层化和行政性，呈现疫情前期社会组织的"停滞"现象（朱健刚，2020）。显然，在重大公共卫生事件中，由于社会组织个体本身专业知识有限，同时受制于疫情的高风险性以及由此带来的各种救援限制与客观障碍，社会组织单打独斗显然无法有效完成应急救援任务。

综上所述，我国公益慈善行业建设依然处于探索阶段，制度变迁是一个渐进的过程，社会组织能力建设也正处于缓慢推进中。一方面，应急救援宏观制度的建设不足，带来了大多数社会组织在应急救援中与政府合作的不顺畅。另一方面，专业能力的有限和内部能力建设的过度投入，导致社会组织忽视了在重大危机事件中外部网络关系的建设和资源链接，从而表现为单打独斗且力不从心，为此在应急救援中亟待一种新的能跨越公共部门、私人部门和志愿者部门边界，适应应急救援的自组织的网络治理体系。这进一步推动网络视角进入我们的视野——组织间网络是否能够推动社会组织在危机治理中发挥功能，从而实现"破局"？

### （三）中观网络层面：社会组织参与应急治理的一个分析视角

韦伯的科层组织模式，是人类在应对和适应低度复杂性和低度不确定性的社会生活时建立起来的。当前人类正进入信息时代，社会正向高度不确定性和高度复杂性状态转变（罗家德，2017）。城市公共安全风险愈加复杂化、多样化，需要一种主体多元、合作互补、复合的风险治理机制（杨雪冬，2004），有学者提出通过具有一定的开放性、专业化等合作普遍化特征的新型合作型组织模型，推动组织行动体系承载的专业化，能实现人类社会专业化发展（张康之，2020）。网络组织行动体系实际上是社会网络的一种形式，组织个体被视为"节点"，其之间的关系被视为"边"，众多的"节点"通过"边"组成了相互联结的网络，网络中的物质或能量等可从一个"节点"沿着"边"不断向其他"节点"流动，最终构成一个可运行的复杂网状结构（格兰诺维特，2019；Albert & Barabasi，2002）。

应对危机事件时，同一类型的社会组织在不同阶段发挥出不同功能，在处置与救援阶段，需要常规任务类、临时自发类、物资筹配类组织在先期处置、风险快速评估、应急指挥协调、危机信息管理等治理任务方面配合（孔娜娜、王超兴，2016）。面对具有复杂性和紧迫性的社会危机，单个社会组织由于受到专业领域、地域连通、能力门槛等方面的限制，难以有效发挥自身功能。资源依赖理论认为，组织间网络能弥补单个组织应对突发事件不同演化阶段的能力不足缺陷。在网络中，组织能通过推动学习、分享信息，使网络中的多样性文化、流程和分工等形成乘数效应（Provan & Kenis，2008），通过与其他组织形成联盟关系或合作、交换资源和共享信息来降低组织参与社会治理的不确定性（Pfeffer & Salancik，2003）。因而社会组织唯有加强合作机制建设，强化组织间网络构建，发挥社会组织间网络的功能，才能实现"众人拾柴火焰高"的效果，社会组织间网络曾在汶川地震联合救灾、怒江反坝环保运动中发挥重要作用（Egan，1995；朱健刚等，2014）。而在此次疫情应对的初期，在许多社会组织还处于观望和探索的情况下，高校校友会成为抗疫大军中一支有力的社会力量，表现亮眼。

尽管社会组织间网络、社会组织联盟、社会组织自合作等相关概念已经进入学者视野（刘春湘、谭双泉，2008；裴丽、韩肖，2017；杨柯，2015），但是在已有的实证研究中，仍以关注草根组织或传统民间组织合作的文章居多，并重点讨论合作形成与联盟构建的动力因素（王玉生、罗丹，2016；童志锋，2009；谢静，2012），高校校友会作为一类兼具向内动员和向外连接的组织网络尚未引起国内社会组织研究领域学者的关注。同时，在关于高校校友会的研究中，学者主要从高校筹资、教育管理和学校建设等角度强调了高校校友会建设的重要性（邓娅，2012；王可，2015；何雨骏、刘宏伟，2018；章晓野，2017）。也有学者开始重视高校校友会的"链接"功能，如结合社会资本理论讨论高校校友会整合校友资源的作用（钱晓田，2016）。杨伟东、胡金平（2020）基于民国大学校友会的建设，指出高校校友会作为学校和校友之间连接的纽带，构建了一个覆盖广泛、影响深远的校友网络，但是并没有对网络结构、运作机制进行深入讨论。整体而言，对于高校校友会网络的研究还处于起步阶段，因而本文从网络视角出发，关注高校校友会在危机事件处置中的参与，深描其网络特征、网络动力和网络机制，具有一定的理论创新性。

## 三　社会力量参与医护物资供应链的现实案例

### ——以武汉大学校友会为例

#### （一）社会组织在医护物资供应链中面临的困难

疫情暴发初期形势异常紧迫，一线医护物资紧缺的现实严重制约了疫情救治和防控工作的有效开展。① 面对陡增的医护需求,医护物资处于供不应求的困境中,此时全球采购成为重要的途径。② 要将医护物资按时按量送到一线,必须高效完成需求信息对接、物资采购、物流运输、仓储分发等供应链全流程。但因新冠肺炎疫情的高度风险性和不确定性,医护物资调配供应遭遇了巨大的挑战。具体如表2所示。

**表2 医护物资供应链及其挑战**

| 物资供应流程 | 现实挑战 |
| --- | --- |
| 第一阶段:信息对接 | 物资需求信息筛选难、资方与供应商信息不对称等 |
| 第二阶段:全球采购 | 分散寻找合适货源、医疗物资专业性强等 |
| 第三阶段:物流运输 | 交通管制,人员隔离政策差异,物流企业、司机缺乏等 |
| 第四阶段:仓储分发 | 落地仓储空间、社区志愿者不足,专业分拣困难等 |

资料来源:结合基金会救灾协调会关于《疫情中如何保障生命线的畅通》观点整理。参见 Paterson, D. & Jennifer, W., "Offering A Lifeline: Delivering Critical Supplies To Ebola affected Communities In Liberia, 2014 – 2015", https://successful societies. princeton. edu/publications/ebola-delivering-critical-supplies-liberia。

第一阶段,信息对接。政府指定社会组织统一调配,医护物资调配处于缓慢和不均衡的状态,纷涌而来的求助信息增加了供应方筛选需求信息并精确匹配物资的难度。筹资方和供应商对接中的信息不对称和沟通协调成本导致出现"有钱的买不到物资、有物资的需要找认购方"的局面。

第二阶段,全球采购。医疗物资的专业性导致物资购买工作有一定门槛,尤其是较为复杂的医疗器械,需要结合治疗标准(调整)方案、医院硬件条件、医院管理系统、病例状况和预测等综合判断,才可实现有效援助。疫情暴发后,及时找到相关供应商,购买到质量过关、价格合理、条件符合的医疗物资,成为横亘于所有心系救灾的人,尤其是民间社会组织面前的重要挑战。

第三阶段,物流运输。首先,政府对交通的严格管制措施——"通关通卡"管制给物资物流运输造成了障碍。同时随着疫情的发展,各地不断升级和调整交通管制政策,给物流运输带来极大的不确定性。如何寻找到相应的具有

① 湖北省卫健委于2020年2月11日通过官方渠道发布通告称"武汉一线医护物资告急",并公开各医院捐赠需求。

② 2020年1月26日,在国新办举行的新型冠状病毒感染的肺炎疫情联防联控工作新闻发布会上,工信部副部长王江平称,防护服、口罩这一类的物资需求十分突出。

资质、意愿和能力等的物流企业和司机也是需要面对的挑战。

第四阶段，仓储分发。城市和社区的隔离政策使在地志愿者稀缺，运输到目标地区的医护物资需要相关的场所、车辆、人员进行存储、转运、搬运和分发。如何安全有效地对接需求方，如何有效解决物资配送的"最后一百米"问题，都是特殊时期应急物资运输需要解决的问题。

**（二）武汉大学校友会的物资供应表现**

武汉大学校友总会是 1993 年在民政部合法注册的全国性、联合性、非营利性社会组织。早在 1916 年，武汉大学的前身国立武昌高等师范学校就建立了校友会。1983 年 11 月，武汉大学重新建立了校友会，从 2001 年 4 月起，各地也先后合并组建了新的校友会，目前武汉大学校友总会已经拥有 227 个地方校友分会，其中 38 个为海外校友分会。隶属于武汉大学校友总会的校友企业家联谊会于 2013 年成立，在长三角、泛珠三角、环渤海、中西部、澳新地区均有分会。

本文选取武汉大学校友会作为案例对象，主要原因如下。其一，典型性。武汉大学位于疫情暴发地武汉市，备受关注。其校友遍布世界各地，校友会历史悠久，也是最先响应疫情防控的高校校友会。据不完全统计，武汉大学校友会的捐赠额度处于湖北省内乃至全国范围内的高校前列，表现出色，具有典型性。其二，资料可获得性。武汉大学校友会有专门官方网站①和微信公众号平台（名称：武汉大学校友总会）。在疫情期间，相较于其他高校校友会，武汉大学校友会捐赠数据公示透明度高，捐赠过程细节丰富。尽管大部分素材并非在现场获得，但疫情期间能获得大量二手材料是弥足珍贵的，这为本文分析提供了丰富的经验素材。

**1. 武汉大学校友会的韩国采购案例**

面对疫情，校友企业家联谊会在第一时间建立应急小组，广泛动员海内外资源，在全球范围内进行应急物资的采购、输送和分发，成为武汉大学校友会中的骨干力量。2020 年 1 月 24 日，依托校友会的"武大海外采购群"建立，武汉大学企业家校友纷纷入群，投入海外医护物资的募集行动中。1 月 25 日，校友企业家联谊会、应急小组成员秘书长蹇宏与两位在韩国的校友取得联系，

---

① 武汉大学校友总会官方网站：https://alumni.whu.edu.cn/info/1020/8491.htm。

并在他们的努力和韩国政府的协助下向具有官方认定资质的生产商进行物资采购。两位海外校友及时向国内校友反映韩国的医护物资资源状况，而企业家校友们也共同负担了采购费用2000万元，最终购置了20万套防护服、10万副医用护目镜以及300多万只口罩。在境外物流运输过程中，韩国校友协助完成了货物的装卸，在武汉大学企业家校友邓江和其他校友的帮助下，民航及有关部门同意增开首尔通往武汉的专门货运航线。1月30日晚，第一批8.4吨物资成功运抵武汉，并在武汉市招商局的协调下办理好机场海关手续，宅急送、百世汇通等校友企业成立物流运输专线，于次日将物资运往校友单位武汉大学人民医院、武汉大学中南医院等医疗机构和防疫一线，完美完成了医护物资供应链流程。

在这一过程中，以疫情为中心的不同信息在这一网络中充分流转，有不同背景的校友彼此信任、通力合作，在应急小组的协调下，推动海内外物资采集和输送，并最终对接物资需求单位，顺利完成应急物资供应链流程。负责此次采购的曾文涛如此回忆："有人在前方找货源，有人出钱，有人协调运输，有人寻找政府支援。"[1]

"武大海外采购群"仅仅是武汉大学校友会微信群的一个缩影。根据医护物资实际需求的动态调整，武汉大学相关医院求援的信息要通过各地校友会散播出去，各地寻找到的货源线索要汇总到校友会确认医护物资是否符合标准，校友们不计得失，克服困难，通力合作，共同抗击疫情。如在校友运送水银温度计这类特殊物资遭到多个物流公司的拒绝时，武大校友企业宅急送果断承担起物流重任，免费将19000支水银温度计运送至武汉大学校医院。

**2. 武汉大学校友会的采购情况**

据不完全统计，此次疫情中武汉大学校友捐款捐物总额已超5亿元，其中学校基金会和校友会平台筹集的捐赠资金总额近2亿元[2]，位居校友会（基金会）榜首，海内外校友会也响应总会号召，积极参与医用物资的采买募集（见表3）。

---

[1] 参见武大新闻网《一座城应该铭记！一群武大校友的韩国医护物资"抢购"记》，https://alumni.whu.edu.cn/info/1048/15227.htm，2020年4月14日。

[2] 参见澎湃新闻《武汉大学师生"抗疫日记"（下）：守护珞珈山，静待花开》，https://www.sohu.com/a/375549343_260616，2020年2月24日。

表 3　部分武汉大学校友会及校友企业的采购情况

| 武大校友会或校友企业 | 采购物资 | 部分参与单位 | 响应时间 |
|---|---|---|---|
| 校友企业家联谊会 | 20 万套防护服、10 万副医用护目镜、300 多万只口罩 | 韩国校友、武大商帮 | 1 月 25 日 |
| 泰康保险 | 15 万只医用外科口罩、1000 套防护服 | 泰康大健康供应链 | 1 月 28 日 |
| 卓尔 | 40 万只 N95 口罩、30 万套防护服、300 万只医用口罩、4 万副护目镜、200 台呼吸机和制氧机 | 全球采购 | 1 月 26 日 |
| 北京校友会 | 筹资 3000 万元购买物资 | 政府绿色通道、校友会团队、校友企业 | 1 月 23 日 |
| 宅急送 | 成立物流运输队伍 | 物流链网络 | 1 月 30 日 |
| 大纽约地区校友会 | 5 批共 58 万件医护物资 | 海外各地校友会、校友企业家联谊会、其他高校校友 | 1 月 24 日 |
| 大洋洲校友会 | 11 批 19 万件医疗物资 | 武大深圳校友会、宅急送、其他高校校友会 | 2 月 2 日 |
| 小米 | 大量医疗物资 | 物流供应链 | 1 月 25 日 |
| 深圳校友会 | 第一批 2 万只 N95 口罩，共 200 多万件口罩、防护服、护目镜 | 成立海外抢购组 | 1 月 22 日 |
| 英国校友会 | 共 4 批 | 驻英大使馆、南航英国公司、武汉广州校友会、校友企业宅急送 | 1 月 22 日 |
| 美国校友会 | 共 5 批 270 万件医疗物资 | | 1 月 22 日 |
| 1 药网 | 10 万只口罩 | 医药物流链 | 1 月 24 日 |
| 宇业集团 | 10 万只医用口罩、1360 套防护服、2 万副医用手套 | 瑞士采购 | 1 月 24 日 |
| 人福医药 | 1 万件麻醉药 | 医疗采购配送 | 1 月 27 日 |
| 北加州校友会 | 共 4 批近 100 万件 | 广州校友会、华科校友会、省人才局、省侨联、部分国际 NGO | 1 月 31 日 |
| 俄亥俄州校友会 | 5000 件防护服、2700 只医用口罩和护目镜 | 校友总会、纽约领事馆、中国学生联合会 | 2 月 28 日 |
| 南加州校友会 | 7 批医药物资和 67 台无创呼吸机 | 中国高校海外校友会 | 1 月 21 日 |
| 欧洲校友会 | 4 批共 50 吨医疗物资 | 欧洲各国校友、协会、同乡会等 | 2 月 1 日 |

异军突起的高校校友会：防疫医护物资调配的组织协作网络

| 武大校友会或校友企业 | 采购物资 | 部分参与单位 | 响应时间 |
|---|---|---|---|
| 医学部海外校友会 | 5 批 | 华盛顿校友会、湖北同乡会、华人商会、浙大校友会、校友企业物流 | 1 月 22 日 |

注：由于统计口径和发布时间不一致，表中数据与实际情况存在一定出入，由于数据的不可获得性，实际上还有很多校友会未纳入统计范围。

资料来源：根据武汉大学校友总会公众号发布的信息整理。

# 四 组织协作网络：应急状态下的高校校友会何以有效运作？

## （一）组织协作网络：高校校友会的网络特征

"有校友的地方就有校友会"，不同的高校校友会节点，构成了一个分散在全球的组织网络架构。如表 3 的部分资料显示，由武汉大学校友总会、校友分会、校友、校友企业、校友单位（或与其他高校校友会也有合作）形成的校友会局域网和整体网，构成了以学校为纽带、以抗疫为目标的校友会联合网络，联通了湖北和湖北之外、中国和中国之外的组织网络，组建校友抗疫共同体网络。具体而言，在组织特征上，高校校友会网络具有如下特点。

1. 高校校友会是一个扩展版的非政府组织（NGO）联盟协作网络。NGO 联盟是成员组织共同贡献资源，接受彼此目标，共同分担环境压力和风险的组织。成员组织基于达成信任、形成共识、资源优势互补和去等级化运作机制形成 NGO 联盟（杨柯，2015）。不仅可以增强民间组织的行动能力，也使得弱小的单个组织通过独特的联合机制发出能够影响社会的声音（童志锋，2009）。Ashman 指出当全球性或地区性事务需要特殊信息或跨国资源动员时，NGO 联盟的作用更加凸显（Ashman，2001）。但是在紧急状态下的医护物资的全球采购公共事务中，我国 NGO 联盟机制并不成熟，也并不具备国际联盟网络，此时武汉大学校友会网络发挥了其他 NGO 联盟不具备的天然优势。校友会网络由校友总会、地区分会和专业分会等核心主体，外延到校友单位和校友企业组成的联合体，成员组织分布全球各地，基于校友情结达成共识、相互信任，在疫情物资供应链上通力合作，形成了一个扩展版的 NGO 联盟。表 3 的案例显示，遍布世界各地的武汉大学校友分会和校友单位都加入了紧张的医护物资供应过程中，相较于传统的 NGO 联盟，无论是覆盖的地理范围，还是可动员的潜在资源，都有了一定拓展。

2. 高校校友会是一个多元化的政企关联协作网络。政治关联强调人与组织之间的联系，主要包括政府官员（人）与企业（组织）之间的联系，被视为企业竞争能力（Lester & Cannella，2008；Zaheer，1999），近来也被广泛运用到社会组织（基金会）与政府关系领域，凸显社会组织管理层人员与政府之间资源关系的价值（颜克高、林顺浩，2017）。在应急物资的运输过程中，一个民间社会组织可能需要与医药企业、医院、各地地方政府部门、物流企业、其他社会组织进行多次、往复的沟通，这一沟通过程可能带来极高的成本，甚至使得应急物资运在任何一个阶段中断。而武汉大学校友会拥有分布在各行各业的校友，通过校友会的动员联络，广泛分布在公共管理部门等政府部门、医药企业、医院、物流企业、媒体等的校友动员起来。如武汉大学中南医院、武汉大学人民医院等校内单位向校友或社会发布医护物资的精准需求，人福医药、1 药网、泰康保险等医疗类校友企业参与医护物资的识别和供应，宅急送、百世物流、小米供应链等物流校友企业进行疫情期间的物资配送和分发。通过政、企、社三者之间的正式与非正式关系，构建一个政企（政治）关联体，协调政府部门之间、政府与企业之间、企业与慈善组织之间、政府与社会力量之间的关系。

3. 高校校友会是一个密集型的智库协作网络。现代社会的一个重要特点就是社会组织的专业化，智库作为一种社会组织是特指稳定的、相对独立的政策研究机构，在政府、企业及大众密切相关的政策问题上提供咨询建议（薛澜，2014）。高校校友会作为一个联络广泛校友的社会组织，由于背景多元化的校友具有不同行业的专业知识和不同地区的本地经验，是一个开放型与知识密集型智库。疫情处置需要在短时间内解决模糊性、多目标、多任务问题，对社会组织专业性提出了较高要求。相对知识结构单一和人力资源有限的社会组织，高校校友会形成的智库协作网络具有优势。如武汉大学海内外各地校友会、企业家联谊会等机构紧密合作，快速形成有效的工作方案。在甄别物资、募集捐赠、协调物流、货物运输、法律服务等方面提供支持。大纽约地区校友会保证以平均 1 至 2 天的频率更新信息，对校友们提出的关于捐赠方式、物资标准、物流配送、协调需求等各方面的问题进行逐一解答，列出详细的物资清单，清晰标注物流状态与捐赠去向，第一时间消除捐赠人的疑虑和担忧。

实际上，高校校友会作为一个带有资源储备性质的社会组织，更多地展现了社会网络中的一种弱连带关系特征：弱关系由于存在于不同的社会背景中，能够获取更多异质性信息和资源，从而构成自身优势。当行动者是信息与资源从一个网络传往另一个网络的唯一一座桥时，其就有能力从其所跨越的网络中取得"结构洞"的利益（Lazega & Burt，1995）。高校校友会处于校友网络中的结构洞位置，能更有效地获取异质性资源：校友群体广泛分布在不同地域，从事不同职业，拥有具有差异性和多样性的资本，在集聚组织能力、多元资源和密集知识等异质性资源中更具有价值。在高校校友会这个网络圈层中，校友们相互信任的关系使资源流动更加通畅，校友之间实际上形成了以校友身份认同和共享社会资本为基础的网络圈（高丙中，2016）。

**（二）事件特征与校友情结的共鸣：高校校友会网络动力**

残酷的灾难危机往往会触动人们惊人的爱心，这与中华传统文化中"家国情怀"一脉相承，在社会发展的现代性理性和效率之外，公共治理的情感要素也发挥了不可忽视的作用。家国情怀往往与伤痛神经联系在一起，如战争失败、国破家亡、自然灾难等，它起源于士大夫崇尚的人文精神与信仰，在近代社会遭受的民族苦难中进行重构的精神，为中华民族提供了不竭动力（杨清虎，2016）。家国情怀的内在驱动力是仁爱思想，一种关心他人、帮助他人的朴素情感，这也是儒家思想的内在核心（张倩，2017），当遭遇重大风险灾害时，同情弱者的同情与善爱之心便转化为自发的社会捐赠行为（李芹，2004）。这种情怀往往在举国瞩目的重大事件中，尤其是重大公共灾难危机发生时愈发浓厚。面对疫情的肆虐和医护物资的短缺，武汉大学校友会第一时间响应，很多著名企业家校友率先捐款捐物，甚至冒着生命危险在一线协调医护物资供应，在海外的校友更是无比牵挂"樱花绽放"的校园和城市，他们不计得失，配合默契，正如武大校友、美国加州湖北同乡总会会长喻鹏所说："从武大校园到东湖高新，从美国硅谷到中国光谷，无论我的梦想是什么，家国情怀就是我的初心。"①

从西方慈善动机理论来看，家国情怀生发的仁爱之心是一种归属于同为人类属性的慈善行为，而当公共灾难发生时，尤其在需要高效地分配慈善物资的

---

① 中华全国工商业联合会官网：《喻鹏：家国情怀就是我的初心》，http://www.acfic.org.cn/zt_home/gslzxd2020/gslzxd2020_4/202003/t20200313_160190.html，2020 年 3 月 13 日。

时候，陌生人交互领域中的信息不对称、不充分问题可能会限制慈善行为，此时基于一种现实的身份认同感便成为人们慈善行为的选择之一（Langlois，1990；王银春，2015）。关于哈耶克所说的具有集体意向性的慈善动机，Kenneth 认为，慈善行为者进行慈善活动决策时的动机超越了主体未来物质收益的计算，基于此时此刻他或她归属于某种共同体的身份意识（Boulding，1969），尤其是在武汉红十字会发生负面捐赠舆论的情况下，此时慈善行为动机会发生一定程度上的身份意识转化，慈善行为者转而选择具有一定信任关系的对象或平台进行捐助。有校友谈到了对母校校友会的信任："我是武汉人，也是校友，感谢母校人的努力，这里是我目前看到的最靠谱的平台，尤其感谢校友会不光对口武汉的大医院，也能关注到周边的城市，非常不容易。"①

　　校友群体正是基于在同一校园和城市学习和生活的经历，具备类似于"学缘"的人际关系，这种"拟地缘"关系所表现出的"地方感"，是校友会中的情感表现形式（高丙中，2016）。地理往往带有人文的属性，"地方不仅仅是一个客体，它是某个主体的客体，如武汉高校的校友对其母校及母校所在城市，会被每一个体视为有意义、意向或感觉的价值中心，动人的、有情感附着的焦点，令人感觉到充满意义的地方"，同在一地生活、居住、学习会产生一种被称为"地方感"的情感（Pred，2007），并动员由情感链接的社会资源。类似于乡土情怀（蓝煜昕、林顺浩，2020），武汉即生发出校友"地方感"。当突如其来的公共卫生危机冲击人们的生活时，有关医院和不幸者所遭遇的困境经新闻媒体披露，可迅速使武汉高校校友产生巨大的同情、怜悯和关怀之情，从而激发出对寄托"地方感"的武汉的极大捐献热情和工作动机（李芹，2004）。武汉大学是华中地区医学研究和医疗救助的重要单位，随着校友们在医疗救助一线的事迹和实际困难源源不断地传播到世界各地的校友群体中，校友群体产生切身的同情和巨大的悲悯，这种情感化为源源不断的捐赠热情和动机。

　　校友群体有共同的记忆、价值观，共同的精神和情怀，这些构成了高校校友会的文化资本，本文称为校友情结，这种校友情结的情感认同能够在高校校友会

---

① 参见武汉大学校友总会官方公众号《武大校友的战疫之三丨从 50 万到 2200 万，北京校友会创造武大力量新纪录!》，https://mp.weixin.qq.com/s/DL48W9tC9dWbT38HVUuUug，2020 年 2 月 13 日。

组织中产生志愿者精神和相互信任的态度。当外在公共危机事件爆发时，校友情结的慈善捐赠动机骤然加强，进一步对之后网络运作中的决策力、执行力、凝聚力等产生至关重要的影响（高丙中，2016）。"樱花绽放，病毒肆虐"，武汉大学校友总会向校友发出"投我以木桃，报之以琼瑶"的倡议，正如某校友说道："武汉是我的第二故乡，当她陷入困境的时候，我迫切地想为她做一点事情。无奈抗击病毒需要专业的知识，常人难以进入一线，所以我们要在物资后勤上做出努力。"①

**（三）资源、信息、价值：应急状态下的高校校友会协作网络运作机制**

一旦高校校友会网络在外界危机事件的刺激下被激活，其就能通过资源动员、信息协调、价值凝聚等机制将分散在世界各地和各行各业的校友迅速动员起来，协作完成医疗物资支援供应链全流程。在这一整体网中，信息、资源、价值得以传递，物资支援供应链既可以在整体网的部分节点的连接中实现，也可以在以地方校友分会为核心的局域网、在部分局域网的合作共联中实现。同时，不同高校的校友会网络也可以通过节点相互连接，进行资源、信息、价值的共享。

1. 资源动员机制。相较于单个具有明确工作场地和具体组织目标的社会组织而言，尽管高校校友会蕴含了以网络特征表征出来的资源优势，但其仍是一个组织相对松散和资源储备冗余的组织网络。实际上，高校校友会参与城市建设和公共事务治理在武汉并不是头一回，2017年，武汉提出"百万校友资智回汉工程"，成立了专门的人才招商局和在汉高校校友总会联盟，推动校友资源对接，以才引资、以才引智，同时设立20亿元校友基金在武汉众多名校开展专项校友会议，累计招商1万多亿元。相较于政府在动员少数商界精英校友回汉投资中设立的专门机构和资金，此次高校校友会网络资源呈现与之不同的"自下而上"的民间动员特征：由高校校友会或校友个体自发向广大校友发布募捐信息，组建并带动资源局域网，进而构建整体网的组织资源动员模式。在这个组织网络中，无论是整体网内部还是局部网内部，都呈现以高校校友会为核心，通过弱关系连接其他节点的状态，背景不同的节点成员帮助高校校友会网络在

---

① 参见武汉大学校友总会官方公众号《武大校友的战疫之三｜从50万到2200万，北京校友会创造武大力量新纪录!》，https://mp.weixin.qq.com/s/DL48W9tC9dWbT38HVUuUug，2020年2月13日。

较短时间内汇集更多的异质性信息和资源。

2. 信息协调机制。医疗物资需求传达与反馈的过程中存在信息不对称性。校友是一个信息丰富、知识密集的群体，而在高校校友会组织协调网络中，以校友总会为中心的节点连接了多个由不同校友分会组成的校友会信息网络，而对于局部网络而言，校友分会也连接起了不同领域的校友。高校校友会网络迅速汇总并发布各类信息，利用社交平台，建立"短平快"的达成单次或特定任务型的沟通机制，共同协调医疗物资需求对接、物流运输、物资分发等信息，各类信息沿着无数的"边"传递到无数的"节点"。在疫情防控一线的校友，在微信群、朋友圈、微博等自媒体上转发一线的物资需求信息，在相关企业工作的校友提供物资和物流信息，在政府机构工作的校友及时协调通关通卡和物资接收信息。相对于官方统一的物资调配信息机制，高校校友会信息网络发挥了牛鞭效应，能进行及时、准确、高效率的响应。在全球 200 多个武汉大学地方校友群和武汉大学校友企业家群里，每天都有铺天盖地的信息涌进来。"校友们都是出于情怀，义务地为武汉奔走。"武汉大学副校长吴平亲自坐镇，在众多的校友群里不停对接货源、转发求助，在这些群里，每一个人都可以直接找她，再细微的建议、再少量的货源她都一一亲自回应。①

3. 价值凝聚机制。网络中的规范是一种人们在某一特定情境中认为正常且得体的行为，在一个更紧密的社会网中，只有遵循这种规范，才会更清楚地被认识、更坚定地被支持，规划才更容易被执行，实际上是社会网络节点间关于信任和价值观的问题。相对于企业或者其他组织联盟的价值网络，各地校友分会并未建立成熟的常态化的制度渠道，面临物资调配风险的不确定性，却能稳定快速地进行价值分工和传导，根本原因就在于高校校友会是一个具有共同价值指向的网络链，对母校朴素感恩的校友情结是一种普遍的信任情感，在网络动员中自觉地亮明"校友身份"，宣传"校友事迹"，扩大"校友品牌"，凝聚"校友情结"，将各地各行各业的强关系和弱关系的人们连接起来，各个节点通过彼此连接进行价值交互，并形成和强化共同的网络规范，从而稳固信任基础，促进供应链各阶段的合作。

---

① 参见武汉大学校友总会官方公众号《武大校友的战疫之十四 l 一群默默奋战在战疫幕后的校友工作者》，https://mp.weixin.qq.com/s/lsCxq7j4cz_HqVGnWw-nRQ，2020 年 2 月 25 日。

# 五 研究结论

本文基于对一线新冠肺炎疫情防控实践的观察,将关注点投置于高校校友会这一社会组织研究中相对"小众"的群体。通过研究武汉各高校校友会在应急物资运输调度中的行动,尤其是武汉大学校友会的案例,构建了高校校友会组织网络的一般模式和运行机制。面对这样一次具有环境复杂性、任务模糊性、领域多元化特征的突发公共卫生事件,家国情怀下的仁爱精神与"地方感"认同下的校友情结产生情感共鸣,转化为集体意向性的慈善动机,高校校友会通过资源动员、信息协调、价值凝聚微观机制参与到应急物资供应链全流程中,作为具有扩展版的 NGO 联盟、多元化的政治关联体和密集型的智库特征的协作网络,高校校友会在民间力量参与疫情应急救援中异军突起。高校校友会网络对于凝聚校友资源、助力高校建设乃至推动地方治理都有重要意义,因而对高校校友会而言,需要积极完善管理运作机制;对社会组织而言,需要积极构建组织外部协作网络;对地方政府而言,需要加强与地方校友会的工作机制建设。

我们也要看到,目前国内高校校友会发展存在不平衡性,即使在本次疫情防控与物资输送的过程中,武汉各高校校友会运作模式和参与程度也存在差异。不同区域、不同发展水平的高校,其校友会在组织能力、网络建设、校友能力及参与情况、与政府关系等方面都有所不同。武汉大学校友会网络在此次疫情防控中的行动与表现存在特殊性,同时,在物资采购与运输过程中,如何与政府、企业、其他社会组织有效对接,在物资输送终端,如何将物资高效、快速、安全地输送到需求方手中,高校校友会的工作还需要进一步研究和评估。

在抗击疫情初期,一些社会组织出现了功能失灵或失语缺席等状况,本文通过关注疫情中表现突出的高校校友会的网络运作和物资动员,发现其与常态下一般性社会组织在网络特征上的区别,并进一步厘清其激活因素和运行机制。尽管高校校友会具有特殊性,但是在网络建设、情感动员、资源链接等方面,依然对一些过度关注适应政府需求、习惯独立行动、忽视社会组织网络中弱关系的社会组织具有启示性作用。当然本文仅是对应急状态下高校校友会网络的一个探索性研究,如何挖掘和动员不同社会力量更加有效地参与社会治理,后续研究需要结合更多案例和理论进行更加深入的探讨。

## 参考文献

陈慧娟（2020）：《公益，要热情还要专业》，《光明日报》，3月7日。

邓娅（2012）：《校友工作体制与大学筹资能力——国际比较的视野》，《北京大学教育评论》，第1期。

高丙中（2016）：《社会领域的公民互信与组织构成——提升合法性和应责力的过程》，北京：社会科学文献出版社。

〔美〕格兰诺维特（2019）：《社会与经济——信任、权力与制度》，罗家德、王水雄译，北京：中信出版社。

何雨骏、刘宏伟（2018）：《新形势下高校校友会的建设》，《中国高等教育》，第21期。

黄晓春、周黎安（2017）：《政府治理机制转型与社会组织发展》，《中国社会科学》，第11期。

贾西津（2020）：《统筹调配慈善物资摧毁了志愿机制》，《中国慈善家杂志》，2月3日。

金华（2019）：《我国公共危机治理的挑战与回应——社会组织参与的视角》，《甘肃社会科学》，第4期。

孔娜娜、王超兴（2016）：《社会组织参与突发事件治理的边界及其实现：基于类型和阶段的分析》，《社会主义研究》，第4期。

蓝煜昕、林顺浩（2020）：《乡情治理：县域社会治理的情感要素及其作用逻辑——基于顺德案例的考察》，《中国行政管理》，第2期。

李芹（2004）：《SARS危机中慈善捐赠的特点与动机探析》，《河南社会科学》，第2期。

刘春湘、谭双泉（2008）：《非营利组织合作网络及其联结机制》，《求索》，第8期。

罗家德（2017）：《复杂：信息时代的连接、机会与布局》，北京：中信出版社。

钱晓田（2016）：《社会资本视域下高校校友资源的创新整合》，《南京社会科学》，第9期。

裴丽、韩肖（2017）：《我国草根NGO联盟组织间的资源共享模式探讨——基于华夏公益联盟案例分析》，《行政论坛》，第2期。

沈燕梅、张斌（2020）：《社会组织参与应急救援的现状、困境与路径探析》，《广东行政学院学报》，第2期。

师钰、陈安（2019）：《社会力量参与应急管理的政策审视与实践探索》，《中国应急救援》，第3期。

陶鹏、薛澜（2013）：《论我国政府与社会组织应急管理合作伙伴关系的建构》，《国家行政学院学报》，第3期。

童志锋（2009）：《动员结构与自然保育运动的发展——以怒江反坝运动为例》，《开放时代》，第9期。

王可（2015）：《大学募款：校友会的职能》，《中国高等教育》，第Z3期。

王名、蔡志鸿（2019）：《以"能力专有性"论政社合作——以两岸防艾社会组织为例》，《中国非营利评论》，第1期。

王银春（2015）：《社会慈善：基于差异与否定差异》，《伦理学研究》，第3期。

王玉生、罗丹（2016）：《社会组织结盟原因的个案探究》，《学习论坛》，第8期。

谢静（2012）：《公益传播中的共意动员与联盟建构——民间组织的合作领域生产》，《开放时代》，第12期。

薛澜（2014）：《智库热的冷思考：破解中国特色智库发展之道》，《中国行政管理》，第5期。

颜克高、林顺浩（2017）：《高校教育基金会内部治理有效吗？——基于262家高校教育基金会的实证研究》，《高校教育管理》，第5期。

杨柯（2015）：《社会组织间自合作成功的关键因素探讨——以"5·12"汶川地震陕西NGO赈灾联盟为例》，《中国行政管理》，第8期。

杨清虎（2016）：《"家国情怀"的内涵与现代价值》，《兵团党校学报》，第3期。

杨伟东、胡金平（2020）：《关系网络中的资源获取与利益交换：民国时期大学校友会的运作逻辑》，《苏州大学学报》（教育科学版），第2期。

杨雪冬（2004）：《全球化、风险社会与复合治理》，《马克思主义与现实》，第4期。

张潮、张雪（2020）：《组织能力、合作网络和制度环境：社区非营利组织参与社会治理的有效性研究》，《经济社会体制比较》，第2期。

张康之（2020）：《走向合作制组织：组织模式的重构》，《中国社会科学》，第1期。

张倩（2017）：《"家国情怀"的逻辑基础与价值内涵》，《人文杂志》，第6期。

章晓野（2017）：《建立校友捐赠与校友工作的良性循环》，《中国高等教育》，第7期。

朱健刚（2020）：《疫情催生韧性的社会治理共同体》，《探索与争鸣》，第4期。

朱健刚、赖伟军（2014）：《"不完全合作"：NGO联合行动策略——以"5·12"汶川地震NGO联合可救灾为例》，《社会》，第4期。

Albert, R. & Barabasi, A. L. (2002), "Statistical Mechanics of Complex Networks", *Reviews Of Modern Physics*, 26 (1), pp. 47 – 94.

Ashman, D. (2001), "Strengthening North-South Partnerships for Sustainable Development", *Nonprofit and Voluntary Sector Quarterly*, 30 (1), pp. 74 – 98.

Boulding, K. E. (1969), "Economics as a Moral Science", *American Economic Review*, 59 (1), pp. 1 – 12.

Despard, M. R. (2017), "Can Nonprofit Capacity Be Measured", *Nonprofit and Voluntary Sector Quarterly*, 46 (3), p. 607.

Egan, C. (1995), *Creating Organizational Advantage*, United Kingdom, Oxford：Butterworth-Heinemann, pp. 147 – 179.

Langlois, R. N. (1990), "The Fatal Conceit: The Errors of Socialism", *Journal of Economic Behavior & Organization*, 13 (1), pp. 180 – 182.

Lazega, E. & Burt, R. S. (1995), "Structural Holes: The Social Structure of Competition", *Revue Franaise De Sociologie*, 36 (4), p. 779.

Lee, C. & Clerkin, R. (2017), "Exploring the Use of Outcome Measures in Human Service Nonprofits: Combining Agency, Institutional, and Organizational Capacity Perspectives", *Public Performance & Management Review*, 40 (3), pp. 601 – 624.

Lester, R. H., Hillman, A. & Cannella, Z. A. (2008), "Former Government Officials as outside Directors: The Role of Human and Social Capital", *Academy of Management Journal*, 51 (5), pp. 999 – 1013.

Pfeffer, J. & Salancik, G. R. (2003), "The External Control of Organizations: A Resource Dependence Perspective", *Social Science Electronic Publishing*, 23 (2), pp. 123 – 133.

Pred, A. (2007), "Structuration and Place: On the Becoming of Sense of Place and Structure of Feeling", *Journal for the Theory of Social Behaviour*, 13 (1), pp. 45 – 68.

Provan, K. G. & Kenis, P. (2008), "Modes of Network Govemance: Structure, Management, and Effectiveness", *Journal of Public Administration Research and Theory*, 18 (2), pp. 229 – 252.

Zaheer, M. E. (1999), "Bridging Ties: A Source of Firm Heterogeneity in Competitive Capabilities", *Strategic Management Journal*, 20 (12), pp. 1133 – 1156.

# The Rising Alumni Association: Organizational Collaboration Network for the Deployment of Urgent Materials in An Epidemic: Take Wuhan University Alumni Association as an Example

Lin Shunhao & He Lihan

[**Abstract**] In the early days of the outbreak of COVID – 19, the epidemic-resistant medical materials was in short supply. College alumni associations present reorganized features such as expanded NGO alliances, diverse government-enterprise associations, and intensive think tanks. In the face of an emergency, the spirit of benevolence in the feelings of nation and the alumni plot under the identity of "local sense" resonate with each other, turning into a collective intentional charitable motivation, activating the collaborative network of alumni organizations across the world and various industries. As a global collaborative network of organizations, it outstandingly completes the whole process of supply of medical materials, such as information docking, global procurement, transportation, warehousing and distribution through the mechanisms of resource mobilization, information coordination and value aggregation. The effective organization and cooperation network mechanism of college alumni associations has certain enlightenment for building NGO collaboration networks, rationalizing the working mechanism of alumni associations and building closer relations between the government and alumni associations.

[**Keywords**] COVID – 19; College Alumni Association; Organizational Network; NGO Mobilization

（责任编辑：李朔严）

# 突发公共危机中的政党力量

## ——来自城市基层社区社会动员的案例对比研究*

孙梦婷　周幸钰**

【摘要】在国家治理体系和治理能力现代化与政府职能转型的背景下，党越来越多地参与到一线的基层治理中，在社区社会动员中扮演重要角色。在社科研究本土化、中国化的语境下，本文试图在"国家－社会"框架中拓展对政党维度的思考与应用，并通过案例对比研究揭示突发公共危机背景下政党进行社区社会动员的独特机制：社区党组织主要通过意识形态动员，整合社区各主体间利益、重塑党员和居民对于政党社区工作的价值理性、促进价值融合，进而成功激发党员和居民参与社区疫情防控工作的积极性。本文还展示出一种新时期基层政党力量与社区自治间的共治共享关系。

【关键词】社区抗疫；社会动员；政党力量；意识形态

## 一　问题的提出

社会动员是现代国家治理体系中的一种工具性治理机制（周雪光，2012；

* 笔者在本文的写作过程中得到了清华大学公共管理学院邓国胜教授、博士后李怀瑞，上海大学社会学院讲师李朔严的指导与帮助，在此致以诚挚的谢意。

** 孙梦婷，清华大学公共管理学院博士研究生，研究方向为社会治理与社会组织发展；周幸钰，中国社会科学院公共政策研究中心研究助理，研究方向为公共政策与社会治理。

周凯，2016），它深刻反映着国家治理逻辑与治理能力的变化。当前，学界对这一问题的研究多聚焦于基层，力求通过对具体事件的描述分析来揭示国家力量在社会动员中的复杂作用与内在机制（盛智明，2016；王诗宗、杨帆，2018；段雪辉、李小红，2020）。在国家力量渗透基层的背景下，如何动员群众参与基层工作，进而提升基层治理的有效性是当前研究的热点（张国磊、张新文，2018）。同时随着公共危机事件在全球治理中的常态化（葛天任、薛澜，2015；Beck et al.，1992；Ericson & Haggerty，1997），这一问题的重要性愈发凸显（郝晓宁、薄涛，2010；耿曙、胡玉松，2011）。

其中，社区社会动员不仅是中国现代化基层治理改革的重要环节，同样也反映了国家与社会关系的变化。此前对在社区层面这一变化的研究多关注国家与社会在互动、博弈中的力量消长（李骏，2006；杨敏，2007；姚华、王亚南，2010；王宏伟、董克用，2011），多将政府与政党糅合进统一的"国家"权威主体中讨论，缺乏区分。然而，由于中西方政党在国家社会关系中位置的差异，即西方政党是市民社会的组成部分，中国共产党则为国家公权力的组成部分，再加之近年来随着服务型政府的建设，党在基层治理中扮演着越来越重要的角色。因此，在中国政治生活的研究中对国家主体进行政党与政府的区分，显得愈加重要和必要。林尚立（2012）、郁建兴与任杰（2018），以及景跃进（2019）等学者的研究进一步通过理论建构与实证研究肯定了"政党－政府－社会"三分法下的政党视角在讲述中国故事时的学术潜力。

此外，随着中国社会发展进入转型期，公共卫生、食品安全等各类社会问题大量出现，基层社会中利益主体与利益诉求也愈发多元化（郑杭生、黄家亮，2012），基层社会的治理也随之复杂化。由于党在广泛的群众动员方面具有优良的传统，因此，应当关注党在社会动员中作用的发挥，挖掘其在社会动员中的角色和机制。对这一问题的现有研究存在两点不足：一方面缺乏对微观机制细致考察的实证研究；另一方面，容易走入与行政体系重叠的误区，即对党的研究落脚在组织权威的合法性与个人对组织资源的依赖上（彭勃，2006；O'Brien，1996），而无法体现出与政府行政体系的差别。

而公共危机事件的发生，则提供了一个研究政党社会动员机制的良好机会。这一事件有助于我们理解新时期党在基层治理中的角色和作用。本文将首先综述关于基层社会动员的文献，并在此基础上提炼出政党的分析视角。接着，本文将对内蒙古自治区 H 市 A 社区和浙江省 W 市 B 社区在新冠肺炎疫情期间的社会动员案例进行对比研究，深入考察这一过程中政党开展社会动员的微观机制，揭示动员机制背后的基层社会治理逻辑。最后，本文将进行进一步的总结和讨论。

## 二　文献综述与分析视角

社会动员在本质上是一种社会资源的整合方式与过程。与革命时期和新中国成立初期以"命令式管理"为主的特征不同，新时期的社会动员作为一种"制度化存在"（周雪光，2012），以整合社会资源、实现公共利益为导向，强调国家与社会力量的共同治理过程（郑永廷，2000；王宏伟、董克用，2011；周凯，2016）。本文关注在重大公共危机背景下，中国共产党在社区社会动员行动中发挥的作用及其机制。回顾现有文献，主要有两类研究取向。

第一类：政党进行社区社会动员的机制解释。这一主题的文献多是对中国共产党社会动员的历史经验和最新政策进行经验化解读，有限的理论研究则尝试通过组织层面的合法性与资源视角去解释政党进行社会动员的机制。组织理论认为合法性约束会极大地影响组织行为（DiMaggio & Powel，1983）。鉴于国家在中国社会关系中的决定性作用，社区治理的前提就是合法性的获得。而在中国的政治生活中，党本身就意味着一种合法性（Dickson，2007）。O'Brien（1996）在对中国农村社会运动的研究中发现，村民通常会把"维护党中央权威""贯彻党的宗旨"作为自己参与集体行动的出发点，以表明行动的合法性。在城市基层，社区不仅要接受区政府和街道组织的行政领导，也需要建立党支部，来获取政治认可和行动合法性（朱健刚，2010）。但这一机制的问题在于：社区与政府、党之间的制度联系仍只能解释街道、上级党组织在社会动员行动中对于社区办事人员和社区党支部的影响机制，无法进一步对新冠肺炎疫情期间广大居民得以有效动员参与抗疫的机制进行解释。此外，也有学者从资源依赖视角出发，提出党政系统通过向社区提供政治、物质和人力等资源，获得了社区治理的部分话语权，进而影响社区动员的过程（彭勃，2006）。

第二类：社区社会动员的分析框架。回顾 20 世纪 90 年代至 21 世纪 10 年代的相关研究，学者们多在"国家 – 社会"的分析框架下，讨论社区社会动员这一行为的背后究竟是延伸国家权力还是培育社区自治（李里峰，2010；杨淑琴、王柳丽，2010）。一脉研究认为社区是中国市民社会崛起的重要组织方式，上下结合的两种力量推动了社区自治和城市共同治理，即政府向社区让权、还权和授权。商品房社区涌现出追求自治的集体行动和政治参与（杨敏，2007；郁建兴、任杰，2018）。另一脉研究则试图反驳以上观点，认为社区社会动员模式仍以国家为主导并且受国家控制（李骏，2006；姚华、王亚南，2010；耿曙、胡玉松，2011）。王宏伟和董克用（2011）将其原因解释为政府在市民社会尚未成熟的情况下希望保持对于基层情况的管理能力，以应对突发事件下公众参与应急管理时的动力不足。此外，也有一脉研究试图拓展"国家 – 社会"框架，采用一些新概念去解释国家与基层社会的互动新趋势。例如桂勇（2007）的研究认为，在转型期的城市基层社会，国家与社会呈现一种"粘连"状态，即国家对基层仍拥有一定的动员控制能力，但受到各种行政、社会关系的限制。

总结既有研究，其一，国内文献对政党在社区层面的社会动员行为缺乏内在运行机制的解释。在传统组织理论中的资源与合法性视角下，政党动员与行政动员的机制在本质上并无不同，社区一样可以通过与政府建立良好关系来获得资源支持和合法性认可。此外，党组织与党员、社区居民在个人层面的互动机制也被大多文献所忽略。因此，政党进行社区社会动员的独特机制仍待挖掘。

其二，现有文献大多将国家等同于政府或党，然而对中国情境下的政党社区社会动员机制的探究，亟须拓展"国家 – 社会"二元框架，带进"政党"分析视角，对"国家"力量进行更加细致的区别性研究。首先，中西方政党在国家与社会关系中的位置存在结构性差异，政党在西方国家是市民社会的组成部分，而中国共产党在中国则是国家公权力的组成部分，领导着中国政治生活的方方面面（景跃进，2019；Sartori，2005）。追溯中国历史，党与社会的关系甚至早于政府同社会关系的建立。积极发动群众、广泛动员社会，保持党与社会的紧密关系是中共取得革命成功的关键要素。新中国成立后，党与社会关系更是在国家权力的扶助下实现了更大范围的巩固与加强（林尚立，2001）。因此，套用西方政党概念和以西方社会为原型的"国家 – 社会"二分法去研究中国问题多会遭遇不适，或拉抻概念，或扭曲现实。

更重要的是，国家与社会的二分框架已不足以准确解释近年来基层治理形势的变化和由此引发的与此前不同的社会动员机制。从 2006 年中国共产党十六届六中全会到 2017 年党的十九大召开，党政治理角色发生了重大调整。政府职能向服务型转变，基层治理权力下放。然而在政府监管不足、社区自治尚未成熟的情况下，为保持基层治理的有效性，党逐渐从幕后走向台前，越来越多地直接参与社区治理，以整合基层力量与增强社区治理的有效性（王星，2012；张国磊、张新文，2018；马丽，2020；吴晓林，2020）。因此，将"政党"带进"社区治理中的国家力量"研究中，可以说是一个颇具学术潜力的视角（林尚立，2012；景跃进，2019）。

以此次新冠肺炎疫情为例，在社区行政动员和自治无法满足时效性的应急要求时，党组织及时介入，党员发挥了关键的疫情动员作用，保证了社区疫情防控的良好效果。党组织怎样在社区进行高效动员？其机制在个人层面又是如何体现的？与政府相比又有何不同？本文将在中国社区应对重大公共危机的具体情境中，采用"政党－政府－社会"三分框架中的政党视角，对以上问题进行深入的理论对话与分析。

## 三 研究设计与方法

为了揭示此次疫情防控中，党组织在社区层面的社会动员机制，本文主要采用比较案例研究方法。与量化研究方法侧重于因果推断不同，案例研究方法不仅可以通过科学的案例筛选进行比较研究、通过逐项复制与差别复制来实现因果推断，还能够通过深描案例中的事实细节来探究因果机制（Yin，1989）。同时，在推进公共管理研究本土化的当下，只有坚持田野取向，深描事实，才能辩证地看待西方理论研究对于中国的适用性与解释度，才能深刻地理解中国政治经济体制背后的运作逻辑（蒙克、李朔严，2019）。

本文采取求同法的案例研究设计，试图在最不相似体系的案例中寻找导致相同结果的共同因素，以探究作为研究对象的自变量与因变量之间的因果联系。在求同法思维中，当其他自变量都不一样，仅有一个共同的因素 X 时，出现了一致的结果 Y，即证明了 X 是 Y 出现的必要条件。

本文采用深入访谈法与参与式观察法进行资料收集，并通过三角验证法尽力保证资料真实与有效。在 2019 年 12 月至 2020 年 5 月期间，研究人员分别在内蒙古自治区 H 市和浙江省 W 市两地进行田野调查并参与社区的防疫志愿者工作，其间共开展 72 次线上、线下的半结构化访谈，访谈对象共 47 人（包括 3 位当地政府部门公务员、8 位社区居委会/社区党组织成员、13 位社区党员、5 位社区积极分子①、18 位社区普通居民）。在第 65 次的访谈中，研究者即发现访谈中收集到的参与者对事实的陈述与观点数据已趋近相同和饱和，随后，研究者又继续进行了 7 次访谈，以期收集到更多的不同见解，以及确认案例访谈数量和资料已足够。所有访谈都征得了受访者的口头同意，并在研究中以匿名形式出现。

研究者通过田野笔记的撰写和访谈内容的逐字记录，共收集到约 10 万字的文字资料，并进一步对资料所呈现的研究细分主题进行分类与编码，从而能合理化地展示和对比案例的真实情况。如表 1 所示，研究者总结了从访谈和田野笔记中得出的相关主题（事件背景、社区情况、动员主体、动员对象、动员机制与动员效果），并根据主题对所有访谈材料进行编码。这些主题将在随后的案例分析部分进行阐述。

**表 1　概念、测量变量与编码方式**

单位：条

| 类型 | 概念 | 测量变量 | 关键词举例 | 编码 | 条目数 |
|------|------|---------|-----------|------|-------|
| 事件背景 | 新冠肺炎疫情 | 风险程度 | 确诊、感染、风险、密切接触 | o | 31 |
| 社区情况 | 党政关系 | 党政融合程度（分开/融合） | 党支书、社区主任、一肩挑、分设 | f | 30 |
|  | 组织资源 | 链接强度 | 物资、津贴 | r | 27 |
| 动员主体 | 党组织 | — | 党委、组织、党员、书记 | d | 45 |
|  | 行政组织 | — | 区政府、街道办事处 | e | 26 |
|  | 居民自治组织 | — | 社会服务中心、居委会 | s | 29 |
| 动员对象 | 政治面貌 | 党员/群众居民 | — | z | 64 |
| 动员机制 | 意识形态 | 传播内容与沟通方式 | 吸纳精英、党性、利益整合、价值观 | i | 47 |
| 动员效果 | 动员效果 | 综合评价 | 确诊数、控制、蔓延 | x | 12 |

---

① 5 位社区积极分子中既有党员，也有非党员。因此，为更好地做出访谈对象的排他性分类，访谈对象中的 13 位社区党员仅指不是社区积极分子的党员，18 位社区居民指不包括社区积极分子的普通居民。

# 四　案例呈现与分析

## （一）社区抗疫动员：政党力量的显现

在应对由新冠病毒引发的全球性公共危机过程中，中国通过积极广泛地动员基层群众共同参与抗疫，取得了举世瞩目的疫情防控成果。以内蒙古自治区 H 市 A 社区和浙江省 W 市 B 社区为例，探究政党与政府这两大国家公权力主体在此次社区动员中的作用，我们发现：与 2003 年抗击"非典"行动相比，党的作用不仅体现为坐镇后方、领导全局，还呈现一种"直面基层、一线参与"的特征，这与唐文玉（2019）、段雪辉和李小红（2020），以及 Shen、Yu 和 Zhou（2020）等学者对国家力量在管理社会组织领域的最新研究结果不谋而合。

回顾 2003 年"非典"时期，行政力量是社区动员体系中的主导，行政力量按照"街道—居委会—社区积极分子"[①] 的顺序进行层层动员，采取"上令下行"的行动模式（耿曙、胡玉松，2011）。尽管在疫情暴发初期，政府也曾试图复制"非典"时期的动员办法，A 社区居委会依靠社区积极分子的人力补充，B 社区服务中心依靠各商业住宅区外包的物业管理团队，勉强满足了上级的防疫工作要求。然而随着疫情愈加严重，社区有限的资源已经远远无法配合日益增加的工作量，如封闭式管理各住宅区，在各住宅区进行站岗放哨、盘问、测体温、截挡外来人员、常态化巡逻，和挨家挨户调查健康状况等。这在客观上阻碍了防疫工作的推进。随后，社区开始动员居民参与社区工作，但收效甚微：仅有几位居民表示愿意参与，"沉默式拒绝"是大多数居民的表现。

> 大过年的居委会在微信群里问我们有没有时间站岗、消毒，我一想平时找你们盖个章都麻烦死了，喊我干活，我就不是很想去。反正这个事情是自愿嘛，家里事情多也就没参加了，居委会也不是我领导，也不是喊我我就必须去呀。（As17，A 社区居民访谈）

---

① 尽管居委会在性质上属于居民自治组织，不归政府管理，但在实际工作中常被作为准行政机构管理居民事务。且社区服务中心或居委会中少部分员工来自街道，具有事业单位编制，本身就是行政体系中的成员（彭勃，2006）。

那段时间看武汉新闻，大家都人心惶惶的。说实话，谁都不能确定自己到户外当志愿者会有多大的概率被感染，我理解他们。（Bs6，B 社区居民访谈）

当面对行政资源供给不足与"自治失灵"的困境时，两个社区党组织及时发力，通过党组织体系自上而下地动员党员和社区居民参与防疫，并都取得良好效果。政府也迅速调整自身角色，从社区动员的执行者，转变为社区疫情防控任务的安排者与监督者。从疫情暴发到如今的常态化控制期，A 社区所在的内蒙古自治区在 3 月经历了短暂的确诊病例新增，但是通过党组织动员起来的充足的人力资源非常迅速地控制住了疫情，以及通过建立"以社区党员为核心，以社区居民、共建单位、下派干部为辅助"的防疫体系，保持了连续较长时间的极低单日新增确诊病例数。B 社区通过动员社区内的党员，组建了以党员为领导的抗疫志愿者队伍，开启了组织化、系统化的社区抗疫行动，在严格防控疫情的同时，也保证了社区正常生活的进行。

**（二）政党动员同样见效的背后：差异化的社区情境**

尽管 A、B 社区党组织都取得了良好的抗疫动员效果，但在分析导致这一结果的影响因素时，我们发现两个社区在风土人情与人员结构、党政关系，以及组织资源这三方面都存在明显不同。

第一，A、B 社区所处的地理位置、文化背景、社区人员构成情况皆不同。内蒙古自治区 H 市 A 社区是一个典型的依托于传统重工业经济而形成的国有企业职工居住社区，社区居民中党员人数众多。浙江省 W 市 B 社区则是一个典型的在市场经济繁荣背景下出现的商品房社区，居民职业多样，流动性强，仅有不到 1/6 的家庭中有成员为党员。

第二，国家这一公权力主体由政府与政党共同构成，政党既可独立于行政系统之外而存在，又可以内嵌于行政系统之中（景跃进，2019）。在案例对比研究中，A 社区的党政关系以融合为特征，B 社区则表现为党政分开。因为，A 社区所在的 H 市是一个传统的大型重工业城市，以国有企业为经济主体，城市社区多以数量众多的国企职工为居住主体，在管理上也多沿袭国企党政一体化的方式，以 A 社区为例，社区居委会主任与党支部书记为同一人，党组织工作与行政事务在社区管理中同时进行。而 W 市则以服务业和私营经济发展为主，以 B 社区为代表的商品房小区是城市社区类型的主体，社区在管理中采取"党政分开"的模式，社区党支部书记与社区服务中心主任分设，尽管党组织与社区服务中心共用一套人马，但党务与政务是分开进行的，党务多由社区正式工作人员负责，社区政务，如便民服务的供给则多向专业服务公司购买。

第三，在资源供给方面，A 社区所具备的政党动员人力和防疫物资供给较 B 社区明显更加充裕。从 2020 年 1 月疫情暴发期到如今的疫情常态化防控期，得益于社区内居住有大量国企党员职工，A 社区始终保有充足的抗疫工作人手。同时，社区还得到了本市某大型国有企业的防疫物资捐赠。相比之下，B 社区中的党员数量较少，完全不足以支撑社区的防疫工作。同时因为外部支援较少，B 社区还一度面临志愿者防疫物资供给短缺的问题。

当两个社区在社会动员过程中处于完全不同的情境时，挖掘两个社区社会动员中的相同因素便成为我们解释社区党组织何以高效进行社会动员的关键。换言之，当 A、B 两个社区在社区结构、党政关系、资源供给等可能的影响因素方面都不相同时，由于采取了某个同样的措施，取得了同样的结果。那么，这一共同措施便极有可能成为党组织实现高效社会动员的核心因果解释变量。

### （三）政党动员中的相同要素：意识形态的引领

在田野调查与案例的对比研究中，研究者发现两个社区党组织都在社会动员过程中十分重视对社区党员意识形态的引领，进而成功动员党员参与社区防控工作，并发挥模范带头作用，号召更多的普通居民加入。党员是社会各职业群体中的精英分子，拥有相对丰富的政治、经济与社会资源（周雪光等，2020；Li et al.，2007），在社区生活中具有较高的威望与较强的号召能力，例如 A 社区的党员多为国有企业的中高层领导和技术骨干，B 社区内数量不多的党员也多为市政府机关和事业单位的工作人员。问题的关键还在于：两个社区党组织是做了怎样的意识形态工作，才成功动员党员参与社区抗疫的？

首先，党对于党性的重视与要求，使得党员难以拒绝社区党组织的动员。党性指的是，在党的政治生活中，党员必须在意识形态上认可党组织、听从组织的安排。整个疫情期间，H 市和 W 市各级党组织的一大宣传重点都是号召党员发挥先锋模范作用。在 2020 年 1 月底国内疫情十分严重之时，两地市委更是直接通过各级党组织要求党员向所在社区党组织报到、积极参与社区防控工作。面对号召，两个社区内的所有党员都积极参与。即使自身条件并不符合参与社区抗疫工作的要求，如年纪较大且已有身体不适状况，党员们仍表现出参与的意愿。

> 党性一直是我们社区党建活动中的宣传重点，党员一定要意识到党员这一角色的重要性，什么是坚持党的领导？什么是为共产主义事业奋斗终生？落到实践上就是一旦党需要你了、国家需要你了、人民需要你了，你就得毫无理由地站出来。（Ai22，A 社区党支部书记访谈）

> 我们单位党委书记都通知我们去社区报到了，我们怎么敢不去呢？不去的话，我这个党员恐怕就不够格了吧，党组织考核我过不了，在单位还怎么混呢（指很难工作下去）？（Ad7，A 社区党员访谈）

> 我知道我去参加社区志愿活动可能不太合适，年前的感冒还没好呢，别真得了新冠（指新冠病毒引起的肺炎）感染大家。一开始社区在微信群里叫大家参与的时候，我反映了的。但这回必须得跟社区（指党组织）表示一下我的态度。毕竟能不能参与是一回事，有没有党性是另一回事。（Bi31，B 社区党员访谈）

从访谈中，我们也能观察到政党动员与行政动员、社区自治动员的核心差异。行政动员和社区自治动员以理性分析为主要考量，被动员者可以坦白地向动员者分析自己所面临的种种客观条件约束，甚至表达无法参与的意愿。例如，两个社区干部都有跟上级反映因人手不足而无法完成任务的情况，社区居民根据自己意愿来决定参不参与社区志愿工作。然而，在党的政治生活中，党性高于一切，在一定程度上，对党组织的工作安排表示态度上的支持比提供专业能力更重要。

其次，对于党员冒着健康风险参与社区抗疫的行为，党组织也有设立相应的激励与奖励机制。A 社区党组织会将在疫情防控工作中表现优异的党员名单层层上报，大至市委组织部，小至单位党支部都会对优秀党员进行个人表彰。对于党员而言，收获党组织的奖励，无异于实现了政治资本的增加。

社区党支部这回直接把给我的优秀党员表彰证明送到了我单位。最近疫情平稳了，我们单位书记还让我在党组织生活会上分享社区防疫心得。这下子年底评奖评优和职位升迁考核，我感觉自己很有机会呀。（Bi41，B社区党员访谈）

　　最后，新时期党组织意识形态的动员不再是单向的思想灌输，而是一种双向的情感与理性的观念沟通。一方面，社区党组织通过党建活动、党员谈心交流会和优秀抗疫党员的宣传活动等，不断地进行党员意识的沟通和抗疫工作的宣传，逐步增强党员对党组织意识形态的认可，党员受驱动进而更广泛地动员社区居民的行为也自然发生。在疫情严重的 2 月，B 社区党员或借助微信群，或借助家庭纽带成功动员了约 23 位非党员居民参与社区志愿团队，大大缓解了当时社区抗疫工作人手紧张的情况。

　　实际参与社区防疫工作的时候吧，我也真感觉我们党员还是和普通群众不一样的，就是应该站出来，带领大家一起克服困难。（Ai37，A 社区党员访谈）

　　另一方面，党组织也在与党员的沟通中不断调整、优化疫情防控工作的内容与方法。A、B 社区党组织都通过手机社交软件建立了志愿者沟通群，党组织鼓励党员就疫情防控工作的内容选择、任务执行的顺序、任务达成的方法进行积极讨论、建言献策。

　　我们社区党员的参与度是非常高的。我一开始就在微信群里跟党员和志愿者同志们说了，我绝不是来指挥大家的，大家伙都是这社区的主人，我就是牵个头，大家对工作安排和执行有什么建议一定要说，这样咱们才能把疫情防控好。（Ai45，A 社区党支部书记访谈）

　　这回大家一起参与社区工作，我才发现咱们小区能人真不少，怎么排查老人身体情况、集中购买口罩和大白菜等，这些都是我们在志愿者微信群里搞定的。（Bi47，B 社区党员访谈）

## 五 政党的意识形态动员机制：利益整合与价值融合

案例实践与理论研究的结合表明，意识形态引领是两个社区党组织进行社会动员的核心机制，也是党组织动员与行政动员和社区自治过程中的动员行为相比最独特之处。党组织开展对党员和社区群众的意识形态动员工作的背后，存在一套党组织与党员、社区群众之间利益整合与价值融合的互动逻辑。

首先，在任何一个社会，不同社会阶层、职业群体间的利益分化与价值冲突必然存在。而随着近年来中国经济社会的加速转型，社会各阶层、各群体间的利益冲突与价值矛盾凸显，基层社区则是这一治理难题最直接表现的载体（王星，2012）。作为中国政治生活的实际领导者，党责无旁贷地要对社会各阶层、各群体进行利益整合。Gandhi 和 Przeworski（2007）以及 Svolik（2012）的研究也指出：与其他国家的政党相比，中国共产党拥有更强的精英统合能力，党通过对政治、经济和社会各领域精英的整合，能够最大限度地将分散化、多元化、异质化的社会各主体利益整合为共同的政治利益与社会利益，进而让社会运行保持一种超乎寻常的稳定。

具体而言，利益整合的第一步就是利益的让渡与转移，指利益主体对自身各方面利益进行重新组合的过程（刘明合，2005）。党组织号召党员发挥"党性"、在疫情紧急时刻站出来支援社区工作，即是在动员党员将自身利益让渡给社会利益（樊士博，2019；陈海安、李安增，2020）。而社区动员行动始终强调让党员发挥先锋模范作用则是一种社区内部利益转移的体现。相比于社区中的非党员居民，党员具备更多的政治、经济与社会资源（周雪光等，2020），不仅更擅长于安排和执行社区疫情防控工作，而且还能发挥良好的二次动员效果，号召身边更多的居民参与社区工作。此外，对于党员做出的利益让渡与转移，党组织内部也有一套成熟的激励机制对其进行利益补偿。各级党组织会通过荣誉表彰、先进事迹宣传、职位调动，甚至满足党员其他需求等方式，赋予党员更多的政治资本，以作为党员个人利益让渡、转移的一种补偿。无论是对在体制内工作的党员而言，还是对体制外的企业员工而言，增加政治资本都是一种有效的利益激励方式。有研究表明体制内工作者会通过政治资本的积累获得更多的职位晋升机会，体制外党员也能将新增的政治资本转化为更多的经济利益

（Bian & Logan，1996；Parish & Michelson，1996）。

其次，党组织推进自身与党员、与社区居民之间价值观的融合也是新时期政党得以成功发起社区社会动员的关键。价值观融合所强调的不只是党员对党组织政治理念的认可，还有对个人在社会治理中角色、作用的重新认知。在此次的社区社会动员中，党组织和党员都已明显摆脱过去单向的"组织命令—个体执行"模式，不断尝试建立共治共享的社区疫情防控工作体系。理性说服与情感工作是党推进价值融合的两大路径。不同于 Lindblom（1977）提出的单向、大规模说服的"训导体制"，理性说服指的是组织与成员之间以工作效率和成果为导向而进行的双向沟通（汪卫华，2014）。组织建构出开放的沟通渠道，党组织需要向党员解释防疫的工作原则，党员也可以表达自己对于防疫资源、组织形式、工作方法的判断。理性说服之外，党组织也十分擅长采用情感沟通的手段对党员和居民进行动员沟通。吕萍和胡元瑞（2020）的研究提出同侪压力、"血缘－人情"关系都可以对动员中个体的心理及行为产生影响。情感动员依托于日常生活中建构出的情感纽带，使个人在心理与情感层面更愿意贴近沟通者的价值观念。在两个社区党组织的动员行动中，党组织与党员和社区居民之间，党员与亲人、邻居之间的情感交流，也不断激发社区成员参与社区治理的使命感与责任感，以及实现自我价值。不论是理性说服，还是情感工作，都是希望在意识形态的动员过程中不断重塑社区各阶层各职业精英对于政党治理工作的价值理性，进而在全社区实现更大范围的价值融合。

最后，从理论的视角来看（如图1），政党进行社区社会动员的独特机制主要体现为：社区党组织主要通过意识形态的动员，整合社区各主体间利益，重塑党员和居民对于政党社区工作的价值理性，促进价值融合，进而成功激发党员和居民参与社区疫情防控工作的积极性。

# 六 结论与讨论

中国基层治理体制改革是国家构建现代化治理体系中的重要一环。政府职能的逐渐转变、党建改革的积极推进，以及社会结构的复杂变化都在不断形塑着国家－社会关系的格局，以及挑战着现有基层治理体制。本文关注中共十九大之后党政角色的调整，尤其是作为国家主体之一的中国共产党在基层治理中

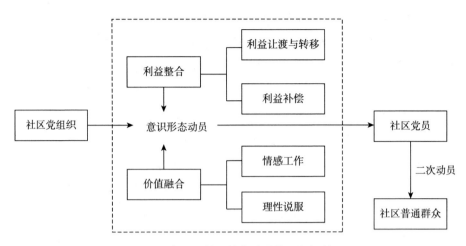

**图1 党组织社区社会动员的运行机制**

的角色与作用有何新变化。本文的研究贡献主要体现在：进一步拓展了"国家与社会"关系中"国家"公权力主体的概念外延，采用"政党－政府－社会"三分框架中的"政党"视角，探寻中国共产党成功动员社区党员与居民参与疫情防控工作的独特机制。通过案例的对比研究，本文发现意识形态引领是党社区社会动员成功的关键。党组织在意识形态的双向沟通与引领过程中，一方面通过号召、要求"党性"的发挥，和奖励政治资本的方式，整合以党员为代表的社区各阶层群众的利益；另一方面通过情感工作与理性说服的方式，在重塑社会各阶层精英价值观的过程中，促进党组织与党员、与社区居民在党与党员作用、社区动员意义、疫情防控工作内容方式等价值观上的融合，进而成功激发党员和居民参与社区疫情防控工作的积极性。本文进一步深化了学界对政党社区社会动员的研究，帮助我们更好地理解与把握中国政治现象的复杂性与特殊性，以及同西方政党研究进行对比与理论对话。

　　同时，本文也启示着我们未来应当跳脱将"国家"简单等同于"政府"的研究思路，更加关注党的作用，研究不同治理主体在公共治理体系中的作用。建立共治共享的社会治理格局是新时期基层改革的目标，但实践路径的问题，如"应该如何调节国家治理与居民自治"等仍在研讨之中。正如一些最新研究所指出的，与国家关系紧密并不意味着社区治理就缺乏自主性与活力，同体制力量合作有助于社区取得良好的治理效果（郁建兴、任杰，2018；侯麟科等，2020；吴晓林，2020）。本文也证实了政党力量对于激发社区民众的自组织力量和提升治理意识有着十分积极的意义。因此，未来的研究可以从更加辩证的视角研究政党力量与社区自治之间的关系，并将关注点放在这种关系对于社区治理效果的影响方面，而非局限于对社区治理主体本身的讨论中。

受限于篇幅和疫情期间的研究条件，本文还存在一定的不足。首先，由于是多案例比较研究，本文在结论的推广性方面还需借助大样本数据研究做更多的验证。其次，由于研究事件与材料的有限，目前只能证明党组织在此次重大疫情防控工作中发挥了高效的社区社会动员作用，而在日常基层工作中的动员作用还需更多研究进行验证。最后，党进行社区社会动员的独特机制运行是否存在一定的约束条件，如社区党员的阶层属性、社区党建的工作强度和社区自治能力的高低等，都值得在未来的研究中做进一步的厘清。

## 参考文献

陈海安、李安增（2020）：《新时代党员加强党性修养的理论逻辑与实践路径》，《理论学刊》，第 2 期。

段雪辉、李小红（2020）：《双向汲取：社区社会组织的行动路径分析》，《求实》，第 3 期。

樊士博（2019）：《70 年来中国共产党党性观的流变与发展》，《理论与改革》，第 4 期。

葛天任、薛澜（2015）：《社会风险与基层社区治理：问题、理念与对策》，《社会治理》，第 4 期。

耿曙、胡玉松（2011）：《突发事件中的国家—社会关系　上海基层社区"抗非"考察》，《社会》，第 6 期。

桂勇（2007）：《邻里政治：城市基层的权力操作策略与国家—社会的粘连模式》，《社会》，第 6 期。

郝晓宁、薄涛（2010）：《突发事件应急社会动员机制研究》，《中国行政管理》，第 7 期。

侯麟科等（2020）：《双重约束视角下的基层治理机构与效能：经验与反思》，《管理世界》，第 5 期。

景跃进（2019）：《将政党带进来——国家与社会关系范畴的反思与重构》，《探索与争鸣》，第 8 期。

李骏（2006）：《真实社区生活中的国家—社会关系特征——实践社会学的一项个案考察》，《上海行政学院学报》，第 3 期。

李里峰（2010）：《工作队：一种国家权力的非常规运作机制——以华北土改运动为中心的历史考察》，《江苏社会科学》，第 3 期。

林尚立（2001）：《政党与现代化：中国共产党的历史实践与现实发展》，《政治学研究》，第 3 期。

——（2012）：《社区自治中的政党：对党、国家与社会关系的微观考察——以上海社区发展为考察对象》，《组织与体制：上海社区发展理论研讨会会议资料汇编》。

刘明合（2005）：《论党的意识形态的利益整合功能》，《理论与改革》，第 3 期。

吕萍、胡元瑞（2020）：《人情式政策动员：宗族型村庄中的国家基层治理逻辑——基于江西省余江县宅改案例的分析》，《公共管理学报》，第 3 期。

马丽（2020）：《党的领导与基层治理：嵌入机制及其发展》，《当代世界与社会主义》，第 1 期。

蒙克、李朔严（2019）：《公共管理研究中的案例方法：一个误区和两种传承》，《中国行政管理》，第 9 期。

彭勃（2006）：《国家权力与城市空间：当代中国城市基层社会治理变革》，《社会科学》，第 9 期。

盛智明（2016）：《组织动员、行动策略与机会结构　业主集体行动结果的影响因素分析》，《社会》，第 3 期。

唐文玉（2019）：《借力于政治的嵌入式发展——"党社关系"视域中的民办社会组织发展考察》，《华东理工大学学报》（社会科学版），第 4 期。

王宏伟、董克用（2011）：《应急社会动员模式的转变：从"命令型"到"治理型"》，《国家行政学院学报》，第 5 期。

王诗宗、杨帆（2018）：《基层政策执行中的调适性社会动员：行政控制与多元参与》，《中国社会科学》，第 11 期。

汪卫华（2014）：《群众动员与动员式治理——理解中国国家治理风格的新视角》，《上海交通大学学报》（哲学社会科学版），第 5 期。

王星（2012）：《利益分化与居民参与——转型期中国城市基层社会管理的困境及其理论转向》，《社会学研究》，第 2 期。

吴晓林（2020）：《党如何链接社会：城市社区党建的主体补位与社会建构》，《学术月刊》，第 5 期。

杨敏（2007）：《作为国家治理单元的社区——对城市社区建设运动过程中居民社区参与和社区认知的个案研究》，《社会学研究》，第 4 期。

杨淑琴、王柳丽（2010）：《国家权力的介入与社区概念嬗变——对中国城市社区建设实践的理论反思》，《学术界》，第 6 期。

姚华、王亚南（2010）：《社区自治：自主性空间的缺失与居民参与的困境——以上海市 J 居委会"议行分设"的实践过程为个案》，《社会科学战线》，第 8 期。

郁建兴、任杰（2018）：《中国基层社会治理中的自治、法治与德治》，《学术月刊》，第 12 期。

张国磊、张新文（2018）：《基层社会治理的政社互动取向：共建、共治与共享》，

《内蒙古社会科学》，第 3 期。

郑杭生、黄家亮（2012）：《当前我国社会管理和社区治理的新趋势》，《甘肃社会科学》，第 6 期。

郑永廷（2000）：《论现代社会的社会动员》，《中山大学学报》（社会科学版），第 2 期。

朱健刚（2010）：《国与家之间：上海邻里的市民团体与社区运动的民族志》，北京：社会科学文献出版社。

周凯（2016）：《社会动员与国家治理：基于国家能力的视角》，《湖北社会科学》，第 2 期。

周雪光（2012）：《运动型治理机制：中国国家治理的制度逻辑再思考》，《开放时代》，第 9 期。

周雪光等（2020）：《党政关系：一个人事制度视角与经验证据》，《社会》，第 2 期。

Beck, U., et al. (1992), *Risk Society: Towards a New Modernity (Vol. 17)*, Thousand Oaks: Sage Publications.

Bian, Y. & Logan, J. R. (1996), "Market Transition and the Persistence of Power: The Changing Stratification System in Urban China", *American Sociological Review*, 61 (5), pp. 739 – 758.

DiMaggio, P. J. & Powel, W. W. (1983), "The Iron Cage Revisited: Institutional Isomorphism and Collective Rationality in Organizational Fields", *American Sociological Review*, 48 (2), pp. 147 – 160.

Dickson, B. J. (2007), "Integrating Wealth and Power in China: the Communist Party's Embrace of the Private Sector", *The China Quaterly*, 192, pp. 827 – 854.

Ericson, R. V. & Haggerty, K. D. (1997), *Policing the Risk Society*, Toronto: University of Toronto Press.

Gandhi, J. & Przeworski, A. (2007), "Authoritarian Institutions and the Survival of Autocrats", *Comparative Political Studies*, 40 (11), pp. 1279 – 1301.

Li, H., et al. (2007), "Economics Returns to Communist Party Membership: Evidence from Urban Chinese Twins", *The Economic Journal*, 117 (523), pp. 1504 – 1520.

Lindblom, C. E. (1977), *Politics and Markets: The World's Political-economic Systems*, New York: Basic Books.

O'Brien, K. J. (1996), "Rightful Resistance", *World Politics*, 49 (1), pp. 31 – 55.

Parish, W. L. & Michelson, E. (1996), "Politics and Markets: Dual Transformations", *American Journal of Sociology*, 101 (4), pp. 1042 – 1059.

Sartori, G. (2005), *Parties and Party Systems: A Framework for Analysis*, Colchester: ECPR Press.

Shen, Y., Yu, J. & Zhou, J. (2020), "The Administration's Retreat and the Party's Advance in the New Era of Xi Jinping: the Politics of the Ruling Party, the Government, and Associations in China", *Journal of Chinese Political Science*, 25 (1), pp. 71 – 88.

Svolik, M. W. (2012), *The Politics of Authoritarian Rule*, Cambridge: Cambridge University Press.

Yin, R. K. (1989), "Case Study Research: Design and Methods", *Applied Social Research Methods Series* (Vol. 5), Thousand Oaks: Sage Publications.

# The Power of Political Parties under Public Crisis: A Comparative Case Study of the Social Mobilization Combat against COVID – 19 by Urban Communities in China

Sun Mengting & Zhou Xingyu

[**Abstract**] In the context of the modernization of national governance and the transformation of government functions, the Communist Party of China (CPC) is increasingly involved in front-line grassroots governance and plays an important role in community social mobilization. In the context of localization and sinicization of social science research, this article attempts to expand the thinking and application of the party dimension in the "state-society" framework, and adopts case comparison to reveal the CPC's unique mechanisms for community social mobilization in the context of public crisis: CPC mainly utilizes ideological mobilization to integrate the interests of all subjects, reshape the value rationality of party members and residents for the party's community work, and promote the integration of values, thereby successfully inspiring party members and other residents to participate in community epidemic prevention and control. This study also shows a kind of co-governance and sharing relationship between grassroots political party forces and community autonomy in the new period.

[**Keywords**] Community Epidemic Prevention; Social Mobilization; Political Party Power; Political Ideology

（责任编辑：宋程成）

# 设计治理是否可能？

## ——疫情防控视角下"设计之都"武汉的创新策略思考

杨　志　蔡志鸿　王玉宝*

**【摘要】** 本文通过设计学与公共管理学的交叉创新视角，结合国内外设计治理的前沿研究与案例分析，针对"设计之都"武汉在新冠肺炎疫情突发中所暴露出的一系列社会治理问题，提出了以设计思维为核心驱动的设计治理能力建设，以期推动城市社会创新与可持续发展，并进一步提出了从"设计之都"向"设计治理之都"发展的创新策略思考，包括设计治理体系、主体、方向、机制、资源、时机、循环、工具和前沿九个方面，并对其加以论证。希望本文对处于疫情防控中的市域社会治理建设具有一定的参考与借鉴意义。

**【关键词】** 设计治理；设计之都；设计思维；社会创新；疫情防控

## 一　问题的提出

### （一）设计治理的缘起

设计治理作为交叉创新的学术概念，涉及诸多方面，但在早期主要见于管

---

* 杨志，清华大学公共管理学院博士后，设计学博士，研究方向为设计治理、交叉创新、社会创新与可持续发展；蔡志鸿，海南热带海洋学院人文社会科学学院讲师，清华大学管理学博士，研究方向为公共政策与国际关系等；王玉宝，清华大学公共管理学院博士研究生，研究方向为社会治理与公益慈善等。

理学、政治学和城市规划等多个学科领域，包括了"设计科学"的提出（Simon，1969）及在其基础上进一步发展出的围绕系统（system）、制度（institutional）和工具（instrumental）三个层面的设计（Shangraw & Crow，1989），继而又提出要建立"公共管理学的全球跨学科设计科学"（Walker，2011），并因此发展出了学术界的"科学设计派"。另外，也有学者提出要发展一种"诊断方法"以研究复杂的社会生态系统问题（Ostrom，2007），并在《公共治理之道：埃莉诺·奥斯特罗姆理论述评》中提出了自主治理的八项设计原则（张克中，2009）。这是目前为止管理学、政治学和设计学交叉创新研究领域较有影响力的学术观点，其核心在于对制度设计、政策设计和社会设计的探讨（杨立华，2018），但遗憾的是除了政策设计和社会设计得到了不同程度的发展外，他们并没有就这一议题进行后续的深入研究。直到 2016 年，英国城市设计学者马修·卡莫纳（Matthew Carmona）在城市设计与公共政策关系研究的基础上，援引1999 年成立的英国建筑与建成环境委员会（Commission for Architecture and Built Environment，CABE）的例子，首次提出了"设计治理"的概念，即建立政府、居民、专家和投资者等社会多元主体参与的行动与决策体系，借助各种"正式"与"非正式"的治理工具来应对城市设计运作这个存在争议的复杂系统（Carmona，2016）。在 CABE 十几年的独立发展时间里，它通过设计评价、建设认证、技术建议、研究报告、活动倡导与教育培训等设计审查、导引和激励功能，在英国的设计治理体系建设中的设计驱动社会创新与可持续发展、促进公共领域和谐进步、推动多元主体参与城市设计等方面做出了重大贡献（祝贺、唐燕，2019）。但随着英国自身国内外各种因素的变迁，CABE 暴露出了单一性技术偏向、缺乏复杂性考量、场域空间关注度少和依赖政府拨款等问题，于2011 年被关闭整顿，随后合并到了英国商业、能源与产业策略部支持的"英国设计委员会"（Design Council，DC）中。这也从侧面反映出传统的设计治理存在较大的局限性，亟须通过机构改革和创新举措来重新引导城市发展（杨震、周怡薇，2018），即无形中推动了"设计治理"从狭义的城市设计相关领域，走向了更为广义的整合创新与社会治理相关范畴。

而最早成立于 1944 年的英国设计委员会，作为政府主导的设计创新服务机构，最初的宗旨就是使设计创新介入社会和产业服务，通过设计创新与创造性的解决方案来帮助政府和各地解决社会问题，包括经济、建筑、社区、医疗和公共服务等领域，并针对不同时期的不同问题，提出相关的解决策略。例如在2010年发布的面向社会转型期的《转型设计》（Transformation Design），提出了重新定义问题要点、跨学科合作、参与式设计技术、能力建设而非依赖、突破传统问题束缚的设计、创造机制的根本改变。在2014年发布的面向风险社会中弱势群体的《关怀设计》（Design for Care），提出了通过与公立、私营和志愿机构的广泛合作，借助英国的设计创新力量，迎接未来具有不确定性的社会挑战，提供21世纪的医疗解决方案。这些都很好地契合了社会、经济与文化各领域的发展，充分挖掘并释放了设计思维驱动社会治理创新的能效与价值，为设计治理全面介入城市发展、社会系统、组织机构和教育体系等方面，提供了全新的研究视角和策略思考。

### （二）设计治理是否可能

新冠肺炎疫情的暴发给人们在社会、经济与文化等领域的发展，尤其是对人们的生命安全和健康生活造成了巨大影响。疫情随着变化所呈现的易传播性、难防控性和不确定性等特点，给包括中国在内的世界各国和地区的社会治理带来了巨大的挑战，尤其是对当前我国正在全面推进的国家社会治理体系与治理能力现代化建设，以及加快市域社会治理现代化，造成了极大的冲击。2017年入选联合国创意城市网络"设计之都"的武汉，曾在特大城市可持续发展与市域社会治理创新实践方面走在全国前列，但在疫情突发的瞬间，暴露出了协调统筹机制不灵、科层指挥体系不畅、应急管控能力不强、社区联动机制不全和社会组织能力专有性不够等诸多问题（王名、蔡志鸿，2019）。尤其是在面对突发公共危机时产生的信息沟通机制错位和人文关怀机制失灵等状况，给前期的疫情防控和社会治理带来了很大的消极影响；同时也使人们对市域社会治理体系建设的武汉样本，以及"设计之都"武汉的设计治理水平产生了质疑与反思。如何通过"设计之都"的设计治理建设，来普及设计是一种创新引领与人文关怀的价值观念，进而引导并提升市域社会治理能力，强化城市发展的软实力与竞争力，实现全周期管理的韧性城市建设？如何通过设计思维与设计创新方法的全面介入，来创建现代化、精细化和个性化城市发展的设计治理机制，培育城市社会创新与可持续发展的开放生态，促进市域社会从硬治理到软治理的渐进式转变（何哲，2019），真正做到自上而下的共建意志与自下而上的共治意识有机融合，创造上下联动的共享意义，从而最终实现人民对美好生活的向往？思考与回答这些问题或许对于当前正处在疫情防控中包括武汉在内的大部分城市，具有一定的参考与借鉴意义。

## 二 设计治理：设计思维驱动的社会治理创新

设计大师纳吉说，设计是一种态度。而思维大师德·波诺则说，设计思维中没有无解的危机。对于设计师来说，没有问题障碍，只有创新策略，而一位优秀的设计师，不仅会有源源不断富有想象力的概念方案，同时也擅长整合相关的资源进行灵活的调配，以达到解决方案的最优化。设计思维的人本属性，不仅体现在产品或服务的创造上，同样也深刻地反映在其本身的设计过程中（Tim Brown 等，2015）。今天的设计，早已从传统的视觉、空间、产品和体验层面演化到面向具有复杂性、系统性、综合性、交叉性和未来性的新兴社会中出现的一系列新问题与新现象的整合创新设计思想层面，即设计四秩序的范畴（见图1）。通过横纵向八个维度的不同组合，全面系统地诠释了设计已然成为处理更复杂关系的创造性活动（马谨，2013）。而其"以人为中心"的核心思想，包括对于新兴事物、公共事务和应急事务的快速反应与创新策略能力，不仅可以介入完善社会治理体系与治理能力现代化的建设中，同时也可以对当前"设计之都"武汉市域社会治理中所出现的问题进行查缺补漏，实现柔性化和渐进式、网络化和针灸式的全方位全周期管理，即市域社会治理体系中的设计治理能力。

### （一）设计思维的驱动

我们可以看到设计治理在发达国家与地区的重要性，尤其是在全球化和信息化的当下，在城市可持续发展、人文氛围营造、社区关系协调、多元文化融合与教育培训引导等方面，有建立、交流、整合与互动带来的"善治"效应。所以，在全球范围内，设计思维的快速兴起，促进了社会创新共识的形成，因此其得到了广泛的推广与应用。早在1969年，诺贝尔经济学奖得主赫伯特·西蒙在其经典著作《人工科学》中就提到，设计是一种思考方式。到了1980年，布莱恩·劳森在《设计师是如何思考的》里首次提出了设计思维（Design Thinking）的概念。而在1987年，哈佛大学设计研究生院院长彼得·罗出版了《设计思维》专著。1991年之后在设计咨询公司 IDEO 创始人大卫·凯利和总裁

设计问题领域
Fields of Design Problems

| 设计思维方式<br>Arts of Design Thinking | 传播符号<br>Communication<br>Symbols | 建构事物<br>Construction<br>Things | 交互行动<br>Interaction<br>Action | 整合想法<br>Integration<br>Thought |
|---|---|---|---|---|
| 发明符号<br>Inventing<br>Symbols | 符号、文字、图形<br>Symbols,<br>Words & lmages | | | |
| 判断事物<br>Judging<br>Things | | 有形物<br>Physical Objects | | |
| 连接行动<br>Connecting<br>Action | | | 行动、服务、活动<br>Activites，Services，<br>Processes | |
| 整合想法<br>Integrating<br>Thought | | | | 系统、组织、环境<br>Systems，<br>Organizations，<br>Environments |

**图 1　设计四秩序**

资料来源：（Buchanan，2001）。

蒂姆·布朗的推动下，设计思维被广泛应用于商业和教育领域，并最终在 SAP 公司的联合创始人哈索·普拉特纳博士的资助下，于 2003 年成立了美国斯坦福大学设计思维学院（d. school），旨在通过设计思维驱动交叉学科的持续创新，来自工学院、医学院、理学院、商学院、传媒学院、艺术学院和计算机学院等的跨学科专业人才成为学院的研究与授课人员。2007 年成立了德国波茨坦大学设计思维学院（d. school），2015 年成立了南非开普敦大学设计思维学院（d. school），2017 年于德国波茨坦召开了"世界设计思维峰会"（d. confestival）暨"HPI 设计思维学院十周年庆典"，来自美国斯坦福大学、南非开普敦大学、加拿大滑铁卢大学、英国伦敦政治经济学院、澳大利亚悉尼科技大学和中国传媒大学等 50 多所世界知名高校，以及谷歌、SAP、欧洲银行、大众汽车等 350 多家公司，40 多个国家和地区超过 1000 名的公司高管和学者共同参与，并成立了"国际设计思维联盟"（Global Design Thinking Alliance），向全球推广并运用设计思维进行介入与赋能。

设计思维从起步之初就始终面向全社会不同行业、机构与群体，企业、大学和政府之间进行跨地区、跨领域的交叉合作创新，无形之中为驱动和突破传统领域的公司治理、大学治理和社会治理带来了一种新型的变革和可持续发展的思想与方法论。而在推广与应用过程中所形成的学术、企业和政府机构，恰恰成为"设计思维驱动社会治理创新"实现本土化、在地化、模式化、持续化和全球化的重要机制。

### （二）设计治理的新加坡模式

设计治理本质上是实现城市全面完善、社会创新和可持续发展的公共政策与有效路径，其对于作为有机生命体的城市来说，不仅可以带来政治、经济、文化、教育和生活的创新激活，同时也能提高城市综合发展水平，打造具备公共弹性和应急能力的韧性城市，所以各国政府也越来越重视设计治理在社会治理中的价值。除了英国1944年成立的英国设计委员会以外，包括美国、德国、芬兰、日本、马来西亚和韩国，以及中国的香港和台湾地区，都分别成立了设计治理的相关机构，围绕设计驱动社会创新与可持续发展进行了一系列的战略布局和创意实践。

被誉为"社会治理典范"的花园城市新加坡也于2003年成立了国家设计治理机构——新加坡国家设计中心（Design Singapore Council，DSC），将设计、教育和医疗保健并列为经济增长的三大新部门，并制定了相应的创新政策，即通过将设计作为战略，来帮助组织和企业业务增长，培养具有设计意识的未来经济劳动力，提升新加坡的国家品牌形象，创造优质的公共服务，与世界各地的人们建立情感联系等。2009年，新加坡政府邀请美国麻省理工学院合作筹建了"新加坡科技设计大学"，其于2012年正式面向全球招生，是全球第一所以"科技设计"命名的培养未来人才的创新型大学。2010年，新加坡经济战略委员会提议，通过提升人们的设计思维能力来促进持续的经济增长并维持竞争优势，在国家设计中心下设立了设计思维与创新研究院（Design Thinking & Innovation Academy，DTIA）。而DTIA则主要通过三种方式来实现"设计驱动创新"的战略目标：第一，面向企业和公众传播设计思维方法论，增强人们的意识；第二，通过设计思维课程及工作坊，在应用层面对企业和公共机构加以引导；第三，通过管理和战略层面的设计以及设计师的培养驱动持续的创新。除此之外，DTIA还有面向企业和公共机构的设计思维课程及工作坊，并专门开发了针对学龄前儿童的项目"视野无穷"（Many Way of Seeing），这一项目作为设计教育的补充，通过为老师和学生们提供与设计师一起工作的机会，让他们形成对设计和设计思维的初步认知。

另外，2014 年，新加坡国家设计中心发起第一届新加坡设计周，并整合了商业论坛、家具展览、当代艺术、科技创新、文化遗产、国际大会、城市节庆、文化旅游和创意展销等一系列主题性活动，形成了一个国家设计中心领导、政府支持、民主协商、社会协同、公众参与、法治保障和科技支撑的"国家（城市）设计治理共同体"。2015 年，新加坡申报成为联合国全球创意城市网络中的"设计之都"，2018 年首次发起集聚设计、商业和技术交叉领域的国际性论坛 Brainstorm Design，提出了设计决定公司和社区如何持续发展的路径，议题包括设计如何应对气候变化、材料浪费和医疗保健的挑战，设计在塑造人性化技术和伦理隐私实践中的作用，以及如何建立和领导促进长期设计主导型创新的组织。从 2018 年第五届新加坡设计周开始，新加坡政府采用"官方筹办，民间启发"模式，将设计周中的大部分重点内容交由本地设计企业、社会组织和自由工作者设计策划，逐步实现了"设计思维驱动社会治理创新"，推动城市社会创新与可持续发展的增量渐变与创造创业的过程。

最后，特别值得关注的是新加坡将"以人为中心"的设计治理体系融入并应用到了国家医疗健康体系中，建立起了一整套"以患者为中心"的定制化医疗保健服务流程，从医疗资源规划、建筑空间布局、服务流程设置、就医群体层次等多个方面，全面展现了新加坡设计治理的前沿理念。根据城市社区人群的聚居程度，不仅科学地规划了 17 家公立医疗单位和 21 家私立医疗单位分布在各个片区，让医院完美地与城市生活、社区服务、创意体验融合在一起，而且还开发了一系列针对不同年龄层次、不同患者群体的多元立体式特色服务产品。例如，儿童医学院中心会根据儿童患者的需求，将迪士尼乐园的服务理念纳入设计标准中，从医疗器械、就医环境、服务体验和等待主题等不同方面给予儿童全方位的关怀；癌症中心医院则专门设置了"关爱患者体验卓越项目"，通过患者关怀卡、实习生问候、体验活动、投诉管理机制建立和谐的医患关系，并设计了针对优秀员工的奖励计划，同时在各大医院设置持续改善委员会，开展定期分享与交流活动，来提升整体服务品质。这种将综合性、系统性、持续性完美地融合于人性化、智能化、科学化服务中的"真善美"体验，恰是设计治理的要义所在。

## 三 设计之都：武汉市域社会治理的创新实验

伴随全球化和信息化的浪潮，新兴的互联网经济与文化创意产业发展得如火如荼，面对转型期的创新发展、城市更新与社会治理等多重压力，作为传统产业与重工业基地的武汉，早在2000年初便开始谋划转型升级与创新驱动的城市可持续发展之路。2007年武昌区就提出了建设"中部设计之都"的口号，并组建了"武昌设计产业促进会"。2009年武汉市开始筹备联合国教科文组织的"设计之都"申报，其间亦有多位全国政协委员以武汉工程设计发展规模与水平均居全国前列为名，向两会提案来推动此事。而后历经八年武汉终于在2017年11月以"老城新生"为主题，正式获批成为继深圳、上海和北京之后的中国第四个，内陆第一个联合国教科文组织的"设计之都"。在此之前由武汉市政府牵头，基于中国武汉工程设计产业联盟而成立的社会组织——"武汉设计之都促进中心"，则成为负责武汉设计治理的正式机构，这一系列的发展历程，本身就足以说明武汉对于践行以人为本的可持续发展理念的重视和多年来在市域社会治理领域所进行的探索与实验，即使放在全国范围来看都具有一定的前瞻性和示范性。

### （一）设计思维的导入

相较武汉市大力倡导的以"工程设计"为核心的设计产业，地处武汉核心的武昌区，这座1992年邓小平到此提出"三个是否有利于"和"发展是硬道理"的改革创新之区，作为2015年湖北省唯一获得中国政府创新最佳实践奖的地区，则围绕社会治理、社区营造、空间规划和城市更新等多个议题，一方面积极推动政府、高校、企业、社区、媒体和社会组织等多元主体共同参与研讨，并发布具有标杆意义的全国城市社会治理倡议《武昌宣言》；另一方面在2018年10月邀请了新加坡SAP大学联盟和中国传媒大学设计思维创新中心作为合作单位，启动了为期一年的"设计思维"系列培训课程，并首次以全区两级理论学习中心组集中学习的形式，举行了"了解设计思维创新，实现以人为中心的创新"学习报告会。该培训项目针对不同部门需求进行工作坊策划和培训课程设计，最终以武昌区户部巷改造项目为"创新实验田"举办"体验设计大学生挑战赛"来对培训成果进行实践检验。项目参与者包括武昌区委书记、区长和全区副处级以上干部 370 余人，武汉 16 所高校 140 余组设计团队，以及来自各行各业的企业家、教师、公务员和社区工作者等数百人，尝试以设计思维培训来培育政府、企业、学校和社会组织等社会治理多元主体的创新创意创造思维，树立政府公务员在社会问题处理过程中的创新服务意识，引导各行各业不同群体形成共建、共治、共享的治理共识，从而推动武昌区打造"设计之都"核心区、社会治理示范区的未来发展定位。在区县级全面开展如此大规模的"设计思维"培训、社区营造研讨和政产学研互动，从全国范围来看亦属于创新之举。

### （二）城市设计的理念

与此同时，随着近些年国内外对于城市发展的探索实践，包括文明城市、绿色城市、生态城市、花园城市、卫生城市和海绵城市等在内的诸多城市规划设计概念也成为各大城市谋求跨越发展的重要目标。武汉在积极筹备"设计之都"申报的过程中，于 2015 年公布了《武汉市爱国卫生条例》，并启动了"健康城市"建设，后又于 2018 年发布了《健康武汉 2035 规划》，加快推动国家卫生城市向健康城市迈进。这足以说明武汉市已经开始意识到应将关注点从"以城市为中心"转移到"以人的切身感受为出发点"（尹稚，2013），来面对包括城市环境、城市规划、社区生活和人文关怀等在内的市域社会治理问题。但是，健康城市的发展更多的是一个增量变化的过程，而非一个简单的指标结果，即需要以人的视角来逐渐审视城市无形中的改善与人所能感知到的生活品质和精神消费的提升。就好像城市的复兴并非单纯是一幢又一幢的建筑，而是以关系网络和区域为基本单位进行的无数嵌于学校、政府、医院、商场和宗教场所内的社会关系的建立，即一座韧性城市是一个由物质系统和人类社区组成的可持续网络（戴维、许婵，2015）。从这个角度来看，联合国教科文组织的全球创意城市网络"设计之都"的建设也是同样的道理，它不仅需要渐进式和可持续的发展周期，同时也需要培育以"对人的关怀"为根本的"民有、民享、民治"的设计精神（杭间，2010），以及孵化和完善共建、共治、共享的社会治理制度中的社会创新生态和设计治理机制，这也是此次武汉新冠肺炎疫情中暴露出来的关键问题所在。

### （三）设计之都的指标

尽管从 2009 年武汉开始筹备申报"设计之都"起，由武汉市政府、企业、高校和行业协会等各种社会治理主体举办或推动的设计创新活动一个接一个，在 2017 年申报成功前后又举办了一系列具有国际影响力的设计展览、设计大赛和设计活动。包括申报成功之后，武汉市政府又先后发布了《武汉设计之都建设规划纲要（2018—2021 年）》和《武汉市加快推进设计之都建设若干政策措施》等，其中围绕武汉的"设计之都"建设提出了包含建设 10 个示范园区和 100 个创意社区的详细指标（见表 1）。但是，与联合国教科文组织全球创意城市网络"设计之都"所提出的"比萨议程"中的 5 项原则和 15 项主题服务，即促进设计、链接彼此、彼此支持、共享市场、共享知识，以及专业交流、学生交流、以人为本、设计周/月、展销会、业务导向、展示 & 案例、设计会议、国际研讨会、竞赛和联络、设计驱动城市发展、展览空间、设计中心、设计大学、时装相比较，结合此次疫情中武汉市域社会治理的整体表现，我们可以发现以下几点不足。

**表 1　武汉"设计之都"建设年度主要指标（2018～2021 年）**

| 年份 | 2018 | 2019 | 2020 | 2021 | 2022 | |
|---|---|---|---|---|---|---|
| 设计之都示范园区（个） | 3（在建） | 3 | 3 | 1 | 10 | |
| 创意社区试点建设（个） | 3（在建） | 20 | 40 | 37 | 100 | |
| 特色设计小镇（个） | | 5（策划） | 5（实施） | | 5 | |
| 引进工程设计院士（名） | 1 | 1 | 1 | 1 | 4 | 8 |
| 引进工业设计著名设计师（名） | | 1 | | 1 | 2 | |
| 引进文化创意设计著名设计师（名） | | 1 | | 1 | 2 | |
| 引进世界 100 强工程设计机构（个） | | | 2 | 1 | 3 | |
| 引进著名工业设计机构（个） | | 1 | | 1 | 1 | 6 |
| 引进著名文化创意机构（个） | | 1 | | 1 | 2 | |
| 新增工程设计企业（家） | 6 | 6 | 8 | 10 | 30 | |
| 新增工业设计企业（家） | 5 | 7 | 8 | 10 | 30 | 100 |
| 新增文化创意设计企业（家） | 10 | 10 | 10 | 10 | 40 | |
| 新增产业从业人员（名） | 10000 | 15000 | 15000 | 20000 | 60000 | |
| 培训青年设计师（名） | 500 | 500 | 500 | 500 | 2000 | |
| 参与国际设计交流活动（场） | 3 | 3 | 3 | 5 | 14 | |
| 举办武汉设计之都大型活动（场） | 4 | 5 | 5 | 5 | 19 | |
| 可持续发展优秀案例（个） | 1 | 1 | 1 | 1 | 4 | |

| 年份 | | 2018 | 2019 | 2020 | 2021 | 2022 |
|---|---|---|---|---|---|---|
| 设计产业营业收入（亿元） | 总计 | 1570 | 1800 | 2000 | 2200 | |
| | 工程设计 | 1215 | 1360 | 1480 | 1600 | |
| | 工业设计 | 225 | 260 | 300 | 340 | |
| | 创意设计 | 130 | 180 | 220 | 260 | |

第一，思想观念。武汉的指标缺乏"大设计观"的理念，思想和观念依然受到传统"工程设计"的束缚，没有很好地将"设计思维"融于顶层设计和治理实践中，这也是武汉希望通过设计创新驱动转型发展的隐忧所在，即设计驱动社会创新生态尚不成熟，尤其是设计治理机制不够健全。

第二，评价机制。武汉的指标对于"设计治理"的理解，反映出其市域社会治理依然为"考核评价导向"，而非"以人为本导向"，在"设计之都"的建设过程中，容易形成"官僚主义"和"形式主义"的不良风气。

第三，人文关怀。武汉市域社会治理中的公共文化与设计服务供给单一，主要以有形的物质，包括建筑、装饰、产品和大型活动等为主，缺乏对无形的精神需求的关注和设计人文关怀的探索，而这恰是设计创新驱动"设计之都"可持续发展的内在本质。

第四，教育引导。武汉坐拥 89 所高校，在校生超过百万人，其中设计类学生约有 13 万人，在全国乃至全球，其创新活力和发展潜能都较大，尤其是面对危机和疫情的创新能力与反应策略，亟待有效的设计治理与面向未来的设计教育来进行开发和引导。

第五，持续改善。任何一种制度、机制与体系的建设都不是一蹴而就的，而是在动态实践与平衡博弈中不断发展和持续完善的。武汉在 2017 年进入"后设计之都"时代，在探索和完善市域社会治理创新体系的道路上，已走在了全国大部分城市的前列（焦欢、王礼鹏，2017），但在面对突发疫情和公共危机的时候依然措手不及，这不得不促使我们去反思，身处 VUCA（不稳定 volatile、不确定 uncertain、复杂 complex、模糊 ambiguous）时代的城市发展和"设计之都"建设，是否应当将"设计治理"放在首要位置，切实推动"设计之都"建设转向"设计治理之都"建设。

## 四 策略思考：武汉设计治理的初步探讨

设计治理作为国家社会治理体系和治理能力现代化建设的一部分，同时也是驱动市域社会治理体系不断完善的重要手段，对于坚持和完善共建、共治、共享的社会治理制度，创建党委领导、政府负责、民主协商、社会协同、公众参与、法治保障、科技支撑的社会治理体系，打造人人有责、人人尽责、人人享有的社会治理共同体，以及在市域社会治理中树立"全周期管理"意识，具有重要的现实意义。新冠肺炎疫情的突发，对于市域社会治理来说，不仅是一次重大的挑战，同时也是完善市域社会治理体系的重要机遇。而对于作为"设计之都"的武汉来说，这无疑是通过设计创新来构建和完善设计治理体系的重要契机。

### （一）设计治理体系

从治理体系上来看，我国正在推进国家社会治理体系和治理能力现代化建设，同时围绕我国城镇化发展和深化改革进程中的具体情况，提出了具有上下衔接、中枢联动、点线面结合和区域试点效应的"市域社会治理体系"。对于进一步推动和完善我国的国家、省市、区县、乡镇和街道等纵向不同层级，政府、大学、企业、协会、社区和网络等横向不同领域的治理体系建设，以及解决城市可持续发展与突发应急事件中的"灰色地带"问题，具有重要的改革、创新、实验、演化和推广的意义，这也符合当前我国全面深化改革中所采取的"授权式创新"，即顶层设计、授权实验、全面执行的设计主义治理逻辑（李文钊，2019）。

此次疫情所造成的治理危机，虽然对武汉市域社会治理带来了巨大冲击，但同时也为治理体系的持续完善提供了精准的切入点，即设计治理体系的创建。设计治理体系作为市域社会治理的重要组成部分，在作为"设计之都"的武汉具有得天独厚的发展优势和现实基础。首先，疫情所暴露的治理问题，并非简单的技术问题，也非单纯的人员和物质方面问题，而是涉及横向多个领域与纵向多个部门的观念、思维和能力等问题，需要通过设计治理体系的创建来全面增强当前武汉市域社会治理的柔性、弹性和韧性。其次，武汉作为中部超大枢纽城市，具备良好的人才教育优势和地理区位优势，借助城市发展、社会治理的前期基础和"设计之都"三年建设的资源平台，通过创建设计治理体系来驱动市域社会治理的持续创新，不仅可以继续保持市域社会治理示范区的发展先机，同时可以对标中国香港、新加坡等地区，形成开放、创新、融合的营商环境。最后，设计治理体系的创建，可以有效地补救疫情中所暴露的城市信息沟通不畅和人文关怀缺失等问题，既成为武汉市域社会治理创新发展的特色，同时也能为下一步国家设计治理体系的创建提供政策实验的创新样本。

### （二）设计治理主体

从治理主体来看，人民群众是基层社会治理活力的源泉，是社会治理创新的根本力量（王名、王玉宝，2019）。设计治理主体的多元性、开放性和灵活性，促使设计特别强调利益相关者的视角，主张多元主体共建、共治与共享的过程，并在此过程中构建影响力、创新力和免疫力。城市设计中的韧性城市理念就是典型的设计治理引领下的产物。有效的设计治理，往往可以提高政策设计的效力、政策执行的效率和政策推广的效益，凝聚社会多元主体形成共同体意识，从而形成开放、动态、弹性、包容和有序的良好氛围，例如全球创新设计竞争力排名靠前的芬兰、瑞士、德国、韩国和新加坡等国家，在此次疫情中都有非常积极的表现。

作为"设计之都"官方运营主体的"武汉设计之都促进中心"（以下简称"中心"），在面对此次突发疫情时，一方面确实还存在许多不足，这不仅在于中心成立的基础来自由武汉市城乡建设局牵头的工程设计联盟，过于偏向工程导向的设计领域，还在于中心成立时间较短，尚未真正建立起有效的设计治理网络，以及设计治理思想的上下贯通和社会观念普及尚需时日；另一方面，中心在设计治理的过程中，需要系统考虑中国特殊的政治体制、社会治理机制和城市发展水平等现实国情，积极推动设计治理本土化、在地化、模式化、持续化和全球化中的"本土化和在地化"，在有限的治理条件下立足于武汉本土多元治理主体，主动开发如大学院校的"设计创新教育"、创新企业的"转型升级价值"、社会组织的"社会创新实践"、媒体网络的"解困报道趋势"和新兴阶层的"治理参与意识"等等，创造武汉"设计之都"的中国设计治理创新实践样本，从而为市域社会治理体系的构建与完善贡献武汉的设计创新力量。

### （三）设计治理方向

从治理方向来看，设计治理有助于查缺补漏和未雨绸缪，做到防患于未然。2016 年，习近平总书记在全国卫生与健康大会上提到，预防是最经济最有效的健康策略，要努力全方位、全周期保障人民健康。设计思维强调以人为中心，在面对和处理具有复杂性、不确定性和跨领域的新兴问题时，具有善于发现问题和提出问题的特点。其所倡导的"共情、定义、创意、原型和测试"五个步骤，在面对不同的组织与项目时，总是能够快速跨部门、跨区域和跨学科达成战略目标共识，通过当前大数据、信息化、协同化等多种工具，形成对相关问题的"诊断"、"预判"和"建议"。近几年来逐渐兴起的"健康设计思维与方法"（吴翔，2020），即是设计研究与创新应用的最佳例证。

通过"武汉设计之都促进中心"的组织与动员，充分发挥 13 万设计类大学生、百万在校生、在地设计创新机构和全球设计资源的优势，挖掘传统文化和情感要素在市域社会治理中的特殊价值（蓝煜昕、林顺浩，2020），针对武汉各区县、各街道和问题集中点，邀请政府、医院、银行、媒体、非政府组织（NGO）和社区工作人员等进行"为武汉而设计"的头脑风暴与创意创新。通过组织的服务流程设计、网络的界面体验设计、NGO 透明度的信息可视化设计、医院的医患沟通与体验设计、社区的邻里关系设计等等，不断地推动城市与大众之间的微妙联系与互动，让"设计之都"形成充满活力、青春和未来的开放生态，促进各个社会机构之间的磨合与交流，建立武汉的历史、地标、方言、习俗和品牌的"软治理共同体"，从而实现武汉的韧性城市与"设计治理之都"建设。

### （四）设计治理机制

从治理机制来看，设计所主张的"民有、民治、民享"，以及在设计过程中所体现的"为他人着想""对人的关怀""对规律的尊重"等等，恰恰反映了设计治理在政治、法治、德治、自治和共治方面的价值。设计作为一种综合了的生活，对"真善美"的追求，对身处于现代化进程中的国民无疑是一种关于自我实现和美好生活的启蒙（杭间、曹小鸥，2009）。

武汉"设计之都"的建设基本上与我国的市域社会治理建设保持了同步，如今我们再回过头来看武汉对疫情的处理，尽管在前期出现了一系列问题，但在快速的反应中进行了有效的调整，这体现了武汉居民在疫情暴发后的政治觉悟、法治观念、德治素养、自治能力和共治水平。尽管疫情给武汉带来了较大的伤害，形成了多方面的不良影响，但通过设计治理的全新视角，可以让设计以一种更为主动地介入文化、经济和社会变革的姿态，把设计思维和能力从个人的、专业化的群体，拓展到更广泛的社会群体，让更多的人认识设计、运用设计、参与设计，甚至主导设计，从而加快进入"全民设计"社会创新时代的步伐（娄永琪，2015），即以可持续创新为引领，以社会创新设计思维为手段，构建和完善上下联动的市域社会治理体系中的设计治理机制。

**（五）设计治理资源**

从治理资源来看，设计治理的资源呈现去中心化的分布式特点（Menichinelli，2016）。突出的表现就是设计驱动社会创新的案例，往往分布在各行各业的方方面面，通过设计策略解决看似细微却极具意义的复杂性问题，且特别关注对弱势群体和长远效益的倾斜。有效的设计治理介入将极大地改善城市资源分布不均、城乡矛盾尖锐突出、人文关怀缺失和信息沟通失效等问题。对于提升党政形象、促进公众参与、推动社会协同、加快民主法治建设、融合科技支撑等方面，具有先天的优势。

疫情防控过程中，数以万计的医护相关专业人士驰援武汉，数以百计的社会组织活跃在抗击疫情的台前幕后，全球捐赠的医疗及其他物资数以亿计，经过长达50多天的艰苦奋战，中国范围内的疫情得到了初步控制。而在此次疫情中的武汉，通过"全球创意城市网络"的联动，第一时间得到了全球各大创意城市发来的祝福与加油，也得到了本土与各地包括设计在内的各方力量，口罩产品设计、防护服饰设计、方舱医院设计、医疗流程改善、信息可视化设计和设计公益组织援助等各方面的支持，充分体现了设计治理资源的小而美、灵活性和扁平化等特点。与此同时，设计创新的介入，实际上是在时间和空间上激活与重构城市既有的软硬件资源，从而针对"人的需求"和"资源禀赋"来创造更好的服务与体验（于静、赵璐，2017），尤其是对弱势群体的用心设计所带来的无意识关怀，间接地促进了大众的公共参与意识和获得感的培育（张潮、王竟熠，2019），这也成为市域社会治理发展中的无形资源。

**（六）设计治理时机**

从治理时机来看，设计治理主张价值创造、价值实现、价值传递的全程协同、整合创新、共享共担与共创共益，强调适应性、在地性和精准性。习近平总书记所提出的要树立全周期管理意识，恰恰是设计创新最为看重的在持续循环中进行弹性驱动和助推改善。设计思维的突出特点在于，一方面通过人本主义和用户思维来评估社会风险，另一方面通过洞察和预判培养对事务的预先设置和即时解决能力。

在此次的新冠肺炎疫情中，针对武汉所暴露的社会治理问题，无论是社会组织对救援物资的处理问题，还是社区基本物资的配送问题，抑或是监狱服刑人员感染问题，其实都可以通过设计治理的构建与完善来提出创新策略，从而进行系统性的解决。设计治理强调事前充分预警、事中灵活应对与事后大力改善的实践逻辑，针对市域社会治理的薄弱环节、协同交叉的灰色地带和流动发展的不确定因素，通过设计治理的主动介入与创新能力，可以采取及时有效的调控与治理策略，形成市域社会治理的分布式、网络化与机动性特点，从而抓住最佳的治理时机达到理想的治理效果。

**（七）设计治理循环**

从治理循环来看，设计治理通过对政治、文化、经济等方面的研究，可以采取灵活嫁接与二次创新的方式进行全方面解读，一方面推动国家政策更好地落地，促进公众更好地理解，另一方面也可以集中收集相关的大众需求和政策反馈，形成建设性的改善提案。而设计思维的五个步骤，往往从"共情"开始，到"测试"之后便进入新的创新实践，直到实现创新生态的良性循环为止，即在不断实验和不断创新中实现优化迭代。

对于此次疫情来说，每一次危机既是经验教训的总结，也是社会发展变革的契机。2003 年的"非典"疫情和 2020 年初的新冠肺炎疫情无疑都给我们造成了很大的伤害，但也对处在脱贫攻坚和社会转型关键期的国家社会治理体系，带来了进一步深化变革的切入点。武汉作为市域社会治理体系与治理能力现代化的先进地区，在疫情中暴露出不少问题，完全可以通过设计治理的构建来进一步完善市域社会治理中的城乡治理、基层治理和协同治理等方面的建设，推动市域社会治理形成良性循环。此前有学者曾呼吁在"设计之都"武汉建立"防疫博物馆"，并通过网络征集了设计方案，希望针对疫情开展教育活动，同时纪念在抗击疫情中涌现的感人事迹与医护工作者，尽管在舆论上形成了不小的争议，但这也确实不失为一次推动设计治理循环与实践的有益探索。

**（八）设计治理工具**

从治理工具来看，设计治理呈现开放融合、持续创新、跨界交叉的特点，确信在市域社会治理中既要重视科技产品的开发、设计思维的介入、创新工具的使用，同时也应强调优秀治理人才的选拔与治理能力的培养。不论是智慧城市、健康城市、绿色城市，还是生态城市，或者创意城市，关键的因素不单单是科技与设备的使用，更重要的还在于处理复杂关系的沟通语言与协调机制，在于城市的人文氛围、创新生态和治理风气，在于设计主体的组织性、协同性和系统性，而这些将决定治理工具的有效性和可持续性。

此次疫情给武汉市域社会治理带来的反思在于，尽管大数据、人工智能和区块链在今天的城市治理中非常重要，但在面对突发性危机的时候，民心所向、网络舆论、社区关系和社会氛围等细节微妙处的柔性因素，似乎显得更为突出。我们不仅仅需要科技支撑的有形工具，更需要体现设计治理水平的无形工具，如体验设计、关怀设计、服务设计、组织设计、流程设计和可持续设计等等（柳冠中，2019）。通过设计治理工具包的开发与应用，培育城市的创新生态，将设计思维融入社区的日常生活、大学的教学、企业的教育培训和政府的学习工作中。唯有如此，才能真正建立人人有责、人人尽责、人人享有的社会治理共同体，这也正是设计治理的核心价值所在。

### （九）设计治理前沿

从治理前沿看，未来城市的社会治理，应当充分考虑风险社会的复杂性、不确定性和瞬息万变，深入挖掘设计治理的潜力与效能，结合新时代中国转型发展的特殊国情，逐步培育城市的体制吸纳力、制度参与力、政策设计力、社会创新力和民间自治力（杨光斌，2017），以此来提升城市的设计治理整体发展水平，鼓励优秀的人才积极参与设计治理前沿的研究与实践，强化城市的灵活应变能力，不断优化社会治理体系，早日形成治理能力现代化。

武汉"设计之都"的申报对于市域社会治理体系建设来说是一件里程碑式的事件，但必须以此为基点，结合我国正在推进的国家社会治理体系和治理能力现代化建设及其地区实际发展情况，充分有效地本土化研究与实践，只有如此，方能将其带来的无形资产、品牌效益和社会价值最大化，并将制度优势转化为治理效能，切实提高人民的获得感、幸福感和安全感。"十年申都"为武汉奠定了良好的设计治理基础，加上高校集聚的人才优势和中部地区发展枢纽的区位政策优势，借助于全球前沿的设计创新资源和设计治理经验，发挥出武汉作为"一带一路"倡议和"长江经济带"战略交会点作用，利用对接粤港澳大湾区的战略机遇，并以此次疫情防控与危机治理为拐点，探索从"设计之都"走向"设计治理之都"的创新实践，才是"设计之都"本土化、模式化、持续化和全球化发展的应有之义。

**参考文献**

何哲（2019）：《从硬治理到软治理：国家治理体系完善的一个趋势》，《行政管理改革》，第 12 期。

焦欢、王礼鹏（2017）：《对 19 个副省级及以上城市综合创新能力的测评》，《国家治理》，第 39 期。

王名、蔡志鸿（2019）：《以"能力专有性"论政社合作——以两岸防艾社会组织为例》，《中国非营利评论》，第 1 期。

戴维·R. 戈德沙尔克、许婵（2015）：《城市减灾：创建韧性城市》，《国际城市规划》，第 2 期。

杭间、曹小鸥（2009）：《设计：另一种启蒙——改革开放三十年来设计思想与实践的演进》，《文艺研究》，第 1 期。

杨震、周怡薇（2018）：《英国城市设计法定化管理中非正式工具应用及启示》，《规划师》，第 7 期。

蓝煜昕、林顺浩（2020）：《乡情治理：县域社会治理的情感要素及其作用逻辑——基于顺德案例的考察》，《中国行政管理》，第 2 期。

柳冠中（2019）：《设计是"中国方案"的实践》，《工业工程设计》，第 1 期。

李文钊（2019）：《党和国家机构改革的新逻辑——从实验主义治理到设计主义治理》，《教学与研究》，第 2 期。

马谨（2013）：《延伸中的设计与"含义制造"》，《装饰》，第 12 期。

王名、王玉宝（2019）：《关于社会治理及其现代化的战略思想》，《社会政策研究》，第 4 期。

杭间（2010）：《设计的民主精神》，《装饰》，第 7 期。

Tim Brown、Jocelyn Wyatt、王津旭（2015）：《社会创新如何运用设计思维》，《中国社会组织》，第 16 期。

杨光斌（2017）：《关于国家治理能力的一般理论——探索世界政治（比较政治）研究的新范式》，《教学与研究》，第 1 期。

杨立华（2018）：《有限制度设计：一种中道制度设计观》，《北大政治学评论》，第 2 期。

尹稚（2013）：《健康城镇化：从数量增长到质量提升——城镇化战略重点的调整》，《城市规划》，第 3 期。

祝贺、唐燕（2019）：《英国城市设计运作的半正式机构介入：基于 CABE 的设计治理实证研究》，《国际城市规划》，第 4 期。

张克中（2009）：《公共治理之道：埃莉诺·奥斯特罗姆理论述评》，《政治学研究》，第 6 期。

张潮、王竟婳（2019）：《童年的未来：儿童的公共参与和公共空利评论》，第 1 期。

于静、赵璐（2017）：《设计视角下体验服务设计研究》，《艺术工作》，第 3 期。

吴翔（2020）：《用健康设计迎接新文明的到来——读〈健康设计思维与方法〉》，《服装学报》，第 1 期。

娄永琪（2015）：《转型时代的主动设计》，《装饰》，第 7 期。

Buchanan, R. (2001), "Design Research and the New Learning", *Design Issues*, (4).

Carmona, M. (2016), "Design Governance: the Orizing an Urban Design Sub-field", *Journal of Urban Design*, (8).

Menichinelli, M. (2016), "A Framework for Understanding the Possible Intersections of Design with Open, P2P, Diffuse, Distributed and Decentralized Systems", *Journal of Design Culture*, 3 (01 – 02), pp. 44 – 71.

Ostrom, E. (2007), "A Diagnostic Approach for Going beyond Panaceas", *Proceedings of the National Academy of Sciences of the United States of America*, 104 (2).

Simon, H. A. (1969), *The Sciences of the Artificial*, Cambridge, MA: MIT Press.

Shangraw, R. F. & Crow, M. M. (1989), "Public Administration as a Design Science", *Public Administration Review*, 49 (2).

Walker, R. M. (2011), "Globalized Public Management: An Interdisciplinary Design Science", *Journal of Public Administration Research and Theory*, 21.

# Is Design Governance Possible?: Research on the Innovation Strategy of "UNESCO City of Design" Wuhan from the Perspective of Epidemic Prevention and Control

Yang Zhi, Cai Zhihong & Wang Yubao

[ **Abstract** ] Based on the interdisciplinary perspective of design and public management, combined with the frontier research and case analysis of design governance at domestic and abroad, aiming at a series of social governance problems exposed in the outbreak of COVID – 19 in Wuhan, the "city

91

of design", this paper puts forward the design governance capacity construction driven by design thinking to promote urban social innovation and sustainable development. The paper further puts forward the innovative strategy of developing from "design city" to "design governance city", including aspects of the design governance system, subject, direction, mechanism, resources, opportunity, cycle, tools and frontier, and demonstrates them. Hope to play a certain reference for the city's social governance construction in epidemic prevention and control.

[**Keywords**] Design Governance; the City of Design; Design Thinking; Social Innovation; Epidemic Prevention and Control

（责任编辑：张潮）

# 社会企业共识构建：对社会企业类型学的综述与分析<sup>*</sup>

张　楠　关珊珊<sup>**</sup>

【摘要】 社会企业类型学研究不仅为社会企业的法律合法化提供依据，还能促进社会企业实践中的多元实现路径发展，具有十分重要的研究价值。近年来，国内外学者对社会企业类型划分的研究框架，从原有的美国社会企业类型研究和欧洲社会企业类型研究的二元学派划分，扩展到社会企业光谱学派、欧洲 EMES 理想型社会企业学派、社会创新学派、"社会企业动物园"学派、社会企业起源学派等五大类型。本文以"刺激（stimulus）—机体（organism）—反应（response）"模型（即 SOR 模型）为分析框架，梳理国外社会企业类型学的最新研究成果，并据此构建社会企业类型划分的共识机制，总结社会企业的四种共识类型与四条共识属性。本文具有重要的理论和实践意义，不仅加深了我国学者对社会企业类型学研究的分类标准的了解，也为我国社会企业类型划分的研究和实践提供可借鉴的组织模式和可操作的实践指标，促进我国社会企业发展的多元化和可持续化。

---

* 基金项目：教育部人文社科青年基金项目（19YJC630213），国家自然科学基金项目（71673157）。
** 张楠，北京交通大学经济管理学院讲师，研究方向为企业管理；关珊珊，北京工业大学文法学部讲师，研究方向为社会组织、社会企业。

【关键词】 社会企业；类型学；SOR 模型；社会企业类型；社会企业共识

# 一 引言

随着 20 世纪 70 年代第三部门与政府和企业分隔开来，社会企业及相关概念兴起。根据经济合作与发展组织（Organization for Economic Cooperation and Development，OECD）的定义，社会企业是"任何为公共利益而进行的私人活动，它依据的是企业战略，但其目的不是利润最大化，而是实现一定的经济目标和社会目标，而且它具有一种为社会排挤和失业问题带来创新性解决办法的能力"。公共管理学主要以部门失灵的理论来分析社会企业，从功能的视角分析社会企业兴起的原因。比如，王名和朱晓红（2010）指出，社会企业兼具非营利组织和企业的属性，是一种介于公益与营利之间的企业形态，是社会公益与市场经济有机结合的产物。社会企业试图以市场手段解决社会问题，实现社会效益和经济效益的共赢（俞可平，2007）。因此，中国学者多从"社会－商业"的二元分析视角研究社会企业的类型，限制了社会企业在实践中以多种形式落地（赵萌、郭欣楠，2018）。

其实，影响社会企业兴起及组织类别的因素非常多。社会企业最早在欧洲和美国发展起来，两地由于历史、制度环境、社会环境、社会企业家等因素的差异，形成了不同的社会企业类型，使得当地的社会企业具有典型的地域特色（Defourny & Nyssens，2013）。就欧洲的社会企业起源来看，得益于欧洲的社会经济和团结经济的历史积淀，强调组织发展的可持续性和团体利益的优先性，社会企业的类型来源于企业的社会化和第三部门的可持续化，参与性、利益相关方的协同治理代表了欧洲社会企业典型的社会性特色；而美国的社会企业更偏商业性，20 世纪 90 年代早期开始兴起，以非营利组织的商业资源获取、有效的商业管理模式和社会企业家精神为重点，带有典型的商业气息。

但是，随着社会企业的不断发展，各国学者对社会企业类型的划分不再局限于对比欧洲和美国的社会企业，逐渐根据社会企业本土的社会、文化、政治制度等国家层面的因素，组织自身特色、其他组织向社会企业转变等组织层面的因素，以及组织内社会企业家、社会企业家精神等个人层面的因素，综合考虑适合本地发展的社会企业类型。如此，厘清社会企业的多元类型、突破"商业－社会"的二元划分框架，既有利于深入展开对社会企业的理论探讨，推进国家和地域之间的比较研究，也便于推动社会企业多元形态的实践发展。

剖析社会企业的多元组织形态并进行横向国家比较，以形成全球对社会企业这一新型组织形态的统一认知是十分必要的，但混合性本质使得总结社会企业的核心特征难上加难。本文试图解决这一问题：（1）总结目前国际认同度较高的社会企业类型划分的学派，并基于"刺激（stimulus）—机体（organism）—反应（response）"模型（简称 SOR 模型）梳理不同学派产生的社会宏观背景、应对的机体（组织或企业家）及因具体应对而产生的独特的社会企业类型；（2）基于各个学派的社会企业类型学划分观点，总结各个学派中共识最多的社会企业类型和社会企业类型划分的共识属性，构建社会企业类型学的共识机制。

## 二 多维度视角下的社会企业类型划分

社会企业的概念是一个舶来品，最早见于欧洲和美国学者的研究中，下文就目前国际上的主流社会企业类型学派进行详细阐述，梳理多视角的社会企业类型学的国际研究成果，并以 SOR 模型为分析框架，总结五大学派对社会企业类型的划分。

### （一） 社会企业光谱学派

社会企业光谱学派将"对市场的依赖程度"作为社会企业的基本属性和本质特征并依据其划分不同社会企业类型（Defourny & Nyssens，2017），设计了连续性光谱来代表社会企业在利益追求和社会目标之间的融合程度，光谱的一端是完全追求经济利益的企业，另一端是完全追求社会目标的非营利组织，而两端之间的不同位置代表了社会企业对市场不同程度的依赖，最理想的状态是社会企业位于光谱中间，是一种同时追求社会目标和经济效益的混合性组织。

Dees（1998）最早提出社会企业光谱的概念，并以经营原则和利益相关者为指标，分析社会企业光谱中的非营利组织、社会企业和商业企业的模式差异（见表 1）。他将经营原则划分为经营动机、经营驱动力和经营目标来阐释不同的经营逻辑，又以四种不同类型的利益相关者（受益者、资本方、人力资源、供应商）为标准描述了社会企业在这四个方面的具体特征。社会企业光谱提供了一个社会企业灵活变动的范围，但是没有明确社会企业与两端的非营利组织和商业企业的边界，如此，由社会目标追求和经济效益追求在这七种指标上的组合衍生出无数种社会企业的类型，使得简单直观的光谱无法描述复杂的现实。

**表 1　基于社会企业光谱的非营利组织、社会企业与商业企业模式比较**

| 组织类型 | | 非营利组织<br>纯慈善式 | 社会企业<br>混合式 | 商业企业<br>纯营利式 |
|---|---|---|---|---|
| 经营原则 | 经营动机 | 服务社会 | 混合动机 | 谋取利润 |
| | 经营驱动力 | 使命驱动 | 使命与市场双重驱动 | 市场驱动 |
| | 经营目标 | 创造社会价值 | 创造社会价值和经济价值 | 创造经济价值 |
| 利益相关者 | 受益者 | 免费 | 补助金或全额报酬与免费混合 | 依市场行情支付 |
| | 资本方 | 捐赠和补助 | 低于市场行情的资本或捐款与市场行情的资本的融合 | 具备市场行情的资本 |
| | 人力资源 | 志愿者 | 低于市场行情的报酬或志愿者与付全薪员工的混合 | 支付市场行情的报酬 |
| | 供应商 | 非现金方式的捐赠 | 特定的折扣或物品捐赠与全价货品的混合 | 依市场行情价格收费 |

资料来源：（Dees, 1998）。

Alter 是光谱学派的另一位著名学者，她将 Dees 的光谱发展为"可持续性平衡"的光谱（见图1）。她认为社会企业需要在经济可持续和社会可持续之间找到平衡点，而两点之间的平衡源自对社会改变、社会价值的追求与对经济价值的追求之间冲突张力的互相妥协（Alter，2007）。在传统的非营利组织和传统的营利组织之间存在四种不同程度的"混合实践"（Alter，2007）："有创收活动的非营利组织"（nonprofits with income generating activities）、"社会企业"（social enterprise）、"社会责任导向型企业"（socially responsible business）以及"践行社会责任的企业"（corporation practicing social Responsibility）。前两者以追求社会价值为主要经营目标，后两者依然以追求商业价值为主要目标。Alter（2007）根据社会目标和商业活动的整合程度，将社会企业划分为"使命中心型社会企业"、"使命相关型社会企业"，以及"使命无关型社会企业"；根据社会企业的社会项目和商业活动在实践中的融合程度将其划分为"嵌入式社会企业"、"整合式社会企业"和"外部式社会企业"（见图2）。这种划分已经成为国际上引用较多的关于社会企业类型的划分。

**图1　可持续性平衡社会企业光谱**

资料来源：（Alter，2007）。

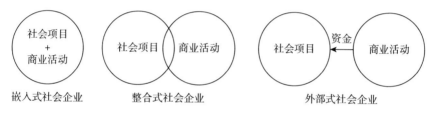

**图2　以社会使命和商业获利融合程度划分的三种社会企业**

资料来源：（Alter，2007）。

　　光谱学派区分社会企业类型的标准依然是以二元属性为基础的，即"社会目标"和"商业手段"，这种二元视角由于其边界的模糊性和过低的区分度，不利于理解社会企业内部差异。首先，光谱之间的边界特别模糊，二元属性其实需要更多的次级指标来区分社会企业。其次，对于指导社会企业这种混合型社会组织的内部治理有很大的局限性，很容易让社会企业的实践者执着于询问"该追求商业价值还是追求社会目标？""该不该盈利？""该不该分红？"等问题，忽视了创新性社会变革和治理结构的能动性。

**（二）欧洲 EMES 理想型社会企业学派**

　　在欧洲，社会企业有很强的合作社（cooperatives）传统。因此除了社会目标和商业手段，参与式治理是欧洲社会企业另外一个特别的属性。欧洲社会企业研究网络（EMES network）提出了三个指标九条具体标准（见表2），供社会企业参考（Defourny & Nyssens，2012）。

表 2　EMES 理想型社会企业指标

| 指标维度 | 标准 |
| --- | --- |
| 经济和企业家指标 | 持续提供产品或服务 |
| | 能够承担相应的市场和经济风险 |
| | 最低水平的有偿劳动 |
| 社会指标 | 明确将造福社会作为主要的组织目标 |
| | 由公众或社会组织倡导 |
| | 利润分配限制 |
| 参与式治理指标 | 高度自治 |
| | 决策权不取决于股份多少 |
| | 多元利益相关者共治 |

资料来源：（Defourny & Nyssens，2012）。

　　EMES 学派最大的贡献之一是打破了原有的"社会－商业"二元模型，将治理因素引入社会企业的核心本质中来，丰富了学术界和实践领域对于社会企业本质的认知。EMES 学派提供了清晰的管理社会企业的办法，对社会企业的管理实践有清晰的指导作用。比如，该学派提出组织内部的民主治理、对经济利润的限制管理以及财务上可以获得会员支持、市场收益以及志愿者带来的非财务支出等支持方面的内容（Young，2007）。但是，这九条标准只有理想型的社会企业才能满足，现实中的社会企业很难全部符合，也不能作为判定社会企业的标准，因此并不能很好地划定不同类型社会企业之间的边界。例如，需要满足几条才算社会企业？或者违反哪一条准则就不能算作社会企业？这些问题很难从定义中找到答案。同时值得指出的是，EMES 的社会企业模式是根据欧洲的社会、经济、文化背景来构建的，具有地域经济文化特性。比如要求社会企业内部的高度民主治理，这降低了对其他国家地区的社会企业发展的借鉴性和适用性。

　　EMES 学派认为与其追求针对社会企业的普适性定义和概念探讨，不如通过对社会企业多元形态和模式的比较和探索，来理解社会企业内部差异性。因此 Defourny 和 Nyssens（2017）根据"利益准则"和"资源获得性"建构出社会企业的发展和类型框架，简称为三角模型（见图 3）。

　　Defourny 和 Nyssens（2017）根据 Gui（1991）的多元经济行为准则（互惠、再分配以及市场）将利益准则划分为互助利益（mutual interest，MI）、公

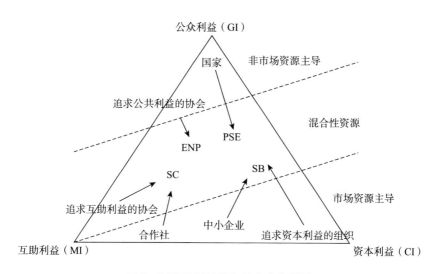

**图 3　制度运行轨线和社会企业类型**

资料来源：（Defourny & Nyssens，2017）。

众利益（general interest，GI）以及资本利益（capital interest，CI），政府、市场和社会的行为受不同的利益准则驱动。除了不同的利益驱动外，市场活动是社会企业区别于其他传统组织的一大特点，市场行为决定了社会企业获得资源的途径。两条虚线代表了对市场资源的不同依赖程度，在多种元素组合的驱动下，传统组织分别以三个不同的利益驱动为起点向中间运动。社会企业就是向上或向下的制度运动的结果：向上运动的制度轨线代表了更关注公众利益，扩大社会影响力；向下运动的制度轨线代表了更加关注增强和增加市场活动和市场资源，来补充收入。

因此，诞生了四种典型的社会企业。（1）具有企业家精神的社会企业（entrepreneurial non-profit，ENP）。这种类型的社会企业产生于有营利活动的非营利组织，原本依赖捐赠或资助收入的组织开始寻求更多的市场收入，用来补充经营支出，或者原本关注会员内部互助利益的协会发展为更加关注公众利益的组织。（2）社会合作社（social cooperative，SC）。原来关注会员利益的互助协会和合作社进化为关注广泛的公共利益的社会型合作社。（3）社会事业（social business，SB）。原本追求以资本利益为主的企业在进化中更加关注公共利益，增加非市场收入，由此逐渐演变为社会事业型社会企业。此种类型的社会企业同时追求社会目标和商业收入目标。（4）公共部门衍生的社会企业（public-sector social enterprise，PSE）。这种类型的社会企业往往源自公共部门机构，受新公共管理运动和公共服务私有化的影响，一部分提供公共服务的部门私有化，变成社会企业。

Defourny 和 Nyssens（2017）划分的四种社会企业类型，既涵盖了社会企业类型的多样性，也体现出各种社会企业类型的资源禀赋、社会使命和治理结构，扩展了 EMES 的九条标准模型，更能涵盖多元的社会企业类型。但是有学者认为，这个模型并没有将一些其他常见的类型或地域性特征明显的社会企业纳入其中，例如一个短期的政府和社会资本的合作项目，或者创新型社会企业（美国地区）。虽然 Defourny 和 Nyssens 只归纳了四种主要的社会企业类型，但是这并不代表他们否认其他社会企业类型。

**（三）社会创新学派与社会企业家精神**

社会创新学派流行于美国的研究领域，该学派认为"创新属性"是社会企业的核心属性，强调社会企业家解决社会问题、满足社会需求的核心作用（伯恩斯坦，2013）。社会创新学派认为社会企业是由信奉熊彼特主义的社会企业家创造的，社会企业是社会企业家的创造性产品，他们运用市场化和非市场化的方法，由此带来破坏性创新，实现社会目标和物质追求的融合。社会企业家具有独特性，他们不仅有企业家独具的我行我素（individualistic）、自立自强（independent）、富有想象力和远见等特征，而且会根据社会、经济条件追求社会目标，实现社会利益和经济利益的再组合与平衡（Chell，2007）。社会企业可以根据国情、社会环境和企业家目的而采取任何形式，可以是营利性组织，也可以是非营利性组织，只要是由社会企业家创造的，并且同时追求市场化和非市场化的目标，就可以称为社会企业（Young，2013）。

这个学派的观点强调了社会创新对社会企业的关键性作用（Mulgan，2007），以及社会企业家、社会企业家精神对社会企业创立和运转的重要意义，这有助于推动社会企业对社会的变革、对社会问题的有效解决，以及社会企业的可持续性发展。但是，该学派并没有清晰地界定创新的含义——是突破式创新（从无到有的创新）还是渐进式创新（将已有观念运用到新的场景）？这不利于对社会企业内涵的清晰界定。此外，该学派没有清晰阐述什么样的人可以称为社会企业家，以及是否所有的社会企业必须具有创新性。这些问题的模糊性将不利于社会企业或相关组织对自身的定位，进而带来社会企业类型研究的不确定性。

### （四）社会企业动物园学派

Young 和 Lecy（2014）认为社会企业不是一个单维度概念，而是存在多种组织形态，并且与其他组织和外界环境互动，因而提出"社会企业动物园"（social enterprise zoo）的概念，分析了社会企业生态与动物园生态的相似之处。社会企业像动物园一样，多种类型的社会企业就像动物园中不同种类的动物，生活在不同园区（宏观环境不同），寻找不同来源的食物（收入来源不同），有不同的行为模式（商业模式不同）、不同的动物饲养员和管理员（政策背景不同），以及不同的生命周期（组织生长周期），等等。不同"物种"之间存在竞争或互补的互动关系，并且动物园的边界将社会企业与外界的经济环境和其他组织分隔开来，形成独特的生态圈。Young 和 Lecy（2014）认为每一类社会企业都可以通过"盈利能力"（profitability）和"社会影响力"（net social impact）两个维度定点在社会效率边界曲线上。例如在曲线下端的动物意味着随着商业利润的增加，其社会影响力下降。"社会效率边界曲线"使得社会企业动物园学派区别于其他类型学，它不仅仅关注组织的经营目标或经营动机，更关注社会企业所创造的社会影响力绩效（Young et al.，2016）。如果社会企业不能同时实现社会影响力净值为正和利润可持续，将不被认为属于社会企业。如图 4 所示，曲线会跨越第一象限，向第二、四象限延伸的部分分别意味着消极的商业效率或消极的社会影响力。也就是说，只有第一象限的"动物"才被认为是社会企业。

进一步，他们通过"社会效率边界曲线"界定了六大类"社会企业动物"：（1）战略性企业社会责任的企业（for-profit business corporations），他们将社会目标作为组织长期盈利的战略部署，以获得社会认可并开辟新的市场，从中获利；（2）社会事业（social businesses），同时追求经济利益和社会目标，包括共益企业（benefit corporation）、灵活目标公司（flexible benefit corporations）、低利润有限责任公司（low-profit limited liability corporations，L3Cs）等；（3）社会型合作社（social cooperatives），以追求广泛的公共利益而不是有限的会员利益为使命的合作社，这种组织建立在传统的消费者和生产者合作社基础上，是欧洲较为流行的社会企业组织形态；（4）经营型非营利组织（commercial nonprofit organizations），以美国的非营利组织为代表，包括大部分的非营利组织，如传统的非营利的剧院、医院、学校、社会服务提供商等（Salamon，2012），靠经济

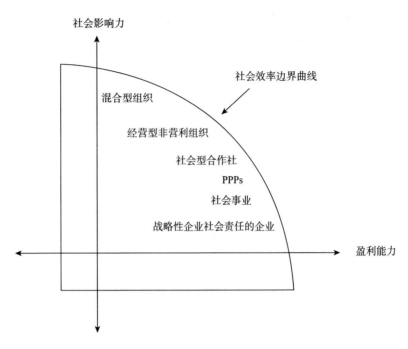

**图 4  社会效率边界曲线**

资料来源：（Young & Lecy，2014；Young et al.，2016）。

活动收入支撑非营利组织运转（如学校收取学费等）；（5）政府和社会资本合作（public-private partnerships，PPPs），以社会目标为导向，包含非营利组织、营利组织和政府机构多元参与的伙伴关系，它包含两个子分类——在伙伴关系中出现的兼具社会目标和商业目标属性的实体平台机构或非实体纽带关系；（6）混合型组织（hybrids）是一种新型组织形式，是不同的公司法律形式的混合，例如英国的社区利益公司（community interest company，CIC），CIC 规定的资产锁定原则和限制分红原则在美国是典型的慈善组织所遵循的原则，但是 CIC 允许私人资本的投资又兼具一般营利性组织的属性。

社会企业动物园学派相比于之前的社会企业类型学派有两方面的优势：第一，建立了社会企业的生态圈，强调不同组织类型之间的互动，以竞争或互补的动物关系代表了组织之间的关联，为社会企业间的合作提供了想象空间；第二，关注社会企业的效益，强调社会企业正向的经济效益和社会影响力，不能同时满足这两个条件的不能称为社会企业，这突出了社会企业这种混合组织形态的独特优势，也强调了社会企业在实际运营中的双向平衡。Young（2007）也一直在强调社会企业的财务可持续性，倡导社会企业动物园中的各种社会企业类型需要采取相应的财务策略（financial strategy），以体现社会企业的经济优势。

### （五）社会企业起源学派

Kerlin 是社会企业起源学派的著名学者，她从制度主义和社会起源理论出发，阐释了宏观制度环境对于繁衍社会企业类型的决定性作用。Kerlin（2013）认为不同国家或地区不同的政治体制、经济发展和国家创新程度、市民社会发育程度以及文化社会因素共同影响了社会企业，使其产生多种类型（见图5）。其中，文化社会因素（例如集体主义/个人主义和风险规避偏好）对于国家政治体制有不可估量的作用，而政治体制对于经济发展和市民社会的发育程度有决定性作用。因此 Kerlin（2013）根据"经济发展和国家创新程度"和"国家市民社会发展程度"（civil society）两个基本属性将可能培育出的社会企业划分为四种类型（见表3）。

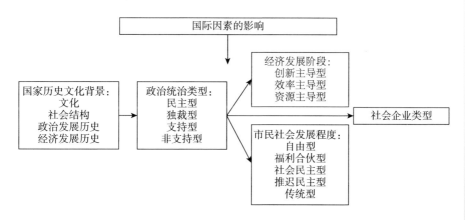

**图5　社会企业起源宏观因素影响路径**

资料来源：（Kerlin，2013）。

第一种是自发的共生性社会企业（autonomous mutualism），诞生在后威权主义类型的市民社会中，填补了经济发展和国家福利之间的政策空白。这种社会企业更像是一种为了被经济发展和国家分配边缘化的人群，自发形成对抗权威的社会运动，比如阿根廷和乌克兰。第二种和第三种分别是依赖型社会企业（dependent focused）和陷入型社会企业（enmeshed focused），这两种类型主要出现在主流福利国家中，依赖于国家财政生存。前者仅仅活跃在国家财政支持的部分公共服务领域。陷入型社会企业比依赖型社会企业的类型和数量更少，仅仅存在于少量国家优先发展行业。第四种类型的社会企业是多重自主性社会企业（autonomous diverse），这种类型的社会企业有最大限度的自主性，因为它们广泛存在于小型福利国家中，与此同时，创新主导的经济环境也为该类型的社会企业提供了较大的发展空间和可能性，比如美国。

但是 Kerlin 关于社会企业类型的区分并没有考虑中观和微观层面，即国家内部的分化和区别，也忽略了除以上四种因素以外的其他环境因素，对于理解微观社会企业运营和模式有一定的局限性（Defourny & Nyssens，2017）。

表 3 社会企业的起源标准与类型

| | | 经济发展和国家创新程度 | | |
| --- | --- | --- | --- | --- |
| | | 资源主导型（factor-driven） | 效率主导型（efficiency-driven） | 创新主导型（innovation-driven） |
| 国家市民社会发展程度 | 自由型（liberal） | - | - | 多重自主性社会企业，如美国 |
| | 福利合伙型（welfare partnership） | - | - | 依赖型社会企业，如意大利、德国 |
| | 社会民主型（social democratic） | - | - | 陷入型社会企业，如瑞典、奥地利 |
| | 推迟民主型（deferred democratization） | - | 自发的共生性社会企业，如阿根廷、乌克兰 | （过渡期）如斯洛伐克 |
| | 传统型（traditional） | - | （过渡期）如南非 | |

资料来源：（Kerlin，2013）。

### （六）基于 SOR 模型的整合

"刺激（stimulus）—机体（organism）—反应（response）"模型是环境心理学领域关于环境对个体行为的主要研究框架（Mehrabian & Russell，1974），该模型认为个体接受刺激后，会激发内在的情感，进而产生外在的行为反应。该模型自 20 世纪 80 年代起被应用到消费者行为、心理认知等多个微观行为研究领域，也可用在以组织为机体的中观行为研究领域，以解释环境刺激对组织形成和行为的影响及其原理。本文将基于 SOR 模型研究不同国家、不同宏观和微观环境下，社会企业及社会企业家的应对措施，以创造出不同的社会企业范式，为理解多个学派的社会企业类型划分提供宏观理论框架。

本文基于 SOR 模型梳理了以上五大社会企业类型学派的主要观点，以及各种社会企业形成的外部环境刺激、组织或企业家的应对和应对后形成的差异化的社会企业类型，以更清晰的理论框架理解不同学派对社会企业类型的划分（见表4）。

表4　基于 SOR 模型视角梳理社会企业类型各大学派主要观点

| 学派 | 主要观点 | SOR 模型分析视角 |
| --- | --- | --- |
| 社会企业光谱学派 | 以连续性光谱来代表社会企业利益追求和社会目标之间的融合程度，划分不同类型的社会企业 | S：对市场依赖程度<br>O：组织<br>R：在纯慈善式的非营利组织和纯营利性的商业企业之间的范围内，出现多种社会企业类型 |
| EMES 理想型社会企业学派 | 除了社会企业的商业性和社会目标外，EMES 强调合作社传统保留的参与式治理，将治理因素引入社会企业的核心本质中 | S：欧洲的合作社传统与参与式治理，市场和社会受不同的利益（互助利益、公众利益、资本利益）准则驱动<br>O：组织<br>R：具有企业家精神的社会企业、社会合作社、社会事业、公共部门衍生的社会企业 |
| 社会创新学派 | 社会创新属性是社会企业的核心属性，而社会企业家在其中起关键作用，社会企业是社会企业家的创造性产品 | S：社会创新需求<br>O：个人（社会企业家）<br>R：由社会企业家创造的、同时追求市场化和非市场化目标的组织就可以称为社会企业 |
| 社会企业动物园学派 | 社会企业是一个多种组织共同组织、与其他组织和外界环境互动的多组织形态，在不同宏观环境下寻找不同的商业模式，并最终形成不同环境下的独特生态圈 | S：不同宏观环境，组织间的互动形成生态圈<br>O：组织<br>R：战略性企业社会责任的企业、社会事业、社会型合作社、经营型非营利组织、PPPs、混合型组织 |
| 社会企业起源学派 | 从制度主义和社会起源理论出发，阐释了宏观制度环境对于繁衍社会企业类型的决定性作用 | S：宏观制度环境，如不同国家或地区不同的政治体制、经济发展和国家创新程度、市民社会发育程度、文化社会因素等<br>O：组织<br>R：自发的共生性社会企业，依赖型社会企业，陷入型社会企业，多重自主性社会企业 |

# 三　社会企业类型学的共识机制

上文总结了国内外学者对社会企业类型的多种研究成果，对不同的国家及地区的历史、文化、社会、经济等条件塑造的不同社会企业类型进行阐述和分析，并以 SOR 模型为分析框架梳理了五大学派对社会企业类型的划分和影响划分因素。但是，各国和地区的历史和现状等外部环境存在很大差异，不易形成共识性的社会企业类型。因此，本文通过寻找各大学派观点的共通之处，探究社会企业类型的共识机制：（1）在组织层面归纳出四种国内外研究中公认的社会企业类型，包括公共部门发起或由公共部门转型的社会企业、经营性非营利组织、社会合作社和社会事业；（2）从这四种主要的社会企业类型中提取出主流学派对于社会企业类型划分的共识标准，即社会目标、商业手段、治理结构和财务指标等核心属性。

**（一）四种共识社会企业类型**

表 4 整理出现有五大社会企业类型学派对社会企业组织划分形式的核心观点和组织类型反映。在此基础上，我们寻找各大学派关于社会企业类型的最大公约数，即组织类型的共同认知，进而总结出四种公认的社会企业类型，分析其核心特点和典型模式，并梳理了现有五大学派在各个公认类型中的对应组织形态。目前国际公认的社会企业主要包括以下四种：公共部门发起或由公共部门转型的社会企业、经营性非营利组织、社会合作社和社会事业（见表 5），这四种社会企业在社会属性、商业属性和治理结构上都有不同程度的区别。本文将结合中国社会企业的实践案例分析这四种共识社会企业类型的具体应用，为中国社会企业类型学发展提供理论和实践经验。

1. 公共部门发起或由公共部门转型的社会企业，主要是指由于政府财政紧缩，为减少公共服务开支而发起或将一部分公共部门转型的社会组织。这类组织的主要目标和功能是承担公共服务供给工作，解决社会问题，收入主要来源于政府购买或者政府财政预算。在我国这一类社会企业主要是指由公益类事业单位转型的社会企业，特别是由市场配置资源的公益二类事业单位。公益类事业单位是辅助政府部门提供社会公益服务的重要组织，然而公益二类事业单位在改革中面临公益职能弱化、公益能力不足、资金不足、资源配置效率低下等问题。施从美（2018）考察了苏州三家公立医院 2003 年后向社会企业转型的发展历程和运营模式。转型后的三家医院的组织性质变为非政府主办、非营利性机构，其中两家医院 2016 年后注册为营利性机构，三家医院均以提供非营利性医疗服务为运营目标，比较符合社会企业的概念。

表5 社会企业的四大共识类型

| 类型 | 核心特点 | 典型模式 | 主流学派对应类型 | | | | |
|---|---|---|---|---|---|---|---|
| | | | 社会企业光谱学派 | EMES理想型社会企业学派 | 社会企业动物园学派 | 社会创新学派 | 社会企业起源学派（Spear, et al., 2009）* |
| 公共部门发起或由公共部门转型的社会企业 | ·政府转移公共职能 ·外包公共服务 | ·公益类事业单位 ·政府和社会资本合作（PPPs） | | ·公共部门衍生的社会企业 | ·政府和社会资本合作 | ·无特定组织类型 | ·衍生的公共机构 |
| 经营性非营利组织 | ·以向市场和客户收费为主 ·赚取收入为主要目的是服务于社会使命 | ·工作整合型社会企业（WISE） ·非营利组织下设的营利部门（如博物馆纪念品商店） ·以市场收入为主的非营利组织（学校、医院） | ·有创收活动的非营利组织 | ·具有企业家精神的社会组织 | ·经营型非营利组织 | ·无特定组织类型 | ·营利性慈善组织 |
| 社会合作社 | ·民主治理体系 ·公共利益而非会员利益优先 ·单一或者多元股东的治理 | ·农业专业合作社 ·生产或消费合作社 ·妇女或手工合作社等 | | ·社会合作社 | ·社会型合作社 | ·无特定组织类型 | ·互助组织 |

建构社会企业共识性的企业类型学……对社会企业类型学的综述与分析

续表

| 类型 | 核心特点 | 典型模式 | 主流学派对应类型 | | | | |
|---|---|---|---|---|---|---|---|
| | | | 社会企业光谱学派 | EMES 理想型社会企业学派 | 社会企业动物园学派 | 社会创新学派 | 社会企业起源学派（Spear, et al., 2009）＊ |
| 社会事业 | ·公司形态 ·公共利益为主要目标 | ·提供养老、环保等公共物品或公共服务的企业 ·公平贸易企业和小额信贷 ·战略性企业社会责任、共益企业 | ·社会企业 ·社会责任导向型企业 | ·社会事业 | ·社会事业 ·战略性企业社会责任的企业 | ·无特定组织类型 | ·新型社会企业 |

注：＊由于 Kerlin（2013）是从宏观制度环境角度划分了不同类型的社会企业，其他学派更多的是从微观视角划分，因此，此表选取了社会企业起源学派的其他代表人物 Spear 等（2009）的划分方法。

2. 经营性非营利组织，是指在市场上销售商品或服务，并以此获取收入的非营利组织。除了市场经营收入，这类组织的收入还包含来自政府和捐赠的收入，属于典型的混合性收入组合。但其市场经营性收入主要是为了实现社会目标，而不是股东利益最大化。例如博物馆开设的纪念品商店，其主要经营收入用于维系博物馆的正常运营。

中国的善淘网是典型的经营性非营利组织。善淘网是2011年3月成立的国内首家线上慈善商店，将"电子商务"和"慈善商店"结合起来，打造一个创新的"公益+商业"的模式。善淘网在上海市民政局登记为民办非企业单位，坚持"盈余不用于分红的社会价值导向"，保证其合法性。善淘网的主要业务模式是鼓励人们将闲置物品捐赠给善淘网在线义卖，而义卖所得资金将全部用来解决残障人士的培训就业和社会融入问题。善淘网的收入来源分为两类：一是自营性收入，主要是捐赠物品和公益产品的销售收入，约占80%；二是公益捐助收入，约占20%。善淘网的商业模式是通过出售二手捐赠物品而获得收入，其社会使命是帮助残疾群体获得就业机会，尽管其商业活动和社会使命并非完全一致，但其收入将直接用于为残障人士提供就业岗位和职业培训，而非股东利益最大化，出售二手捐赠物品只是为了帮助机构完成社会使命，收入主要作为资金池而存在，属于典型的经营性非营利组织。

3. 社会合作社，即以公共利益为主要诉求的合作社形式，而非传统的以会员利益最大化为主的传统合作社。这种类型常见于欧洲地区，例如服务农民或手工业者的农专合作社和手工业者合作社。

北京市七彩缘编织专业合作社可作为代表。北京市七彩缘编织专业合作社是以带动当地留守妇女和失地妇女就业、培训妇女就业技能为主要使命的手工业合作社。自2008年成立以来，多次获得国家农民合作社示范社和北京农民专业合作社市级示范社的荣誉。该社最初为单一来料加工，目前已经逐渐走上集自主研发、培训、加工、销售为一体的产业发展之路，并注册商标"姐妹缘"，生产和出售各种服装装饰品、手工床上用品、手工盆景和挂件等等。除此之外，七彩缘编织专业合作社还致力于培养课外辅导员，丰富中小学的手工课内容，其培训室和展厅被推选为通州区未成年人培训基地。七彩缘编织专业合作社是典型的社会合作社，其所追求的不仅仅是社员的利益最大化，更是为广大的失地妇女、留守妇女、残疾妇女解决就业问题，具有明显的社会性。

4. 社会事业。这是目前全球存在最为广泛的社会企业类型。这类社会企业注册为公司形式，主要或全部依靠市场经营收入，提供具有社会价值属性的服务或产品，并努力在创收和实现社会价值之间寻找平衡。这类社会企业最具有混合价值属性，可以有多种模式，例如提供养老、医疗、环保服务的企业，或者提供公平贸易和小额信贷服务的企业等。

中和农信是国内首批专注农村市场的小微金融机构，是 2008 年 11 月中国扶贫基金会的小额信贷扶贫项目转制成立的小额信贷社会企业，其产品和服务兼具商业价值和社会价值，是典型的社会事业型社会企业。其主要宗旨是为不能充分享受传统金融机构服务的农村中低收入群体量身定制小额信贷、保险、投资、电商等多方位服务，以帮助他们发展产业，增加收入，提高生活水平，以"打通农村金融最后 100 米"为机构的社会使命。中和农信的经营包含了商业价值和社会价值，具有典型的混合价值属性。中和农信的收入全部来源于市场经营，为众多农村中低收入群体提供多样化的金融服务，覆盖了大量贫困地区农户，缓解了当地资金困难，有效增强了贫困家庭的内生动力。

**（二）社会企业的共识属性**

在总结出四种社会企业共识类型的基础上，本文继续分析这些社会企业类型的共识属性。我们选取了六方面的社会企业核心特征属性：社会企业的主要目标，法律形式，收入来源，分红限制，组织治理和组织创新性。分析了五大社会企业类型学派在以上核心属性上的具体表现和关注点（见表6）。此核心特征属性的选择有两方面的依据。第一，EMES 理想型社会企业学派对理想社会企业划分中的民主性、商业性、社会性三方面的指标要求，受到全球实践界和学界的普遍认同，而本文的共识属性指标符合 EMES 的这个核心指标，具体来说，主要目标符合社会性，可持续的商业模式、收入来源等符合商业性和市场性，组织治理具有民主性。第二，相关学者在之前的研究中也多次提及类似的特征属性，佐证了本文提出的特征属性。比如，保障社会企业社会使命稳健的治理结构（Huang，2007）、利润分配模式（Galera & Borzaga，2009）和身份认同（Rivera-Santos et al.，2015）等。值得指出的是，不同的学派在各自指标上的要求不同，这六方面指标并不满足所有学派的要求，比如组织创新性。

表6　社会企业共识类型的操作性分类属性分析

| 共识类型 | 公共部门发起或由公共部门转型的社会企业 | 经营性非营利组织 | 社会合作社 | 社会事业 |
|---|---|---|---|---|
| 主要目标 | 提供公共服务 | 社会目标 | 公共利益而非会员利益 | 社会目标和经济目标 |
| 法律形式 | 非营利组织 | 非营利组织 | 营利性组织 | 营利性组织 |
| 收入来源 | 政府购买或资助 | 混合模式 | 市场为主 | 市场经营收入 |
| 分红限制 | 限制分红 | 限制分红 | 限制分红 | 无特定要求 |
| 组织治理 | 无特定要求 | 非营利组织治理 | 单一或多元治理结构 | 无特定要求 |
| 组织创新性 | 无特定要求 | 无特定要求 | 无特定要求 | 无特定要求 |

资料来源：笔者整理。

　　通过表6的总结和梳理，我们发现四类社会企业共识类型在四个方面的具体属性指标上达成共识，因此，本文认为社会企业的共识属性包括：（1）社会目标优先，且以追求公共利益和解决社会问题为主；（2）混合型组织形态，既可是非营利组织，亦可是营利性组织；（3）具有可持续的商业运营模式，即不以依赖捐赠为主的收入模式；（4）具有限制分红或其他稳健性标准来保证其社会目标不漂移。这四条特征上的共识代表了国内外主流学者对于社会企业混合性特征的认知，可用于社会企业的具体判断。

### （三）构建社会企业共识对我国社会企业的影响

　　本文希望通过梳理出社会企业分类的共识组织形态（类型）和组织特征（属性），为我国社会企业建立和发展过程中的组织形式和影响因素研究提供一定借鉴。首先，我国社会企业实践的现状，突出特点是处于发展初期，社会企业成立时间短、收入有限，因而本文对国外学派经验的总结和共识的构建对于指导我国处于发展初期的社会企业发展具有一定的作用。根据中国社会企业与影响力投资论坛和南都公益基金会共同编制的《中国社会企业与社会投资行业扫描调研报告2019》，从成立时间看，44%的社会企业成立于2015年及以后；从收入来看，我国社会企业的规模较小，71%的社会企业收入不到50万元。可见，我国社会企业发展处于初期阶段，借鉴国外社会企业类型研究的成果和共识模式，对促进我国社会企业的发展有重要意义。

　　其次，构建社会企业共识类型并总结其特征对于我国社会企业的理论研究有很强的指导意义，同时对于指导我国社会企业的分类有一定的实践意义。从理论上看，虽然社会企业及相关概念已经在全球发展了几十年，但学术界和实践领域对于社会企业的定义和特征仍然没有达成共识，这不仅限制了对社会企业进一步的研究，也限制了国际比较的可能。因此，梳理社会企业的类型学研究可以识别不同类型的社会企业的核心特征，并通过全部特征或部分特征的重新组合展现社会企业实践类型的多种可能，促进学者多维度认识社会企业，为我国社会企业发展提供合法性理论依据，培育社会企业多元类型研究的立体性，鼓励我国社会企业的原生成长和多种类型的组织形态向社会企业转变。从实践上看，本文分析的社会企业的共识类型和属性为促进社会企业发展提供了多层级、多视角的着力点，有利于政策制定者、社会企业管理者等从多个维度进行资源供给和匹配，探究我国社会企业的多元生长空间，也有利于相关机构有针对性地进行后期的监督和管理，对不同类型的社会企业家"因势利导"，促进社会企业的多样形态的发展。

总的来说，本文希望通过总结国内外学者对社会企业类型学的主要研究成果，明晰社会企业在多种社会经济环境下的多种组织形式，提取出社会企业的共识类型和属性，为我国研究社会企业的学者提供多元认识视角，也为我国社会企业的具体实践提供可操作的借鉴模式和指标，以促进我国社会企业的理论研究和实践发展。

## 参考文献

〔美〕戴维·伯恩斯坦（2013）：《如何改变世界：用商业手段更好地解决社会问题》，张宝林译，北京：中信出版社。

施从美（2018）：《事业单位的强主导性与社会企业的缓慢成长——兼议苏州三家公立医院转型的试点改制》，《理论探索》，第 2 期。

王名、朱晓红（2010）：《社会企业论纲》，《中国非营利评论》，第 2 期。

俞可平（2007）：《发展社会企业，推进社会建设》，《经济社会体制比较》，第 11 期。

赵萌、郭欣楠（2018）：《中国社会企业的界定框架——从二元分析视角到元素组合视角》，《研究与发展管理》，第 2 期。

Alter, K. (2007), "Social Enterprise Typology", *Virtue Ventures LLC.*

Chell, E. (2007), "Social Enterprise and Entrepreneurship: towards a Convergent Theory of the Entrepreneurial Process", *International Small Business Journal*, (25), pp. 5 – 26.

Dees, J. G. (1998), "Enterprising Non-Profits", *Harvard Business Review*, 76 (1), pp. 54 – 66.

Defourny, J. & Nyssens, M. (2012), "*The EMES Approach of Social Enterprise in a Comparative Perspective*", EMES Working paper 12/03.

—— (2013), "Social Innovation, Social Economy and Social Enterprise: What Can the European Debate Tell Us?", In *The International Handbook on Social Innovation. Collective Action, Social Learning and Transdisciplinary Research*.

—— (2017), "Fundamentals for an International Typology of Social Enterprise Models", *Voluntas*, 28 (6), pp. 2469 – 2497.

Galera, G. & Borzaga, C. (2009), "Social Enterprise: An International Overview of Its Conceptual Evolution and Legal Implementation", *Social Enterprise Journal*, 5 (3), pp. 210 – 228.

Gui, B. (1991), "The Economic Rationale for the 'Third Sector'", *Annals of Public and Cooperative Economics*, 62 (4), pp. 551 – 572.

Huang, H. (2007), "Community-led Social Venture Creation", *Entrepreneurship Theory and Practice*, 31 (2), pp. 161 – 182.

Kerlin, J. (2013), "Defining Social Enterprise across Different Contexts: A Conceptual Framework Based on Institutional Factors", *Nonprofit and Voluntary Sector Quarterly*, 12 (1), pp. 84 – 108.

Mehrabian, A. & Russell, J. A. (1974), "An Approach to Environmental Psychology", Massachusetts: MIT Press.

Mulgan, G. (2007), *Social Innovation. What It Is, Why It Matters and How It Can Be Accelerated*, London: Young Foundation.

Rivera-Santos, M., et al. (2015), "Social Entrepreneurship in Sub-Saharan Africa", *Academy of Management Perspectives*, 29 (1), pp. 72 – 91.

Salamon, L. A. (2012), *The State of Nonprofit America*, Bookings Institution Press.

Spear, R., et al. (2009), "The Governance Challenges of Social Enterprises: Evidence from a UK Empirical Study", *Annals of Public and Cooperative Economics*, 80 (2), pp. 247 – 273.

Young, D. R. (2007), *Financing Nonprofits: Putting Theory into Practice*, New York: AltaMira Press.

—— (2013), *If Not for Profit, for What? A Behavioral Theory of the Nonprofit Sector Based on Entrepreneurship*, Lexington, MA: Lexington Books.

Young, D. R., et al. (2016), *The Social Enterprise Zoo: A Guide for Perplexed Scholars, Entrepreneurs, Philanthropists, Leaders, Investors, and Policymakers*, Edward Elgar Publishing.

Young, D. R. & Lecy, J. D. (2014), "Defining the Universe of Social Enterprise: Competing Metaphors", *Voluntas*, 25 (5), pp. 1307 – 1332.

# Consensus of Social Enterprise: Literature Review and Analysis of Social Enterprise Typology

Zhang Nan & Guan Shanshan

[ **Abstract** ] Typological research on social enterprise is of significance in broader areas where it could provide evidence for the institutionalization and legitimacy of social enterprise, and it could promote the multiple pathways for social enterprise in practice. Researches on social enterprise typology has expanded from a dualistic school of thoughts between the US context and the European context, to a pluralistic school of thoughts including the spectrum school, the EMES school, the social innovation school, the social enterprise zoo, and the social origin and institutional school. This paper employed the Stimulus-Organism-Response (SOR) model as the analytical framework to review the latest international research of social enterprise typology. This paper aims to clarify the consensus of social enterprise in terms of approved models and principles, through clarifying the state of the research framework of several schools of thoughts. This paper has important theoretical and practical significance, which not only deepens our understandings of the clarification criteria of social enterprise typology, but also provides insights for Chinese social enterprise classification research and eventually to facilitate the localization and sustainability of Chinese social enterprises.

[ **Keywords** ] Social Enterprise; Typology; SOR Model; Social Enterprise Model; Social Enterprise Indicators

（责任编辑：李长文）

# 国家与社会之间的自主科层：以残疾人专用机动车运营冲突中的某地方群团组织为例

石汀松[*]

**【摘要】** 既有研究将群团组织定位为国家助手抑或社会代理，很少关注组织本身的自主性需求和行为。本文以"当政府目标与残疾人利益发生张力时，群团组织代表残疾人积极游说政府的动力"为问题，深描残疾人专用机动车运营冲突，论证残疾人群团积极向政府游说的目标在于维护组织利益：残疾人机动车业务能为组织发展提供自主资金，辅助组织扩张，进而以游说为杠杆向政府撬动更多政治资源。本文尝试以"自主科层"概念来建构国家社会关系中群团的角色与功能，群团的科层化使组织利益逐渐取代群众利益，并具备一定程度的政治自主。随后对自主科层的潜在利弊做了一定阐释。

**【关键词】** 群团组织；自主科层；政策倡导；游说行动；组织自主

---

\* 石汀松，浙江大学社会学博士研究生，研究方向为政治社会学、组织社会学。

# 一 问题：当政府目标与群众利益发生张力时群团组织为何愿意代表群众向政府游说

群团组织能在多大程度上代表社会群体利益一直受到国内外学者的关注，并逐渐浓缩成群团的自主性难题（White，1993；Unger & Chan，1995）。从理论上讲，群团组织应成为自主维护社会利益的市民组织（邓正来、亚历山大，2002），现实中群团组织往往成为国家管制社会的工具（Korhauser，1959；康晓光、韩恒，2008）。出于社会治理需要，纳入法团结构的群团试图摆脱结构依赖和零和博弈的双重困境（张静，2001），作为制度性中介调解国家与社会利益冲突（Zhang，1997）。亦官亦民的中间形态催生强调守法主义与阶级妥协的实用主义逻辑（Chen，2003），群团行为逐渐趋向保守，脱离于相对激进的社会群体，形成群团行为与民间自发行为之间的分裂（Chen，2010）。群团组织尽管被赋予一定自主权，其组织行为仍然远离群众切身利益，并不寻求权利产出，是利益协调而非利益代表（Manion，2014）。

对此，许多学者重申国家对群团的制度性钳制造成群团自我认知困境，该解释重新回到问题原点：群团是国家部门还是社会组织，抑或拥有双重身份？一些研究将群团定性为准行政部门或党的外围组织，政府和群团官员则认定群团非党非政府，更多研究以社会组织来定位群团，然而从志愿性、非营利性和民主参与等广义社会组织的标准来看，工会、残联等全国性垄断群团却是采取会员强制、效率经营庞大产业、程序理性主导的超级科层组织（Child et al.，1973；Kohrman，2005）。双重属性也不足以解释群团组织与政府间的不同程度龃龉、批评甚至对抗（Unger and Chan，1995）。

组织研究者不再满足于国家社会关系下的结构性定位难题，借鉴民间社团自主研究（如纪莺莺，2010；王诗宗、宋程成，2013；黄晓春、嵇欣，2014；等等），从组织自主角度突破以上研究回路。首先，群团组织并不追求独立于政府，而是希冀作为混合组织获取国家与社会的双重优势，因而自主的群团未必会成为市民组织（White，1993）。经过对结构性依赖与功能性自主两个概念的反思和区分（Lu，2009），探索事实上的行为自主成为一种风潮。随后，传统国家社会关系理论中的两分法假定受到进一步批判（Perry，1994；吴建平，

2012），群团研究不再关注利益冲突与站队，逐渐转向如何利用体制内优势影响政府政策，组织的政治依附性反而有助于获取更多组织所需的资源和能力。其次，探讨群团组织本身的自主意愿。以往宏观理论有意将群团解释为谋求利益的工具和媒介，不仅存在结构决定论色彩，造成组织本身缺席，也易走向功能主义陷阱，因为任何组织都希望控制外部环境。新近研究逐渐将群团纳入系统的制度研究中，视群团组织为能动的行动者（王珍宝，2015）。对群团自主的注意点逐渐转向组织内部而非外部需求（佟新，2005；韩恒，2005）。群团自主被重新定义，并着意于管理学层面转化，如管理自主、维权自主（姚洋、钟宁桦，2008；姚先国等，2009）等。

既有群团研究偏向于基于政策文本的静态概念建构，而非放置于动态环境中的互动分析。从组织常规运营程序中并不能简单推导出组织自主，往往最终推导出组织的精英自主（如王向民，2018 等），组织自主需要从多元角色利益的冲突与互动中剥离出来。近些年来民间社团自主研究越来越关注制度环境与策略行动之间的交互（如黄晓春，2015；纪莺莺，2016，2017；等等），尤其是政策倡导文献（李朔严，2018；闫泽华，2018；张潮，2018；杨佳譞、孙涛，2019；等等），基本着眼于回避直接冲突和利用制度缝隙，且组织自主暗含了公共性假设或走向。我国群团有着不同于民间组织的制度环境及行动能力，去冲突的群团实践欠缺政治旨趣，其组织自主是否导向公共性值得商榷，尚待以新视角拓展旧问题：在既有的制度约束下，当政府目标与群众利益产生张力时，群团组织为何愿意代表群众积极向政府游说？

对本文资料来源与研究设计的说明。首先，机缘巧合下笔者取得了 X 省残疾人群团组织的实习机会，经过半年无预设的参与式观察，遍览组织文件后，笔者发现该组织对残疾群体在机动车问题上的支持和动员很不寻常，进而在经验与文献双重冲击下形成问题意识。随后笔者联系其他层级（包括中央层级和 X 省下属三个区级分支）展开调研进而形成系统归纳（以下将各级残疾人群团统称为 A 组织），调研采取一对一深度访谈形式，访谈对象包括 A 组织官员和残疾车主，前者分为常人官员和残疾官员，后者分为民间残疾领袖和普通残疾人，访谈聚焦以下问题：描述冲突中各方态度、行为及变化；评价 A 组织在冲突中的作用与角色；拟解释各方在冲突中的行为动机及变化原因。为保证资料的客观性和真实性，笔者参阅大量历史文献、政策文本和统计数据，结合政府官员访谈，生成能三角互辩的证据链。其次，本文的因果探索问题既质疑以往理论也受制于离散经验，基于田野调查的深度案例法适合激发对新观点的探究（McGrath，1979；Edmondson & Mcmanus，2007）。中央群团研究较少，敏感主题限制资料收集，个案便于获取原始材料也能深入详细地呈现社会要素的复杂交互（渠敬东，2019）。个案选择以典型性为标准（王宁，2002），从而在整体把握基础上反映整体特质（朱天飚，2015），以此控制机制有意选择的反常案例（Teune & Przeworski，1982；耿署，2019），能够反验、补充、激活和深化既有研究（Yin，1994；杨善华、孙飞宇，2005）。A 组织案例的特殊性在于其动员群众向政府施压的动力来自组织利益，而非社会压力和精英选择。最后，在论证策略上，本文采用适于个案的时序定性比较分析（time-series qualitative comparative analysis）（Hino，2009）。此法勾连时间因素和定性比较在因果序列中的作用，在跨时间的连续过程中观察不同因素变化对结果的影响，剥离出相对真实的因果关系。在文献回顾和案例分析中，本文将工会与 A 组织谋求自主的具体过程划分为多个标的明确的时段，比较制度、精英、群众和组织等因素是否参与结果共变，发现组织利益始终参与了 A 组织的游说和施压行动，以此推导两者因果关系，并对发生机理做进一步阐述。

## 二 群团利益游说的动力：从环境压力到组织需求

英语世界中压力集团概念被不断扩展，代表不同利益诉求的地方政府和部门也被纳入压力集团概念内，群团组织被视为社会主义压力集团无可厚非（Skillings & Griffiths，1971；徐家良，2004）。既有文献一般认为利益诉求和政治机会驱动着压力集团的游说行动（Richter et al.，2009），群团组织面对国家权力时相对弱势，对社会利益缺乏敏感性，因而文献主要集中于政治机会方面。

第一种常见解释在于宽松的政治环境。一般认为，随着国家控制的减弱，群团组织能够代表社会利益。典型的案例来自东欧经验和波兰教训（Wilson，1990；Kaufman，2007）。当国家注意力由政治斗争转向经济改革时，政府有条件授予工会更多代表权力（Pravada & Ruble，1986）。历史上中国总工会曾多次号召回归自主功能，被认为是由于时局不稳定（Unger & Chan，1995）。

经验表明国家依然保持强势。随着技术性管理取代总体性支配，国家管控能力事实上得到更精细的提升。游正林翔实考察了工会历史上三次组织能力改革，认为政治宽松仅仅造成工会对于工人利益的偏离，反而当党加强对工会领导时，工会才愿意代表工人向政府进言（游正林，2010）。许多研究者往往将群团自主行动作为国家放松控制的潜在判断依据，进而用宽松政治环境来解释群团自主行为，无疑陷入循环论证。

第二种解释来自政治吸纳的反作用。为维护制度稳定，政府将群团作为吸纳地方精英的组织容器，然而被吸纳的精英可能会改变组织本身的目标和行为方向（Selznick，1949）。组织中的代表有时候会与党委意见很不一致，甚至当危及代表群体利益时其以顶撞、批评、修改法规等方式来维护本群体利益（Kamo & Takeuchi，2013）。群团组织可能成为民主运动的代言人，如 20 世纪 80 年代末期工会和共青团由社会群体占据，一度成为社会抗争的重要阵地（Ding，1994a）。海贝乐发现中国私有企业群体在工商联中越来越重要的变革潜能，然而其缺乏整体性变革政治体系的意识，目前并未成为能动的、民主的"变革代理人"（Heberer，2004）。由于担心群团组织可能变异，国家采取去阶级化措施限制群团组织，如限制农协和农民工协会的发展（Ding，1994b）。

尽管政治吸纳赋予了社会成员从内部改变政策的能力，群团组织依然既能为社会利益的推进器，也能为管控阀，这种矛盾性需考虑何种激励促进代表功能变现。

当结构因素对组织行为施加很强的限制时，组织内精英的内在偏好和个体资源能够成为突破制度限制的一种解释方向（O'Brien，1994）。当政府行为的合法性受到质疑时，具有对立价值观的"体制内反精英"能够形成，并以群团的组织网络为媒介重构社会运动（Ding，1994a）。科曼认为个别残疾精英强力推动残联的产生，并在关键时刻顶住政府的政策压力，维护残疾人合法利益（Kohrman，2005）。改革开放前工会曾三次谋求组织自主，工会权力精英的直接支持是关键（Harper，1969）。改革开放后工会领导为了个人政绩组织工人向企业讨要合法薪酬（游正林，2011）。

精英视角为组织行为提供了微观线索，对于偏好和动机的描述仍显单薄，原因在于精英偏好动态易变，很难成为一个有效的解释因素，既往研究也未区分精英个体和制度企业家，后者认为个别精英虽能够重塑组织环境，但组织需求形塑了精英偏好，授权并支持精英行为。当精英利益与组织利益相容时，组织支持精英领导集体行动，而当精英利益与组织利益相悖时，精英活动往往受到组织制度的限制（Olson，2000）。

前三种解释主要是自上而下的视角，第四种是自下而上的社会抗争。政治显著性强的社会抗争在结构、规模和影响程度上释放了群团的约束条件，提高了利益游说的成功率。有学者认为，残疾群体的集体抗议为残联游说政府造成了压力并提供了机会（Chen & Xu，2011）。陈锋观察到工人集体罢工所带来的压力，赋予了工会更多被广泛认可的非正式权力，从而能够向企业施压，与政府达成协议（Chen，2009）。

该解释需考虑两个因素：首先社会群体内部是否形成统一的利益意识，从经验来看群体内部分歧严重，很难有效传导群体利益；其次群团行为是否为群众利益的简单反映，如果视群团本身为独特行动者，逻辑上社会抗争本身会成为群团游说政府的工具，而非相反。

将这四种解释放置于相对统一的案例间进行集中对话，因果关系将会变得明朗。在工会历史上的三次自主倾向中（李立三时期、赖若愚时期和"文革"时期）[①]，哈普从精英视角论证了工会相对于政府的自主要求，政府则植入没有工运相关经验和个人关联的通才型领导来重新规训工会。其他学者则发现精英视角并不能解释工会的激进性，作为通才型领导的赖若愚接替李立三后依然试图追求工会自主，其背后存在其他因素。有学者归因于当时相对宽松的政治环境（新中国成立初始和东欧剧变时期），国家制度不完善以致无法完全控制社会，而游正林则反驳到，政治宽松只会增加工会的官僚化而非利益代表，国家强化领导有助于克服工会异化。学者暗示群众运动赋予了群团代表性以动力，历史上这三个时期确实存在大量的工人运动，一些历史研究则认为工会为了组织自主有意引导工人运动，而非相反（姜凯文，1996）。许多经验推导指向组织本身的利益取向（Chan，2011）。

经过梳理，以上四种解释在研究假设上要么将组织视为一种工具，要么视组织行动为针对环境的反应，忽视了群团组织本身的自主动机。哪些议案值得游说取决于代表组织的选择，甚至游说本身也只是服务于组织偏好的副产品，而非来自公共利益（Lowery，2007）。随着组织本身逐渐代替群体成为利益代表

---

① 其他两位学者扩展到五个时期：新中国成立初期，1957 年百花齐放时期，"文革"时期，1976 年时期，1989 年时期（Chan，1993；张允美，2003）。

的核心，组织利益逐渐凌驾于组织本应代表的群众利益之上，成为游说政府的关键因素（Salisbury，1984），因此有待于从组织角度深入拓展群团向政府游说的动力。

## 三 群团角色理想类型及作为"自主科层"的群团

既有研究对组织的利益偏好构成（组织生存、自主运营、物质福利和功能实现等）存在争议，"组织利益逐渐取代功能成为组织目的本身"早已成为组织学共识。组织自利不等于组织自主，前者逐渐成为后者的概念基础，组织自主由结构性定义转变为识别、实现和维持组织利益与目标的行动能力，表现为组织对环境的解码、控制和重构。哪些维度应付诸行动需参考具体环境以及组织对环境的认知。群团组织是以汇聚利益输入、寻求政策产出为目标的政治性社团，政府部门和指定群体是群团的目标受众和环境构成，其行动维度需依据以上两类行动者而定。

群团本身并非社会主义国家专有组织，各国都普遍存在与群团组织对应或类似组织，群团也作为理解威权政治的重要切入点，成为比较政治的分析单位。有别于西方法团结构下的全国工会、商联等组织，群团作为威权韧性的制度来源和组织支撑之一，由国家直接创建或改造而成，需以牺牲群众利益为代价，对政权当局保持忠诚。以西方政治为模板，寻找相对于国家的政治自主从未消弭于群团研究中，这些研究认定群团应坚守组织行为逻辑，排除国家直接干预，寄希望于市民组织的扩张倒逼群团的结构性独立。中西方群团组织的历史与经验则表明群团并不必然也不试图积极维护群众利益（哈贝马斯，1999；黄宗智，2003），其最初目的在于自我保护，跨地域和跨阶级的外显功能更多出于合法性需要。随着群团由松散团体膨胀成全国性次级群体，组织逻辑理性化，组织架构科层化，组织流程程序化，群团科层凌驾、取代甚至对立于群众，科层利益谋取并置换群众的利益偏好（Dörre，2011）。即便国家授予群团官职和行政地位，也并不能简单判定其为国家统治的扩展，需考虑群团更接受内部逻辑还是国家规范，如果是前者，政治逻辑服从科层逻辑。这种浸润在科层化背景中的自主化过程印证了韦伯关于科层逻辑全面扩张的论断，而且韦伯意义的科层化本身蕴含着政治自主趋向（韦伯，2010；Wilson，1887）。

鉴于以上分析，笔者尝试从两个维度（政治忠诚/政治自主，积极/消极应对群众需求）建构四种群团角色的理想类型（见图1），虽无法保证四种角色能理论上互斥，但希望提供一些待验证的概念和论点。第一种角色是行政部门，群团组织作为政府的忠诚工具，执行政府政策，对群众需求消极应对。该角色假设群团并不追求自身目标和偏好，即使他们不认同决策内容，仍将忠诚执行政策规定。在战争年代，群团作为政党的组织性武器服务于政党生存：作为一种征兵系统，中立于政治反对方，稀释民间组织，灌输意识形态。在和平年代，先占公共领域，为政府提供合法性支持。

第二种角色是"连接党与群众的政治纽带"，除了执行国家政策，群团组织需要代表和保障社会群体的利益。纳入法团结构的群团强调国家与社会群体之间协调互动，群团由政府授权合法管理群众利益表达和公共服务，并垄断行业管理职能，整合社会资源和利益关系，着意建构一种官民合作的制度框架。由于其法定地位，群团能够在多方谈判中以政府面目出现，在一定上程度维护群众利益（Chen，2007）。

第三种角色是将群团定性为社会组织，其核心论点在于群团并非听命于国家，强调对群体的利益聚合与维护。在专业领域群团组织能争取社会权益，当国家与社会关系发生巨变时，群团会坚定地站在群众一边。随着改革开放的推进，群团组织潜在的自主意识转变成有组织的利益表达，这种发展方向被期待为市民社会。许多学者对用市民社会来分析群团自主提出过疑问，经过调适的"市民社会"从对抗性走向了良性互动。随后该角色更多集中在社会福利供给上，包括政策咨询和服务供给等。

第四种角色依托科层逻辑，具备政治自主，对社会需求表现消极，核心观点在于群团具有自利意识并主动谋取相对于外部环境的组织自主。笔者将这种自主于政府、社会群体和组织内精英的群团角色称为"自主科层"①。自主科层

---

① 欧美新公共管理改革通过将"处于国家边缘"的国家机构私有化和社会化，使之自建专业伦理和管理工具来转移官僚自主引发的代理难题和财政压力（马奇、奥尔森，2011），这些机构开始独立于政府部门、政客和目标受众（马吉蒂、佛霍埃斯特等，2014），享有人事、财务和政策自主。福山衔接国家自主与新公共管理改革，将科层自主上升到国家治理能力层面，将这些既能自主于政治命令，也独立却不孤立于社会需求的机构称为自主科层（Fukuyama，2013）。改革开放后群团开始经历类似改革，如允许"独立自主开展工作"、下管一级人事、经费包干等，形成了群团的自主空间和能力。仍存在群团能否成为独立机构挑战，本文仅以此概念来表达可能性。

的文献主要从三方面来解释：首先是组织的专业性偏好，公共服务的高标准、精细化和复杂度提高了专业化程度，既增加了政府和民众对群团的监督成本，也保留了群团与政府和群众的距离，群团认为政府和民众无法做出专业决策；其次是科层成员的个人利益最大化，信息不对称加剧代理难题，如工会领袖们很快蜕变为"权势新人"（Mills，1948），变成独立利益主体①（李力东，2012）；最后是组织自我意识，组织不仅能够抵御外部利益要求，还能超脱于内部精英成员的偏好（斯考契波，2007）。组织意识会同化科层利益偏好，科层人员的外部联系直接构成科层组织的自主能力（Evans，1995）。

**图1　群团组织四种角色类型**

## 四　残疾人专用机动车运营冲突中的 A 组织

20世纪70年代，由于去集体化和市场化改革，残疾人普遍失业。为解决残疾人就业问题，残疾专用机动车②（以下简称残专车）由 A 组织引进、改造、投入市场。由于残专车购置费用低且运营收入可观，全国各地出现残专车载客运营潮。A 组织各级宣传、鼓励和协助残疾人协会和个人购买残专车从事载客运营，残专车排量和速度逐渐突破法定限制，造成交通混乱和安全隐患。

### （一）制度层面的政策游说

残专车运营侵犯了汽车总公司和客运部门的利益。1992年，经国务院批准，中国汽车总公司与公安部联合发文《关于加强残疾人专用机动车管理的通

---

① 无论中西方，垄断群团虽常与政府部门共谋，却不能简单地将其独立利益视为部门利益，两者权威基础不同，群团无法行使公共规制权，没有行政执法权，仅服务和管理部分群众。

② 残疾人专用机动车包括残疾人三轮和四轮机动车，各地叫法不一，如"麻木""残车""慢慢游"等，政府在文件中统一命名，本文沿用此名。

知》(中汽摩联字〔1992〕039 号),以城市安全为由,要求各地禁止残专车从事运营,随即引发大量残疾人上访和游行。由于我国决策制度遵循部门共识原则,因此 A 组织希望国务院改变政策方向前首先需要说服相关部门再由国务院签署,1992 年 A 组织领导开始与公安部商谈残专车运营合法化的问题①,并发文要求各地分支维护残疾人的合法利益。协商并不顺利,A 组织许多领导甚至考虑放弃,A 组织主席 DPF 没有退缩,坚持要求无论如何保留运营这一条,即使限时间、限地域、限车型。公安部在三年后做出艰难让步,随后 A 组织与公安部等六部委联合出台《关于加强对残疾人专用机动车运营管理的通知》,限于我国当时经济发展状况,本着"从实际出发,区别对待,严格管理,适当放开"的原则为残专车运营"开口子"。该政策出台后,基本稳定了几年。

即使如此,各城市政府具有自主权,如西安、太原、广州等市政府认定六部委文件与本市城市交通管理条例冲突,强调残专车管理一律按照本市禁运条例执行。2000 年,应国务院要求,建设部、交通部出台"整顿出租车"和"畅通交通"政策,在全国范围禁止残专车运营。禁运造成大批残疾人失去生活来源,引发残疾群体与政府激烈冲突。A 组织领导积极奔走与各地政府"打这一仗",游说政府放弃"一刀切"政策。2001 年国务院批示公安部牵头会同相关部门研究解决,各部门与 A 组织起初意见很不一致,即使发生残疾人恶性自焚事件,双方也不曾达成统一。直到 2007 年十七大召开在即,各部门才达成共识,A 组织与交通部等七部委出台《关于规范残疾人机动轮椅车运营问题维护社会稳定的意见》,本着"从实际出发,区别对待,规范管理,逐步淘汰"的原则,以规范管理为主再次对残专车运营"开口子"。然而该政令与 1995 年政令基本一致,并未限制各城市政府的政策自选权,A 组织再次要求国务院直接发文,要求各城市不准出台任何取消运营相关政策。随后许多原本取缔残专车的城市在加强管理的条件下重新允许其运营。

由于 A 组织的持续游说,动员残专车队进行巡回表演来宣传驾驶安全性,2015 年 A 组织起草的《关于加快推进残疾人小康进程的意见》得到国务院批准,该文件明确提出继续探索实施残疾人汽车运营,希望通过将运营上升为法律标准来保障残疾人的运营权利。

---

① 参见《A 组织关于印发 DPF 同志关于残疾人专用机动车问题讲话的通知》,2000 年 6 月 14 日。

### （二）组织层面的系统整合

为配合游说行动，A组织自上而下进行内部整合。在残专车运营问题上，A组织连续发文要求各地分支"勇于为残疾人请命"，"残疾车问题实际上是残疾人基本需求和政府行为的矛盾，在这个矛盾中，当然应该以保障残疾人切身利益为主导。作为人民政府，残疾人的问题没有解决，任何行政行为都失去了合法的前提"，"运营的问题应本着维护残疾人合法权益这一点不能退步"[1]。A组织发现并非所有分支干部都服从指挥，DPF主席认为地方分支干部的"乌纱帽"掌握在政府手中是关键原因，因此A组织一边告诫内部干部自我反省，一边对地方分支系统进行广泛人事调整。对于省级干部，2000年开始A组织在全国范围内调整一批"没有残疾感情"的地方领导，跨级晋升（如副处变副厅）具有"残疾工作经验"或残疾人干部[2]；对于市县级干部则赏罚分明：点名批评以大同市为代表的不支持运营的领导干部，表扬上海、贵阳等处理稳妥的领导干部，并将处理方式作为典型推广。以该事件为契机，A组织从2004年开始重抓职业道德建设，明确将残专车信访列入考核，以人事考核训导组织干部。

### （三）微观层面的群众引导

为提高游说成功率，A组织引导群众向政府争取利益，且利益争取行动得到A组织庇护和推动。A组织动员下属协会成员向政府信访，"说明政府被残疾人访的焦头烂额、残疾人被交管部门管的寻死觅活的危害性"，号召群众"紧紧盯着有关部门的动向，一有风吹草动，马上通过A组织等组织向政府进言，并发动人大代表、政协委员、科学家、艺术家包括专门协会的领导参与进来"[3]。经过A组织引导，残疾人群体一呼百应高举DPF主席讲话群聚政府静坐（Dauncey，2013）；当出现残专车被扣押或残疾人与交警发生冲突时，A组织往往出面与其调解，将残疾人和部分扣押车辆领回，并为其缴纳保证金；A组织个别官员向残疾人泄露取消残专车运营的政策消息；当残疾群体与政府僵持时，

---

[1]　参见《A组织党组书记WXX在第三次全国残疾人信访工作会议开幕式上的讲话》，2004年12月16日。

[2]　参见《DPF同志在全国残疾人领导干部研讨班上的讲话》，2000年12月15日。

[3]　参见《CK同志在中国肢协第四届委员会第二次全体会议上的讲话》，2004年5月18日。

A组织干部出面游走于残疾领袖和政府之间，向残疾人群体提供日常伙食、保暖衣物和康复救急器具；最终政府向残疾人群体和 A 组织妥协，由 A 组织起草相关文件，提交政府批准实施。

## 五　组织利益：A 组织积极游说政府的真实目标

A 组织在行政层级上归口政府管理，应该服从政府的政策方向，却在残专车运营事件中积极向政府游说，是什么赋予 A 组织动力选择积极游说而不是回避或服从？

### （一）拨开干扰目标的云雾

科曼曾暗示残专车能为 A 组织提供一定经济收益（Kohrman，2005），该因素被其他学者否定，并提出两个重要因素，一是 DPF 主席个人偏好和资源，二是社会抗争为 A 组织行动提供压力和机会（Chen & Xu，2011）。

精英分析逻辑忽视了组织的自主思维，一方面组织行动需要考虑组织偏好，并非任何组织压力都能转换成组织行为，另一方面组织利益制度性地约束和引导着精英偏好[1]，2009 年 DPF 主席宣布正式退休，标志着 A 组织官员整体更新换代基本完成[2]，而且新一代领导层努力在组织建设和事业方向上"去 DPF 化"（X 省残疾官员访谈材料，20150612），不断流转的精英偏好并未改变 A 组织对残专车运营的执着探索。

A 组织虽对各级政府和相关部门施加了主要影响[3]，残疾人群体性事件并

---

[1] 在残专车事件总结大会上，其他领导指出，"DPF 并不是代表他个人，而是代表他所倡导的人道主义理想，代表一个群体，包括我们今天各位在内的残疾人群体"，内部个体服从于组织大局，因而 DPF 个人并不能成为残疾人组织和群体向政府施压的理由。参见《CK 同志在中国肢协第四届委员会第二次全体会议上的讲话》，2004 年 5 月 18 日。

[2] 《DPF 在省级组织新任领导干部工作研讨班上讲话》（2009 年 4 月 13 日）中提到，各省领导换了两届，自己当了一届理事长、四届主席（每届五年），是 A 组织领导层中时间最久的，而且跟着进入 A 组织的第一批青年工作者基本处于退休或准退休状态，重新换上了年轻的血液。

[3] 除了号召残疾人向政府施压外，A 组织经常利用行政级别向地方施压。起初约谈各地分管领导前往北京，后来由 A 组织各领导成立督导小组分赴各省市召开座谈会逐个谈判。

未给 A 组织造成压力，残专车导致的残疾人上访人数比例逐年降低①，残疾人群体能施加的压力逐年减小直至几乎消失，而 A 组织有意识地利用群众矛盾的显著性来配合组织发展。"我们不怕这些矛盾的爆发，关键在于我们怎样对待这些矛盾，怎样因势利导，把这些坏事变成好事，把不利变成有利。包括一些残疾人机动车，自焚事件也好，群体事件也好，只要我们因势利导，可以把他变成一个向社会宣传，利用舆论进行正面引导，同时找出合理解决方法，促进残疾人事业发展的奇迹。"显然需要考虑其他深层次因素。

### （二）残专车的预期价值显现

班菲尔德认为压力集团采取游说行动的努力程度是游说带来的回报与成功可能性两个因素的乘积函数（游说的努力程度 = 游说的利益回报 × 游说成功可能性）（Banfield，2003），这种可能性包括政策过程、游说网络以及议案的政治显著程度等。根据笔者观察，残专车本身能够为 A 组织提供自主资金，有助于撬动更多政治资源。

首先残专车市场前景广阔，能为 A 组织提供自主资金。A 组织成立初期政府财政有限，残疾人事业所需资金庞大，A 组织被特许"以实业养事业"。制造和销售残专车是 A 组织自收自支的营利项目，A 组织不仅争取到残专车进口的税收优惠和政策补贴，并积极运营产品销售网络②。据 A 组织统计，残专车占大头的残疾人辅具年消费 2000 亿元左右，并预估，以老年人和残疾人为消费者的辅具市场规模将达 6 亿件，总产值在 1 万亿元左右③。早在 1992 年 A 组织就开始将残疾人无障碍建设和辅助用具业务作为重点业务来部署④，残疾人驾驶

---

① 根据 2003～2015 年中国残疾人事业发展统计年鉴数据（缺 2007 年数据），笔者整理出残专车类上访人数占当年残疾人上访人数比例：2002 年 56.3%，2003 年 67.7%，2004 年 73.1%，2005 年 66.8%，2006 年 11.7%，2008 年 7.5%，2009 年 8.4%，2010 年 8.4%，2011 年 10.8%，2012 年 9.9%，2013 年 11.2%，2014 年 11.8%，可以发现上访比例在逐渐下降。

② 残专车是 A 组织自主产权，1988～1998 年仅北京服务中心实现营业额 2 亿元，A 组织要求以全资或参股等形式在全国各地推广建立分支机构，承诺随着销售增加，每个大中型城市的中心站每年获利可达十几万至几十万元。参见《迅速发展，占领市场——记全国最大的嘉陵残疾人摩托车供应维修站、北京市残疾人服务中心》，《三月风》1998 年第 8 期。

③ 参见《CZS 同志在亚欧会议框架下残疾人合作主题活动新闻发布会上的讲话》，2015 年 11 月 20 日。

④ 参见《LXC 同志在第四次全国 A 组织工作会议上的讲话》，1992 年 1 月 13 日。

机动车是实施无障碍建设的重要抓手。

随着 A 组织资金收支受到限制，残专车未来营收的重要性凸显。A 组织的资金包括四个部分：财政拨款，残保金征收，慈善捐款和事业营收。财政拨款依托于财政预算体系，残保金为预算外收入，后两者自收自支。随着我国财税改革并要求预算外转预算内管理，A 组织曾多次阻止将残保金纳入国库管理而未果①，残保金由部门发展基金变成政府性基金，如何防止被政府挪用和平调成为一个难题。在既有慈善捐款无法在短期内打开市场的情况下，保持和扩展事业营收成为组织自主的必然选择。在此意义上，A 组织的行为动机并非部门竞争能简单回答，实质目标是挖掘自主财源。

其次，残专车业务能够辅助组织扩张，维持组织竞争优势。完善的基础设施是组织生存的基础，由于资金不足，A 组织发展初期需借靠其他部门，然而组织借靠无法理顺组织关系，A 组织很难拓展基层触角。起初 A 组织试图"以任务带业务，以业务带建设"，将全国扶贫线顺带建设的农村扶贫站作为残疾站，现实中则成为民政主管的站点；后来试图将建立起的社区和农村康复站作为 A 组织基层办事机构②，与卫生站共建的康复站由于非营利性质与卫生站的营利性质冲突逐渐被闲置。残专车业务由于自身的市场性和系统性，农村和社区建立起营销点和维修点，形成 A 组织的派出机构和基本业务的承接站③，残专车成为 A 组织的"拳头产品"④。2003 年和 2005 年政府机构改革时期，残专车事件促进了 A 组织扩张⑤。

组织间竞争要求 A 组织稳固和拓展服务人群和业务领域。政协委员建议将 A 组织合并进民政，原因在于失能老人与残疾人业务雷同，且民政完全有能力覆盖残疾人业务；各地政府以领导职数超编或申请文明城市称号等理由趁机撤并 A 组织⑥；作为改革桥头堡的深圳将 A 组织、民政和人社合并为社会事务发展局（X 省区级机构干部访谈，20151017）。面临撤并威胁，A 组织需保持竞争

---

① 参见《关于印发〈DPF 同志在新疆调研时的讲话要点〉的通知》，2001 年 9 月 21 日。
② 参见《LJ 同志在第四次全国 A 组织工作会议上关于"八五"期间基础设施建设和新开拓领域工作的说明》，1992 年 1 月 20 日。
③ 参见《WXX 在全国农村基层残疾人组织建设会议上的讲话》，2009 年 9 月 22 日。
④ 参见《SXD 同志在 A 组织全国残疾人辅助器具工作研讨会上的讲话》，2012 年 8 月 23 日。
⑤ 参见《全国残疾人维权工作经验材料汇编》，2005 年 1 月 1 日。
⑥ 如浙江省的衢州市开化县和湖州市的吴兴和南浔两区，和其他省份的一些市县均出现撤并 A 组织的现象。

性，包括会员数量增长、技术精细化、业务领域开拓等，"在扩大服务中求生存，从扩大服务中求发展"①。残专车业务能够为 A 组织扩展老年人市场，为 A 组织争取更多行政权限，A 组织再次从政策上将残专车的生产、销售和售后网络集中到其行业管理权内，还被授予发放残专车运营牌照的权力②。

## 六　游说行动的边界：组织利益 Vs. 残疾人利益

纯粹内生的政治责任同样能推动群团能动主义，与利益相切割有助于构建更清晰的分析概念和更稳健的论证逻辑，也能厘清和理解 A 组织积极向政府游说的行为意图与边界。后见之明，A 组织的游说目标在于残专车营收，而非残疾人平等的应许权利，其行动并非以残疾人的利益为边界，而是以 A 组织利益来衡量和界定残疾人利益：当残疾人利益与 A 组织利益契合时，残疾人利益成为组织利益的附属品，当残疾人的权利诉求阻碍组织利益变现时，残疾人利益则成为组织利益的牺牲品。为保证游说回报率，A 组织需要尽可能避免动员失控和其他有损组织利益的群众诉求。A 组织一边尽可能避免群体抗议行为的系统性失控和升级，一边在群体内区别性分配社会权利，维护既有组织状态，而非社会变革。

尤其突出的是富裕残疾人领袖与 A 组织的对立。残疾人领袖具有较高的知识水平、较坚实的物质基础和较强的个人魅力，作为精神领袖作用于 A 组织之外，他们甚至掌握了较强的组织基础，如深圳残疾人自发组织"第二 A 组织"以实现自我倡导（X 省分支信访办干部访谈，20150913）。民间领袖起初与 A 组织合作，响应和听从 A 组织号召，A 组织总是单方面与政府妥协，未能维护甚至侵犯残疾人应许权利，残疾人领袖表示受到欺骗。最终方案原则上允许运营，实际上形成两种截然不同的应对措施：财政发达地区的统一置换和财政欠发达地区的限制运营。由政府拨款强制置换为无法运营，甚至无法载人的残专车③，

① 参见《LMH 同志在 A 组织全国系统康复工作会议上的报告》，1996 年 7 月 31 日。
② 残专车牌照虽需交通管理部门登记，只要持有"残疾人证"的肢体残疾人，直接去户籍所在县市区 A 组织便可办理牌照申领手续。
③ 统一置换是 A 组织提出的折中方案，既维护了政府形象，也保证了残疾人基本出行，置换资金由当地政府和残疾人按比例分摊，置换车型、款式和规格由各地分支指定和生产，该资金进入 A 组织账户。

在残疾人领袖看来不仅侵犯了残疾人对所购车辆的合法所有权，还侵犯了残疾人与正常人平等的消费权和选择权，妨碍残疾人的日常出行和康复陪护，"以人为本"并非"以残疾人为本"①。B 组织虽直属 A 组织管辖，但并非所有的 B 组织成员及领袖都服从 A 组织指挥，他们往往无视 A 组织的意见，积极向残疾人供给更高的权利诉求以及利益主张。残疾人群体与政府长期对峙以及自焚事件被 A 组织理解为是组织对残疾人领袖失去控制的结果，如西安、杭州等地的残疾人"对头"②，多为民间残疾人领袖。

为保护 A 组织对于残专车的制度利益，A 组织努力控制残疾人群体内的不确定性。A 组织表示只有 A 组织才能代表残疾人，"如果 A 组织不能生存了，残疾人就会失去自己的代表组织，真正损失的是残疾人"。③ A 组织一边辅助政府惩戒部分过界领袖，一边采取措施教育管理残疾人组织。A 组织告诫 B 组织不能成为西方式的对立组织，更不能成为"富人俱乐部"，要考虑西部和农村地区残疾人的利益，适时在残专车问题上妥协。随后筹建残疾人社会组织联合会，整合、规训和孵化其他残疾人组织，归由 A 组织管理。

# 七 "自主科层"的适用程度与可拓空间

A 组织作为"自主科层"所展现的组织理性和战略能动性，对政治生态内互动逻辑的重塑作用犹可期，考虑理论严谨性，需讨论"自主科层"的适用程度与潜在问题。

群团的四种角色类型都具有经验基础和理论依据，无论在历史脉络还是在具体情境中，群团总是在以上不同角色中切换。利益、功能和结构立于国家与社会之间的群团组织，其角色选择既取决于国家与社会力量对比，也取决于群团对自我利益与能力的认知。近现代以来，工会、商联等群团产生自族群互益，随着国家政权建设推开，国家开始向下竞争制定规则的权力，群团也努力向上占据国家职权，群团得到国家象征性授权，与政府合作以实现组织扩权。即使

---

① 政府文件中"以人为本"意指人性化处理残专车冲突，却只站在正常人角度管理残疾人，未考虑残疾人特点和需求，正常人能自由平等地选择出行工具而残疾人不能。

② 口语中"对头"指打架对手，访谈中指 A 组织的政策反对者。

③ 参见《DPF 同志在第十三次全国 A 组织工作会议上的讲话》，1999 年 3 月 12 日。

新中国成立后群团被全面纳入国家序列，群团的结构与功能也并未明显改变，只不过作为国家与社会的间隙上移了位置，当群团发现利益矛盾很难调和且组织能力允许时，群团能够借助各项优势反作用于国家与社会。

本研究的不足之处是案例集中于残疾人和 A 组织的经济性主张能在多大程度上将"自主科层"角色推导至政治性主张仍待观察。就目前而言，自主科层概念更适用于中央和地方群团，基层群团享有低治理权和有限资源，且科层化不足，很难抵制政府压力。本文主张群团成为"自主科层"的条件在于科层化的利益意识及组织能力，其利益形式具有情境性，群团能力受制于国家制度，促进群团自主的制度基础仍需挖掘。如果能通过回答以上问题将"自主科层"稳固下来，其可扩展空间将产生广泛的政治学、社会学和行政学意义，后续研究将另文著述。

## 参考文献

邓正来、〔英〕亚历山大编（2002）：《国家与市民社会——一种社会理论的研究路径》，北京：中央编译出版社。

耿署（2019）：《从实证视角理解个案研究：三阶段考察渠文的方法创新》，《社会》，第 1 期。

韩恒（2005）：《关注工会系统的自主利益：对基层企业工会的调查与思考》，《二十一世纪》（网络版），七月号。

黄晓春（2015）：《当代中国社会组织的制度环境与发展》，《中国社会科学》，第 9 期。

黄晓春、嵇欣（2014）：《非协同治理与策略性应对——社会组织自主性研究的一个理论框架》，《社会学研究》，第 6 期。

黄宗智主编（2003）：《中国研究的范式问题讨论》，北京：社会科学文献出版社。

纪莺莺（2010）：《社会团体的自主性研究——基于北京市社团的抽样调查》，硕士学位论文，北京大学。

——（2016）：《转型国家与行业协会多元关系研究——一种组织分析的视角》，《社会学研究》，第 2 期。

——（2017）：《从"双向嵌入"到"双向赋权"：以 N 市社区社会组织为例——兼论当代中国国家与社会关系的重构》，《浙江学刊》，第 1 期。

姜凯文（1996）：《工会与党—国家的冲突：八十年代以来的中国工会改革》，《香港社会科学学报》，第 8 期。

康晓光、韩恒（2008）：《分类控制：当前中国大陆国家与社会关系研究》，《开放时代》，第 3 期。

李力东（2012）：《国内外学术界关于中国工会功能的研究述评》，《政治学研究》，第 5 期。

李朔严（2018）：《新制度关联、组织控制与社会组织的倡导行为》，《中国非营利评论》，第 2 期。

马蒂诺·马吉蒂、科恩·佛霍埃斯特等（2014）：《官僚自主权中未被探讨的若干方面：研究综述和发展方向》，《国际行政科学评论》（中文版），第 2 期。

〔德〕马克斯·韦伯（2010）：《经济与社会（第二卷）》，上海：上海人民出版社。

渠敬东（2019）：《迈向社会全体的个案研究》，《社会》，第 1 期。

佟新（2005）：《企业工会：能动的行动者——以北京中外合资企业 B 有限公司工会实践为例》，《江苏行政学院学报》，第 5 期。

王宁（2002）：《代表性还是典型性？——个案的属性与个案研究方法的逻辑基础》，《社会学研究》，第 5 期。

王诗宗、宋程成（2013）：《独立抑或自主：中国社会组织特征问题重思》，《中国社会科学》，第 5 期。

王向民（2018）：《寄居蟹的艺术：工会维权与准官僚组织的自主性——义乌工会研究（2000—2007）》，《学海》，第 3 期。

王珍宝（2015）：《中国工会转型及其困境——以上海社区工会组织运作为例》，上海：上海大学出版社。

吴建平（2012）：《理解法团主义——兼论其在中国国家与社会关系研究中的适用性》，《社会学研究》，第 1 期。

〔美〕西达·斯考契波（2007）：《国家与社会革命：对法国、俄国和中国的比较分析》，何俊志、王学东译，上海：上海人民出版社。

徐家良（2004）：《公共政策制定过程：利益综合与路径选择——全国妇联在〈婚姻法〉修改中的影响力》，《北京大学学报》（哲学社会科学版），第 4 期。

闫泽华（2018）：《政府博弈对行业协会倡导行为的影响：以 T 市科技孵化器协会的个案为例》，《中国非营利评论》，第 2 期。

杨佳諹、孙涛（2019）：《回应性倡导：政策倡导中社会组织有效行动的解释框架：基于 T 市与 S 市的双案例研究》，《公共行政评论》，第 2 期。

杨善华、孙飞宇（2005）：《作为意义探究的深度访谈》，《社会学研究》，第 5 期。

姚先国、李敏、韩军（2009）：《工会在劳动关系中的作用：基于浙江省的实证分析》，《中国劳动关系学院学报》，第 1 期。

姚洋、钟宁桦（2008）：《工会是否提高了工人的福利？——来自 12 个城市的证据》，《世界经济文汇》，第 5 期。

〔德〕尤尔根·哈贝马斯（1999）：《公共领域的结构转型》，曹卫东等译，上海：学林出版社。

游正林（2010）：《60 年来中国工会的三次大改革》，《社会学研究》，第 4 期。

—— (2011)：《政绩驱动下的工会行动——对 F 工会主动介入生产管理过程的调查与思考》，《学海》，第 1 期。

〔美〕詹姆斯·马奇、约翰·奥尔森 (2011)：《重新发现制度：政治的组织基础》，北京：生活·读书·新知三联书店。

张潮 (2018)：《弱势社群的公共表达：草根 NGO 的政策倡导行动和策略》，《中国非营利评论》，第 2 期。

张静 (2001)：《法团主义模式下的工会角色》，《中国劳动关系学院学报》，第 1 期。

张允美 (2003)：《理顺与冲突：中国工会与党 - 国家的关系》，《二十一世纪》（网络版），九月号。

朱天飚 (2015)：《〈社会科学中的研究设计〉与定性研究》，《公共行政评论》，第 4 期。

Banfield，E. (2003)，*Political Influence*，New Brunswick：Transaction Publishers.

Chan，A. (1993)，"Revolution or Corporatism? Workers and Trade Unions in Post-Mao China"，*The Australian Journal of Chinese Affairs*，29 (Jan)，pp. 31 – 61.

—— (2011)，"Strikes in China's Export Industries in Comparative Perspective"，*China Journal*，65 (3)，pp. 27 – 52.

Chen，F. (2003)，"Between the State and Labour：the Conflict of Chinese Trade Unions Double Identity in Contemporary China"，*The China Quarterly*，178 (Dec)，pp. 1006 – 1028.

—— (2007)，"Individual Rights and Collective Rights：Labor's Predicament in China"，*Communist and Post-Communist Studies*，40 (3)，pp. 59 – 79.

—— (2009)，"Union Power in China Source，Operation，and Constraints"，*Modern China*，35 (3)，pp. 662 – 689.

—— (2010)，"Trade Unions and the Quadripartite Interactions in Strike Settlement in China"，*The China Quarterly*，201 (3)，pp. 104 – 124.

Chen，X & Xu，P. (2011)，"From Resistance to Advocacy：Political Representation for Disabled People in China"，*The China Quarterly*，207 (3)，pp 649 – 667.

Child，J. Loveridge，R. & Warner，M. (1973)，"Towards an Organizational Study of Trade Union"，*Sociology*，7 (1)，pp. 71 – 91.

Dörre，K. (2011)，"Functional Changes in the Trade Unions：From Intermediary to Fractal Organization"，*International Journal of Action Research*，7 (1)，pp. 8 – 48.

Dauncey，S. (2013)，"A Face in the Crowd：Imagining Individual and Collective Disabled Identities in Contemporary China"，*Modern Chinese Literature and Culture*，25 (2)，pp. 130 – 165.

Ding，X. L. (1994a)，"Institutional Amphibiousness and the Transition from Communism：The Case of China"，*British Journal of Political Science*，24 (3)，pp. 293 – 318.

—— (1994b)，*The Decline of Communism in China：Legitimacy Crisis，1977 – 1989*，New York：Cambridge University Press.

Edmondson & Mcmanus，S. (2007)，"Methodological Fit in Management Field Research", *Academy of Management Review*, 32 (4), pp. 1155 – 1179.

Evans, P. (1995), *Embedded Autonomy-States and Industrial Transformation*, NJ: Princeton University Press.

Fukuyama, F. (2013), "What Is Governance", *Governance*, 26 (1), pp. 347 – 368.

Harper, P. (1969), "The Party and Unions in Communist China", *The China Quarterly*, 37 (1), pp. 84 – 120.

Heberer, T. (2004), "Strategic Entrepreneurs in China and Vietnam as Strategic Players in Social and Political Change", *Frank Cass*, 76 (2), pp. 62 – 77.

Hino, A. (2009), "Time-series QCA: Studying Temporal Change through Boolean Analysis", *Sociology Theory and Method*, 24 (2), pp. 247 – 256.

Kamo, T. & Takeuchi, H. (2013), "Representation and Local People's Congresses in China: A Case Study of the Yangzhou Municipal People's Congress", *Journal of Chinese Political Science*, 18 (1), pp. 41 – 60.

Kaufman, R. (2007), "Market Reform and Social Protection: Lessons from the Czech Republic, Hungary and Poland", *East European Politics & Societies*, 21 (3), pp. 111 – 125.

Kohrman, M. (2005), *Bodies of Difference: Experiences of Disability and Institutional Advocacy in the Making of Modern China*, Berkeley: University of California Press.

Korhauser, W. (1959), *The Politics of Mass Society*, Glencoe, Illinois: The Free Press of Glencoe.

Lowery, D. (2007), "Why Do Organized Interests Lobby? A Multi-Goal, Multi-Context Theory of Lobbying", *Polity*, 39 (2), pp. 29 – 54.

Lu, Y. Y. (2009), *NonGovernmental Organizations in China: The Rise of Dependent Autonomy*, London and New York: Routledge.

Manion, M. (2014), "Authoritarian Parochialism: Local Congressional Representation in China", *The China Quarterly*, 218 (3), pp. 311 – 338.

Mcgrath, J. (1979), Toward a "Theory of Method" for Research on Organization. in Cooper, W. Leavitt, H. and Shelly, M. New Perspectives in Organization Research, New York: Wiley, pp. 533 – 547.

Mills, W. (1948), *The New Men of Power: America's Labor Leaders*, Harcourt: Brace.

Olson, M. (2000), *Power and Prosperity: Outgrowing Communist and Capitalist Dictatorships*, New York: Basic Books.

O'Brien, K. (1994), "Agents and Remonstrators: Role Accumulation by Chinese People's Congress Deputies", *The China Quarterly*, 138 (4), pp. 359 – 380.

Perry, E. (1994), "Trends in the Study of Chinese Politics: State-Society Relations", *The China Quarterly*, 139 (3), pp. 704 – 717.

Pravda, A. & Ruble, B. (1986), "Communist Trade Unions: Varieties of Dualism", in Pravda and Ruble (eds.), *Trade Unions in Communist States*, Boston: Allen & Unwin, pp. 1 – 22.

Richter, B. Samphanthark, K. & Timmons, J. (2009), "Lobbying and Taxes", *American Journal of Political Science*, 53 (4), pp. 893 – 909.

Salisbury, R. (1984), "Interest Representation: The Dominance of Institutions", *American Political Science Review*, 81 (2), pp. 64 – 76.

Selznick, P. (1949), *TVA and the Grass Roots: A Study in the Sociology of Formal Organization*, Berkeley: University of California Press.

Skilling, G. & Griffiths, F. (1971), *Interest Groups in Soviet Politics*, Princeton: Princeton University Press.

Teune, H. & Przeworski, A. (1982), *The Logic of Comparative Social Inquiry*, Malabar: Krieger.

Unger, J. & Chan, A. (1995), "China, Corporatism, and the East Asian Model", *The Australian Journal of Chinese Affairs*, 33 (2), pp. 48 – 62.

White, G. (1993), "Prospects for Civil Society in China", *The Australian Journal of Chinese Affairs*, 29 (2), pp. 63 – 87.

Wilson, J. (1990), "The Polish Lesson: China and Poland 1980 – 1990", *Studies in Comparative Communism*, 23 (4), pp. 259 – 279.

Wilson, W. (1887), "The Study of Administration", *Political Science Quarterly*, 2 (2), pp. 197 – 222.

Yin, R. (1994), *Case Study Research Design & Methods*, Sage Publications.

Zhang, Y. Q. (1997), "An intermediary: The Chinese Perception of Trade Unions since the 1980s", *Journal of Contemporary China*, 14 (2): pp. 139 – 152.

*NP*

国家与社会之间的自主科层：以残疾人专用机动车运营冲突中的某地方群团组织为例

# Autonomous Bureaucracy between State and Society: Observation from Conflicts in the Business of Vehicles for the Disabled

Shi Tingsong

[**Abstract**] State assistant or social agency, existing research for political Mass Organization rarely focus on the autonomous need within the organization itself. This very paper deeply analyse the behavior of Mass Organization for disabled persons in the research question of motivation for the political

135

represention: why Mass Organization for disabled persons dare to lobby the government for the benefit of the disabled in the conflict between the government and disabled drivers of vehicle and triumph in some degree is original from protecting autonomous interest, and the Mass Organization for disabled persons had taken the organization lobby as leverage to capture more political resource for survival. Author manages to conceptualize the role of Mass Organization for disabled persons as Autonomous Bureaucracy to interpret the specific function between state and society. The bureaucratization of Mass Organization not only turns into replacement of collective interest by organizational interest, but also gives a certain political autonomy to Mass Organization. The potential advantages and disadvantages is disussed ensue.

[**Keywords**] Mass Organization; Autonomous Bureaucracy; Policy Advocacy; Lobbying Activity; Organizational Autonomy

# 非营利教育与亚文化的生产

## ——以华德福教育实践为例[*]

赵杰翔　朱健刚[**]

【摘要】中国的公办中小学教育常常陷入应试教育的怪圈，一些不满的家长和老师开始寻求替代性教育模式。于是，一些提倡全人教育实践和理念的民办非营利学校应运而生。自德国引入的华德福教育体系是当代中国民办非营利性教育中规模较大的教育实践之一，自2004年第一所华德福学校在中国创立以来，在全国引起了华德福教育的"热潮"。通过民族志研究，笔者发现中国的华德福教育不仅是对主流学校教育不满的回应，还涉及一系列以中产阶层为主的自我实践和生活安排。作为非营利组织，它也致力于社区文化的营造，在与其相关的学校教育、教师教育、家庭教育和自我教育等一系列的教育实践中，生产出了一个具有风格意义的亚文化群体——"华德福圈"。

【关键字】非营利教育；亚文化；华德福教育；自我

## 一　问题的提出

大约从孔子的时代开始，中国人就特别重视教育的功利性和实用性，"学而

---

 *　文中出现的所有人名、地名、校名皆为化名。

**　赵杰翔，中山大学社会学与人类学学院；朱健刚，南开大学周恩来政府管理学院。

优则仕""学优登仕、摄职从政",一个人似乎只要读书好就可以当官获得权力和财富。尤其是唐朝及以后的科举制度使得教育被普通人视为向上流动的重要渠道,也被统治者视为管理和规训百姓的手段。故教育历来是国家治理的重要内容,是社会结构延续和再生产的动力之一,也被普通人看作"改变命运"的一种途径。科举作为一种制度虽然在中国已消失了一百多年,但与科举制度相伴随的教育思想作为一种传统的教育思想至今仍然存在于一些人的头脑中,追求学历、重视考试就是这种教育思想的反映(顾明远,2000)。

自 1977 年中国恢复高考制度之后,"高考"再次被认为是普通百姓改变命运、实现社会纵向流动的一种方式。高考制度在中国的存在和发展有一定的积极意义,但也正是"高考"带来了社会对中国应试教育及其乱象的一系列反思和批判。从著名的钱学森之问"为什么我们的学校总是培养不出杰出人才?"到杨东平(2016a)所指出的"中国的教育会好吗",这些叩问无不透露出教育者对中国教育的担忧和焦虑。闫旭蕾指出,繁重的学习负担使戴眼镜的孩子越来越多,驼背弯腰的越来越多,学生的身体素质越来越差,由于有太多的作业要做,孩子几乎没有锻炼和玩的时间,正常的睡眠也不能保证,中小学生成为"特困"人群(闫旭蕾,2007)。当然,自 20 世纪 80 年代末,学界关于素质教育的讨论开始热了起来。有研究系统阐述了素质教育的内涵、意义及实施举措,肯定了把以升学就业为导向的教育转变为素质教育的教改实验(杨兆山、时益之,2018)。不过,目前"中国的教育观念还没有很好地转变,还是一种旧的观念——以升学为主要目的。这种观念还困扰着我们,应试教育根深蒂固,素质教育还是难以推行"(顾明远等,2019)。正如杨东平指出的,尽管教育部门开始倡导素质教育,但是中小学的应试教育仍然在强势发展(杨东平,2016b)。

处于应试教育中的学生面临身体、心理和精神等多重压力。一些家长不满于这种一切向分数看齐的主流教育,开始采取行动,试图在主流教育之外选择其他的教育自救道路,比如有的家长选择在家教育、蒙台梭利教育、国学学堂等来替代主流的应试教育,华德福教育(Waldorf Education)就是其中一股教育创新潮流,而且在中国呈现快速发展的趋势,全国很多城市出现了以非营利组织方式运营的"华德福学校"以及因华德福学校而生成的华德福生活社区。

这些以非营利方式运营的华德福学校强调志愿精神、社群互助和自我成长,学校鼓励家长志愿参与学校的建设、管理、筹款等多项工作,高度重视家校合作和由学生、老师、家长组成的社区，家长群体本身实际上成为学校最主要的志愿者团体，这些现象构成了独特的民办非营利教育现象。那么，这类倡导非营利的公益教育创新究竟是如何实践的？它仅仅是对主流教育做出的一种反应吗？还是会生产出意料之外的文化结果？这种教育选择和教育实践又能对文化建构产生何种作用？本文通过对一所民办非营利学校——阳光华德福学校为期两年的民族志调查试图对这些问题进行探索和回答。

## 二　文献回顾

### （一）作为替代性教育的华德福教育

华德福教育一般以民办非营利的形式运作，它在西方被归类为替代性教育（alternative education）[①]。这是指除国家提供的主流教育以外的所有不同的教学方法，它常有一个特殊的、创新的课程和一个在很大程度上基于个别学生兴趣和需要的灵活学习计划（Sliwka，2008：93）。在西方的研究中，"替代性教育"作为一个统一的概念包含着各种不同的教育模式。华德福教育与蒙台梭利学校（Montessori Schools）、自由或民主学校（Free or Democratic Schools）、圆形广场学校（Round Square Schools）[②]、在家教育（Homeschooling）和夏山学校（Summerhill School）等常成为替代性教育的主要形式和经典案例，其中很多都是民间自主的非营利教育实践。

华德福教育是一战后起源于德国的一套特殊的教育模式，它的创始人是鲁道夫·斯坦纳（Rudolf Steiner），一位奥地利的哲学家、思想家、教育家和社会改革家。他在 20 世纪创立了人智学（Anthroposophy），其中 anthro（ἄνθρωπος）

---

① 从字面的意思来看，"alternative"有"替代的、另类的、备选的、其他的"等含义，用 alternative 来形容教育的时候，则可以理解为替代性教育、另类的教育或非主流的教育等等。目前国内学者关于这个概念的翻译主要有两种："自由学校"（周采，1997）和"选择性教育（学校）"（刘旭亮，2012；柳圣爱，2010；魏建国，2018）。就中国的语境来说，"自由学校"可能会被理解为没有固定课程或者教学模式的教育；"选择性教育"又无法明确这类教育的特点、性质和在现实中呈现的情况，故笔者将其译为"替代性教育"以求更能表达这种教育的功能——这是家长或学生选择的另一种教育模式来"替代"由国家学校主导的标准化的或主流的教育。部分学者认为替代性教育是主流教育的一种补充，在此我们并没有否认这个观点，只是对于那些选择主流外或体制外教育的家长来说，他们即是用另一种教育"替代"了主流的、体制内的教育。

② 可参见网址 https://www.roundsquare.org/，2019 年 7 月。

在希腊语中指的是"人类",而 sophia（σοφία）指的是"智慧",因此人智学可以直译为"人类智慧学",这是一门关于精神的科学,致力于人、人的生命实践和世界的转化（齐默曼,2015）。斯坦纳以人智学为基础,发展出许多各成系统却又互相联系的实践分支领域,比如活力农耕（生物动力农业）、优律司美、人智学建筑以及人智学医学等等,华德福教育也是其中的一个分支领域。

华德福教育的培养对象是整个"全人",对"全人"的理解涉及人智学关于人的多元模型的思考,其中最基础的是人智学关于人的三元模型,即把人看作由灵（spirit）、魂（soul）、体（body）① 三元构成的统一体,斯坦纳指出要通过华德福学校的教学方法实现人的高级存在（人的灵和魂）与人的低级存在（物质身体）之间的和谐（斯坦纳,2013）。为了实现这种和谐,华德福教育根据人意识状态的发展制定出一套符合全人培养的教学大纲,形成了自己的教学特点,主张顺应孩子的发展规律,有节奏地、循序渐进地进行教育,反对违背个体自然成长规律,过早、过多地对儿童开展智识教育。华德福教育还注重教育的艺术化,学校不仅开设了很多艺术类的课程,还提倡将其他课程进行艺术化地教学,就连整个教育环境的布局都具有艺术气息。同时,华德福教育还具有一种自然主义的倾向,因此华德福学校一般设在能与大自然亲密接触的地方,比如城郊或乡村里,或者他们会把学校布置得尽可能自然,使学生可以在大自然的环境中自由地玩耍,华德福学校室内的布置和物品一般也都会使用较为自然的材质,他们认为这不仅可以建立一种与自然的亲近感,还可以保护孩子的想象力;而且大部分华德福学校会注重培养孩子对大自然的敬重感,很多课程和仪式都会因这点而设置。从华德福教育的这些特点和主张中,我们能看到其中蕴含着一种价值观的选择和倾向。

华德福教育目前是中国众多替代性教育模式中发展最快、规模最大的教育实践之一。德国人智学学会理事长、华德福教育之友基金会创办人娜娜（Nana Goebel）说:"20 世纪 80 年代开始,华德福教育运动在全球迅速发展,但没有任何地方像中国这样快速。"② 自 2004 年第一所华德福学校在中国创立以来,全国范围内掀起了华德福教育"热潮",越来越多以中产阶层为主的父母选择把孩子送进华德福学校,或者自己参加华德福教育的培训来进行"在家华德

---

① 也可译为身（body）、心（soul）、灵（spirit）。

② 参见 Goethe Institute, https://www.goethe.de/ins/cn/zh/kul/mag/20628795.html, 2013 年 6 月。

福"。据 CWF（China Waldorf Forum）[①] 粗略统计，中国目前已经有 80 多所华德福学校、500 多家华德福幼儿园，其教育机构几乎遍布了各个省份，近几年的增长尤为迅猛。

但目前国内对华德福教育现象的研究相对来说比较少，按研究主体分主要有两类：一类是华德福教育的实践者，即自身受过华德福教育体系的训练并从事华德福教学的先驱者，比如黄晓星、吴蓓、李泽武等人；[②] 另一类是师范大学教育学专业的相关研究者，比如天津师范大学、华东师范大学等师范院校的一些硕博研究生。[③] 前一类对于华德福的考察大多停留在科普性和介绍性的阶段，其目的是让更多人了解华德福教育或者华德福教学；而后一类则大多是在教育学的视角下，从华德福教育的活动设计、传统节日教育、音乐教育、艺术化教育等角度分析华德福教育的特色，试图从中寻找可供主流教育借鉴的经验。纵观已有的研究，笔者认为对于华德福教育来说，还缺乏从文化的视角来研究华德福学校作为非营利机构产生影响的成果，这就需要我们进一步探讨教育与文化之间的关系。

### （二）教育的建构力：教育与文化之间的关系

教育与文化是教育人类学研究中的重要议题，从广义来看，教育可以发生在任何人或者任何群体的代际传递之中，子曰"三人行，必有我师焉"，就是指任何人身上都有值得学习之处；费孝通关于中国农村社会的研究也提到，过去在中国乡村中的教育是发生在家庭中的，孩子从长辈那里学习农业劳动和家务劳动，因此教育就发生在日常生活和劳作中，而不是发生在学校中的单纯文化教育（费孝通，1986）。随着现代化和工业化的发展，教育越来越与生活的其他方面分隔开来，并成为国家的一项专门事业，被安排在一定时空和情境中的学校教育体系开始在世界范围内建立，学校成为国家培养合格公民、劳动，发展人力资源的重要场所。从这个意义上来说，教育不仅仅是私人的事，更是国家发展的重要战略，因此大部分国家掌控着对教育的管理监督权，决定着国家教育的发展。国家也一般会用统一的学制和学习大纲来建立便于管理的标准化

---

① 中文名为中国华德福学校论坛，成立于 2010 年 9 月，是一个致力于保护和提升中国华德福教育品质的工作小组，主要由来自不同中国区域、经验丰富的华德福教师或早期实践者组成，同时也得到国外华德福权威机构相关导师的支持和帮助。

② 可参见黄晓星（2014）、吴蓓（2009）、李泽武（2004）、李泽武（2011）。

③ 可参见张栩（2008）、彭莉莉（2007）、黄瑾（2014）、王琳琳（2014）。

教育体系，同时通过这套标准化体系来培养"合格公民"。

无论从广义上还是狭义上去理解，教育都具有建构文化和社会的能力和效果。本尼迪克特和米德在对国民精神和文化气质进行研究时，其实也谈到包括家庭养育、学校教育等多个层面的整体性教育对国民性的建构有着重要影响（本尼迪克特，2012）。布迪厄则谈到了教育的文化和社会再生产功能。通过对法国高等教育中隐藏的不平等的研究和反思，他指出教育是一种符号暴力，社会不平等可以通过教育得以再生产；同时，他还指出"眼光"，即阶层的品位和审美是通过家庭教育得到再生产的一种历史产物（布迪厄，2015）。保罗·威利斯在《学做工：工人阶级子弟为何继承父业》一书中则指出工人阶级子弟继承父业，不仅仅是社会结构性因素再生产的结果，更是他们反叛学校主流文化的一种反智主义的结果（威利斯，2013）。当学校教育作用于工人阶层时，由于这个群体的自主性和能动性，亚文化得以产生，阶层得以复制。可以说，教育无时无刻不在传播文化，创造文化（顾明远，2000）。

本文关注的就是一批在教育和生活选择上强调自主性和能动性的中产阶级，我们力图理解他们如何通过批评主流的学校文化和主动参与非营利教育实践而建构出自己的亚文化。

### （三）作为非营利组织的华德福学校

劳凯声（2002）指出，教育是介于市场领域和政治领域之间的部分（第三部门），因此，从机构性质看，"公办学校应是一种非政府和非企业的社会组织，但民办学校公益性质是由举办者自己选择的……即使是作为公益性机构的民办学校，其办学行为一般都要利用市场途径，因而或多或少具有营利的性质"（劳凯声，2016）。从中国的实际情况来看，的确有很多民间私立学校是营利性质的。那么，华德福学校为何选择非营利组织的方式运作呢？

华德福教育的创始人斯坦纳针对当时一战后严重的社会危机构想了一系列关于政治、经济和文化的计划，试图重塑健康的社会。基于对久负盛名的自由、平等和博爱观念的彻底重新诠释，他提出了"三元社会"（Social Threefolding）的概念，即文化（自由）、权利（平等）和经济（"兄弟会"）三个领域的有机组织（Ashley，2009）。他认为健康的社会秩序应该是："政治生活应赋予人与人之间公平和正义为原则，所有的公民都有平等的权利和义务发展其心灵、个性，并与他人和平共处；在经济生活中，人们得学会热爱、投入，并与他人以兄弟般的合作，既不是平均主义，也不是恶性竞争；精神文化生活应是独立和自由的，政府机构只能关心人权，而不能干涉精神文化生活"（黄晓星，2002）。在这三元社会的构想中，学校和教育实践是文化领域的核心，即学校应该是服务于人们精神生活的一个文化机构，而不是一个为了营利的经济组织，所以遵循斯坦纳相关理念的华德福学校在创办之初一般将学校的性质定义为"非营利"，并且对于华德福学校这一非营利组织来说，"文化"构成其核心要素。

从文化视角对非营利组织进行研究主要有以下几个关注点：其一，部分学者将文化视为非营利组织竞争中重要的软实力，并认为是需要加强培育和建设的（欧阳雁玲等，2019；彭澎，2011）；其二，研究者指出一些非营利组织能够提供一定的文化服务，比如一些教育类、文化类的非营利组织对于公共文化服务供给、保护民俗文化和文物具有重要作用（蔡秀云、赵春生，2014；王泳波，2012；滕世华，2016；朱健刚，2016）；其三，还有一些学者关注非营利组织进行的社区营造和文化建设实践（张继涛，2016；乐园，2008；周如南等，2017）。这些学者都认为，非营利组织对于社区文化有着重要的影响，它的特定组织方式和价值导向也会让社区文化变成主要的改变目标。但是作为非营利组织的华德福学校和很多以文化服务为业务的组织不同，文化对它来说，不是一种服务或者产品，而是它自身运作方式所带来的看似"自然"其实是经过"设计"和建构的结果。

围绕着华德福学校一般会形成老师、学生和家长在其中共同生活、互帮互助的社区，在这个社区里也存在社区营造和文化建设的实践，但华德福学校作为一个非营利组织并不会明确区分组织的工作人员和被服务对象，而是倡导人人都是社区的参与者和建设者，并试图通过一系列的教育和生活实践构建出一种基于共同教育和生活理念的"认同感"。其文化建构产生的影响也不仅仅局限于一个固定的学校或者社区，有一个更大的华德福社群形成，这一文化结果的产生，离不开它多元的教育实践。因此，在下文中，笔者将论述华德福学校如何通过多元的教育实践建构出具有风格意义的亚文化群体。

## 三 田野素描

本文采用人类学的田野调查方法，试图对华德福教育的实践过程和结果进行细致的民族志调查和分析。笔者之一从 2003 年华德福刚开始在中国萌芽就接触和了解华德福教育，而在他的鼓励下另一位笔者自 2016 年 3 月开始进入华德福教育的田野，赴四川、广东等地参加华德福教育的相关会议、培训和讲座等活动，后于 2017~2018 年，在 A 省 B 市仙草村的阳光华德福学校担任辅班老师，并在学校所在社区开展为期一年的定点田野调查。

阳光华德福学校是一所已有八年校龄的替代性学校，坐落于山清水秀的城市郊区，距离 B 市有四十几分钟车程，仙草村大部分的民居沿着一条贯穿村子的省道呈狭长形分布。仙草村鸟语花香、绿树常青、空气清新，自然环境被保护得非常好。由于优美的自然环境，距离城市也不是很远，所以成了城里人周末休闲的好去处。仙草村也因此建了很多农庄和果园，供周末来山里的游客吃饭、休闲和娱乐。但由于农庄的数量供过于求，故有部分农庄在经营一段时间之后就面临倒闭的状况。

阳光华德福学校的办学场地原来就是这样一个倒闭的农庄，创办人是华德福教育的拥趸，也是学生的家长。他们选定该处为校址后，志愿投入了大量的金钱和人力对该处进行修缮、重建，最终建成了一个"麻雀虽小，五脏俱全"的校园。学校有一栋三层办公楼、一栋小学教学楼和一个单独成院的幼儿园教学区，有设计简约大方却精美的餐厅，还有单独的书画室、木工室、优律司美教室，另外还配备有小操场、户外活动区、乒乓球运动区等等。各项设施已经能满足基本的教学。华德福学校一般都很注重"审美"，因为实践者相信环境可以对学生产生潜移默化的影响，因此学校中的很多角落被精心布置装点过，不同于钢筋水泥、一板一眼的学校，阳光华德福学校多了些灵巧和线条，给人美感。不少被访者说第一次来到阳光华德福学校时，感觉像是走进了一个遗世独立的"桃花源"。

同时，学校的性质也被定义为"非营利"，在该校的《家长手册》上明确指出："该校财务收入完全以支持学园的良性运作和持续发展为目标，没有股份，也不分红，教职员工均以工资薪水的方式领取报酬；一切资产归学园所有，每年定期向理事会、教师团队、家长群体公开相应的财务报告。"① 阳光华德福学校的财务收入主要是学生学费以及社会捐赠，学校的财务报告也会定期进行公示。

---

① 该资料来自学校的《家长手册》。

在笔者做田野调查期间，学校共有 100 名左右的学生（从幼儿园到七年级），30 名左右的教职工，师生比例约为 1∶3；学校没有统一的课本，而是在华德福教学大纲的基础上由老师自行决定授课内容。小学阶段的课程包括：主课（语文、数学、建筑、测量等等）、音乐、优律司美、英语、手工课、木工课、蜂蜡课、书法课等等。学校的学生家长和老师从社会经济地位来说，个体虽然存在差异，但大部分属于中产阶层，根据参与观察、随机调查和对 30 多位老师的深入访谈，了解到学校学生家长大多为中小企业主、公司管理层或者收入达到中产及以上的自由职业者，还有一部分家长本身是学校的老师①。这些家庭有很多曾经居住在城市，他们原本可以让孩子在城市里去上很好的公立学校，也有富余的钱能让孩子上各种课外培训班，但他们放弃了这种优势资本，选择搬到乡下。目前这些家长大多在仙草村租了当地村民的房屋，平时居住在村里，他们笑称自己为"新村民"或"新山民"。大部分华德福家庭拥有车辆，部分在城市购置了房产，因此周末会往返于城市和仙草村之间。这些家庭多租住在村里三个比较集中的区域，随着学校人数的增加、彼此之间交流的加深和社区功能的完善，他们在当地形成了自己的华德福社区，并借用学校的名字称这个社区为"阳光社区"。

## 四　文化选择：选择华德福教育不仅是为了孩子

表面上看来这些从城市搬迁到乡村的"新山民"似乎是为了孩子不受主流教育之苦，牺牲自己的事业，以类似"孟母三迁"的方式来陪伴和支持孩子。但是我们的访谈发现，家长们并不认为这是牺牲，实际上他们更认为这是自己一种主动选择的结果，是一种对于另类生活方式、价值观的文化选择，是一种对自身和家庭的安排和规划。

首先，"自然环境"是被访家长常常会提到的一个原因，很多家长表示城市里有各种各样的污染，人心也比较浮躁，但是在仙草村，会感觉生活得很舒服，相比于拥挤的城市，他们更喜欢生活在乡村。例如把家从市区搬到了仙草

①　另外还有一部分老师是未成家的年轻老师，这部分老师在学历上来看可以达到中产的水平，但他们的经济收入比较低，与大部分家长有挺大的差距，不过这部分年轻老师不是本文讨论的重点。

村的企业主杨老板表示：

"我有个明显的感觉，就是同样一天，我早上九点钟去，晚上四点多回来，如果在山里待一天，我到晚上是神清气爽的，我不会累，但是如果我是去市区一天，我晚上回来是会累的，就是它对你的消耗是无形的，比如你出去办事，事情对你的消耗，以及光污染、噪声污染、空气污染，包括你的注意力、出去开车等各方面，但是在山里这个环境，都是各种绿树，所以在山里是享受的，在城市是被消耗的。"

其次，一个好的人居氛围也是家长们选择的重要原因。现代化不断发展的一个结果就是人与人之间的疏离，许多家长在访谈中提到了童年时期住在熟人社区中的美好回忆，在成年之后，也渴望那种人与人互相熟悉和信任的社区关系，例如辞职离开国企，选择在华德福学校工作的王老师说：

"我最早选择在这里，除了离家近，也是因为这里有一个社区的氛围，哪怕我那时候还没有住进来，但是因为需要在这里上课，一周有四天，就白天的时间都是在这里，会觉得大家之间的氛围很像我小时候成长的那种环境，因为我小时候生活在部队大院，邻里互相之间也是很熟悉，然后有事，互相之间说一声只要帮得上忙他都会很愿意去帮。"

追求个人成长以提升自己的生活质量是选择华德福学校的第三个原因。家长们感到，他们自己也需要成长，提升自己的生活质量。华德福教育的理念符合他们内心的期待，而送孩子来读书恰好成为他们可以追求自己这种成长的机缘。已经是副总经理的云实姐同时还是两个孩子的妈妈，她五年前也举家从城市搬到了阳光社区，在访谈中她说：

"我其实刚开始带着一点功利的目的，因为我儿子数学学得不好，所以我想着如果我学好了，我就可以回来教我儿子学数学。结果上完之后，我就坐在台下，突然那个门打开了，我就坐在那里一直哭，泪流满面，可能因为里面也有自己在成长过程中遇到的那种压抑、痛苦的感觉，然后一下子就被唤醒了，就明白了为什么。以前遇到很多事情你都不会问自己为什么，就很麻木地去承受，我觉得这就是事实呀，就是这样子呀，你也没办法去改变呀，但是在那一刻我明白了是可以改变的，我可以给我的孩子带来更美好的世界。然后人其实是可以活得完全不一样的。"

在访谈中，我们能听到很多这样的叙述，很多家长会说在接触华德福教育之后，自己的身体、精神、生活方式、自我和他人的关系等很多方面都发生了变化，生活质量也得到了提高，因为选择华德福教育不仅是为了孩子，还涉及一系列家长的自我建构，而在这个过程中他们逐渐形成自己的亚文化——"华德福圈"。

## 五 华德福圈：亚文化及其生产过程

### （一）"华德福圈"作为一种亚文化

"华德福圈"是华德福学校的家长、老师和学生反复叙述的一个既实在，又包含着诸多"想象"的共同体。一位家长说：

"你如果认可了华德福教育，你在这个圈子里，就像获得了一个身份认证一样的，大家就会有共同的价值观，在很多问题上大家有一个基点，大家是彼此信任的，可以彼此托付……因为未来社会是以价值观、审美观来进行人群细分的，追求华德福的这群人形成了一个小社区，可以说将来世界、社会相对来说会更加美好、更加和谐，然后这个小社区也是稳定世界的一个基石吧，能推动世界向一个更好的方向发展。我们未来就待在这个圈子里，然后将来让这两个孩子在这个社群这个社区里发展，我很有信心。"

从这位家长的访谈来看，她认为"认可华德福教育"就会在圈子里有"身份认证"，大家也会有相同的价值观，即她指出这个"圈"是存在共性和认同的。在笔者的观察中，这个圈子在实践和价值观方面确实存在一些共性，比如他们的孩子在华德福学校上学或者自己在华德福学校工作，另外很多华德福学校学生家长比较热衷于身心灵实践、认同斯坦纳提出的理论体系、愿意实践人智学的理念等等，由此会带来生活方式或者价值观念方面的趋同性；另一方面，他们更认同因孩子在同一个华德福学校读书而产生的实在的华德福社区，因为他们实地地生活在一起。不过很难明确地区分出谁是华德福圈子里的人，谁是华德福圈子外的人，故这个"圈"是有界无边的。

虽然边缘模糊，但对于这些家长、教师和孩子来说，华德福圈子是真实存在的，在他们的言谈中，常常会出现诸如"在我们华德福圈子里……"这样的话语，以表示一种区分和认同。一位名校硕士毕业却选择全职在家带孩子的妈妈说，有时候孩子在学校遇到同学之间相处的问题，她会偶尔鼓励孩子可以"去打一下"，她说："说心里话，我跟老师说我这样教孩子的话，在传统学校，老师会觉得你在挑战我，但是在华德福学校，我这样说了大家会理解。因为我觉得我的孩子是很懂规则，是往内收的孩子，所以我要这样鼓励她去打一下……"她认为"在华德福学校这样说大家会理解"，这是基于对这个圈子文化的认同和确信。

孟登迎认为亚文化除了反叛的路线外，也有重构的路径。这来自由滕尼斯（Ferdinand Tonnies）所开创的将社群与社会相区分的逻辑，这一逻辑认为前现代的"有机社群"形态（意识）已经被现代"社会"所破坏，而所谓"亚文化"群体则是已经被原子化、碎片化的个体重新建构社群意识时所结成的新的共同体或新的生活方式（孟登迎，2008）。华德福教育圈正是沿着这样的路径重构共同体，它具有区别于大众的风格，并能够从形象、行为和"行话"中体现出来（杨小柳、周源颖，2018）。

这种亚文化首先从着装上表现出来。笔者曾参加了亚洲华德福教师大会，在大会的现场，绝大部分人身着宽松棉麻材质的衣服，用他们自己的说法就是像"仙女"① 一样。另外，无论是使用丝绸和鲜花布置的会场、麻制布袋形式的会议手册，还是随处贴的手写指示牌，抑或是用歌声来衔接不同的会议环节，都表现出这个群体的自然和艺术倾向，笔者还感受到有一种共同的"默契"在推动着整个会议的流畅进行，比如大家都知道会议开始前的颂词环节是要站立和肃静的，会议休息时间结束时听到歌声是要安静回座的，等等，而这些默契或"默许的规则"就是基于共同的"亚文化"的。

这种亚文化的生活方式就是这样从他们日常的衣食住行等各个方面体现出来的，比如华德福实践者大都偏好天然的宽松的棉麻材质的衣物，在饮食上偏好有机食品，房间布置也会尽量选用自然的材质，在生活中注重环保和"审美"；在疾病的处理上，会倾向于使用中医和一些自然疗法，对西医普遍持质疑的态度；一些实践者会进行诸如冥想、内观等身心灵的活动来提升自我。

---

① 用"仙女"这个词来形容华德福老师的衣着，是笔者在参加华德福教师培训时候一位华德福老师自己说的。在一天晚饭后，我们一起走在路上，笔者对着前面的四位华德福老师说："哇，你们都长裙飘飘。"其中一位老师就转过来说："是呀，他们都说华德福的老师穿的就像仙女一样，但是我们小教培训还好一些，如果你去参加幼教培训（华德福幼儿园教师培训）就会看到那些老师更像仙女，哈哈……"当时那位老师说完之后我们都笑了，一是觉得这个词用得很贴切，二是原来华德福的老师还会自己"调侃"自己的穿衣风格。

在思维模式方面，华德福实践者常常使用一些玄学的词，比如全然、疗愈、身心灵、温暖、相遇等等；很多实践者主张"活在当下、不惧未来"；他们还认为感受比思考重要，有的表现出对"唯物主义"或"理性主义"的反感；在生活中他们也会时刻强调对自己状态和情绪的"觉察和觉知"；而在面对日常生活的挫折时，实践者常常会认为这些不顺心的事是用来"修"（修炼）自己的。

总之，华德福圈无论从生活方式还是思维倾向上已经具有了一定的共性，呈现风格化的亚文化特点。那么这种亚文化是如何产生的呢？其实"教育"在其中起了非常关键的作用，我们可以从华德福教育实践的"两个脉络"和"三个层次"来理解。

### （二）亚文化的生产：华德福教育实践的两个脉络

华德福教育的实践和发展可以分为两个不同的脉络，一个是人智学、华德福教育等理念对导师、老师、普通父母的"教育"和影响；另一个则是华德福教育的老师针对孩子的学校教育。第一个脉络指的是华德福教育理念的传播和学习的过程，这主要是通过华德福教育的相关培训、工作坊和会议进行的；而第二个脉络是指华德福教育的具体教学实践，这主要是通过华德福的学校教育进行的。这两个过程并非完全分离，而是互相影响的，但是第一个脉络的实践更为基础，因为只有让普通父母和成人了解了华德福教育，才有可能吸引这些父母把孩子送进华德福学校，也才会有第二个脉络的实践。美国学者奥博曼（Ida Oberman）认为专注于教师培训是华德福教育的一个显著特征，正因为这些教师培训，华德福教育的复杂体系得以保留（Oberman，2008）。中国第一所华德福学校的创办者黄晓星、李泽武就是在西方参加过人智学或者华德福培训的家长，他们回来创办学校的同时也开始致力于华德福教育培训系统在中国的建立。华德福学校数量在中国不断增加的一个基础要素就是各种相关培训的兴起，这些培训不仅"生产"了大量的华德福学校创办者，也在不断吸引着更多家长加入华德福教育的实践圈，这正是群体集聚和形成共同亚文化的基础，在不断的培训、交流和互动中，一种亚文化正在慢慢地酝酿。

华德福实践的第二个脉络，指的是华德福老师对孩子的学校教育以及对成人的教师培训和家长教育。不同学校的老师和家长共同参加一些培训，之后具体的实践即发生在学校。在学校，华德福老师运用从培训中、书本中或者同事中汲取的教学方法和教学理念，将华德福教育付诸实践。而这种实践，不仅包括对孩子的教育，还包括对成人的"再教育"。随着华德福学校的增加，一批批华德福学生和拥趸也被"生产"出来。对于学生教育来说，华德福学校没有统一的课本，给予老师很大的教学自由，但华德福学校的老师大多会依据华德福教育的理念，注重教学的节奏，注重从感受上升到思考的过程，同时，也会在教学中培养孩子对大自然的崇敬感。比如华德福学校中的孩子一天的学习从念颂词开始，颂词中会有很多亲近大自然的内容。[①] 但相比于"教学"，更重要的是老师本身对孩子潜移默化的影响，而这种影响其实就是文化传递的过程，也就构成了亚文化再生产的一个面相。

**（三）亚文化的建构：华德福教育实践的三个层次**

除了以上所说的两个脉络之外，华德福多元教育实践还可以从三个不同的层面进行理解。一般来说，在华德福学校周围会有一个因老师、家长和学生共同居住而形成的华德福社区，而在这些分散的小社区之上还有一个更大的社群，即由不同地区华德福社区共同组成的华德福圈，这个圈也正是亚文化的一种呈现方式。而在华德福学校、华德福社区和华德福圈三个层面分别进行着多元的教育实践，如图 1 所示。

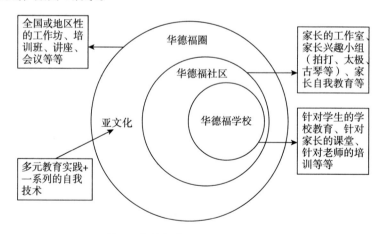

**图 1　华德福教育实践的三个层次**

---

① 1~4 年级的颂词：太阳，那爱的光芒每天照耀我，宇宙间的能量充满我的肢体，啊，大自然，您那无穷无尽的能量深深注入我的心底，让我充满精、气、神，我将尽心尽力热爱学习和工作，从您那得到光明与力量，回应您爱和感恩。5~8 年级的颂词：我看见这个世界，阳光普照，群星闪耀，岩石静卧，花草树木，生长不息，飞禽走兽，活泼有情，而人类被赋予心灵，使精神有所归依，我看到灵魂，住在我的身体里，天道运行其中。

在华德福学校层面，最主要的是老师们对学生的学校教育过程，但其实同时还存在针对老师和家长的培训，这两部分也是在华德福学校中非常重要的教育形式。在学校里，每周四下午是学校老师的会议时间，在会议中老师也会分享不同班级在教学中的趣事、难点或者问题，促进老师之间的经验交流，而周五下午的学习时间，则会围绕不同的主题对老师进行培训，使老师们不断深化对华德福教育、人智学等知识的学习和理解。同时，在周末，学校会组织全校性的家长课堂，促进家长对华德福教育理念和实践的理解，或者会由老师组织相关的读书会，带着家长去阅读华德福教育相关的书籍。几乎每一个华德福学校都非常注重对家长的"教育"，因为在学校看来，其作为一个非营利组织离不开家长等群体的资金等其他方面的支持，而华德福教育作为一种替代性教育也只有得到学生家长的支持，才会发展得更好，而支持的基础是"认识和了解"。这些不仅针对儿童，也针对成人的教育，进一步促进了华德福教育相关理念、实践形式和思维风格的传播和内化。

在华德福社区层面，则有更多有趣的教育实践，既有学校提供场地和支持的学习小组，也有家长自发组织的各种学习活动。比如这位家长说：

"在人文环境方面，华德福这个圈子，这个社区是挺好的，很多人都是在生活上有理想、有特点的人，我不能说有追求，不然好像显得别人没追求一样。而这群人在一起，大家会一起走得更远。比如今天早上就有人愿意分享人智医学的感冒，家长很多愿意学习，也愿意把学习到的东西分享给大家，而且学校也会组织各种各样的培训，比如学校的优律司美，我们学习的中医、太极、古琴、洞箫、吉他、书法等，就跟孩子一样，我们也要学习和成长，所以两个环境——自然环境和人文环境都会让人慢慢地向内走，找寻你生命的源头，向那个方向努力。"

在访谈中，他不仅提到了很多针对成人的教育和学习活动，这些活动虽然不是直接与华德福教育相关，但大多与华德福教育所蕴含的价值观相近，这位家长还指出了非常关键的一点，即这些活动对他产生的影响——"人慢慢地向内走"，而"向内走""注重内在的感受"等都是华德福社群的一种思维倾向。当然，除了这些实在的看得见的活动，还有很多日常层面微观的互动也在推动亚文化的生产。在阳光社区，华德福家庭成为邻里，在日常的交流互动中，不同家庭的教育理念也会互相影响，再加上学校的引导，华德福家庭教育呈现一定的共同点。其中的一个例子就是华德福家庭中一般没有电视机，家长对于孩子使用电子设备都会有明确的限制；另外，家长也会偏向给孩子购买棉麻等天然材质的衣服，不求"靓丽可爱"，但求"简单舒服"。有一个老师曾告诉笔者："不知道为什么，我就是能一眼辨别出哪些孩子是华德福的孩子。"这种直觉除了源于经验之外，也是由于亚文化的"浸染"使其有了一定共同的特征或者说"感觉和气质"。

当然，华德福的成人之间，即老师和家长之间也在互相影响、互相教育，逐渐形成一个共同体。很多被访者认为在华德福家长群中生活，自己的各个方面以及生活发生了很多变化：

"选择华德福以后，我们的家长群体，我们接触的人发生了一些变化，例如，有一些家长，他们可能有环境保护很深的观念，吃素食的观念，可能学习传统文化，在互相影响着。当然，我不是说纯粹的华德福，因为大家进了这个华德福里面，人与人之间都在互相吸收着一些能量，都在互相改变着，所以我觉得这是大家共同的进步……"

还有的被访者认为华德福圈的家长群体与其他人是有一定差异性的，这表明他们自己也意识到了"区隔"，而这种"区隔"是文化上的区隔："我觉得在这个社区生活超过我的想象，因为这群家长不管我对他们有什么看法，但有一点就是他有自我成长的意愿，这跟世界上的很多人就已经分隔开了，不管他成长到哪个阶段，跟你是不是合拍，他对这个世界有好奇心，他愿意尝试不一样的东西。"

而在更大的华德福圈层面，则是通过各种各样全国性或者地方性的工作坊、会议和讲座连接在一起的，这个层面主要是针对老师和家长的成人教育和自我教育，该层面的教育培育了一大批华德福社群。华德福教育认为"所有的教育都是自我教育"，因此除了组织的教育活动，华德福社群还有一系列可以自己进行的自我教育活动，比如斯坦纳提出的"六项练习"，另外还有越来越多的华德福相关书籍为社群提供了自我教育的资源和途径。

福柯指出："自我技术使个体能够通过自己的力量，或者他人的帮助，进行一系列对他们自身的身体、灵魂、思想、行为、存在方式的操控，以此达成自我的转变，以求获得某种幸福、纯洁、智慧、完美或不朽的状态。"（福柯，2010：241）我们可以看到，华德福学校的这些家长、教师和学生都强调对生活的自我选择和"操控"，他们一切都是为了自我更好地成长。而这一系列围绕华德福学校而产生的多元教育实践、"自我技术"和生活安排促使"华德福圈"变成了具有相似生活方式和思维倾向的"教育共同体"。

## 六 总结和展望

本文试图指出，正是华德福学校的民办非营利性质，使得其家长、教师和学生可以有空间通过三个层面的教育和自我的一系列实践来推动形成华德福圈的亚文化。这种亚文化可以让这部分中产家庭逃离主流教育给孩子和家庭带来的压力，这也折射出中国的部分中产阶级通过教育的选择和生活的安排来实现一种对现代性的逃离。同时，我们也可以看出中国的中产阶层在教育方面呈现的多元品位：既有想要买学区房，想让孩子上培训班、考上好学校的中产家庭，也有像华德福学校家长这样远离城市、希望孩子顺其自然成长的中产家庭。在晚期资本主义和新自由主义的逻辑下，个体有了更大的选择空间，这一方面意味着原本的阶层概念或许没办法真正去定义某一个群体，另一方面意味着个体可以根据对教育的再选择建构出自己的教育和文化共同体。民办公益性的华德福学校给他们提供了这种空间和可能，也给我们呈现了教育在文化建构方面的力量。

作为有使命导向的非营利组织的华德福学校，显现出了其在文化建构和社群建构方面的独特力量。在华德福学校里，并没有区分组织的工作人员和被服务对象，而是重视每个个体的力量以及教育和日常生活在文化建构中所发挥的作用。这种看似是个体的、自发的、志愿的非营利教育实践却存在营造出亚文化和共同体的可能性。而对于这些非营利教育的参与者来说，华德福教育不仅提供了另一种教育的选择，还提供了另一种生活和文化的选择。当然，上文也指出这种亚文化的建构不仅是一所学校所为，还需要整个社群的共同作用和个人内发的动力。

总之，通过对以非营利方式运营的华德福学校多元教育和生活实践的分析，我们可以看到亚文化是如何在相关的教师教育、学校教育、家庭教育和家长自我教育等一系列的教育和社区生活实践中逐渐呈现的。不过我们应注意的是，这个群体在生活方式和思维模式上虽然具有一定的亚文化风格意义，但不代表"圈子"里没有差异、批判和质疑。这种亚文化的内部张力，以及由此导致的冲突甚至解体，正是我们下一步要研究的方向。

**参考文献**

〔英〕保罗·威利斯（2013）：《学做工：工人阶级子弟为何继承父业》，秘舒、凌旻华译，南京：译林出版社。

蔡秀云、赵春生（2014）：《非营利组织公共文化服务供给研究》，《经济研究参考》，第41期。

费孝通（1986）：《江村经济（中国农民的生活）》，戴可景译，南京：江苏人民出版社。

顾明远（2000）：《文化研究与比较教育》，《比较教育研究》，第4期。

顾明远等（2019）：《中国教育改革发展的昨天、今天和明天——顾明远先生专访》，《重庆高教研究》，第2期。

〔德〕海因茨·齐默曼（2015）：《什么是人智学》，金振豹、刘璐译，深圳：深圳报业集团出版社。

黄晓星（2002）：《迈向个性的教育：一位留英、美学者解读华德福教育》，广州：广东教育出版社。

——（2014）：《华德福在中国：迈向个性的教育》，广州：广东教育出版社。

黄瑾（2014）：《华德福幼儿音乐教育——以长沙花果山森林幼儿园为例》，硕士学位论文，湖南师范大学。

李泽武（2004）：《我在英格兰学师范——华德福教育亲历记》，成都：四川大学出版社。

——（2011）：《重新学习做老师》，天津：天津教育出版社。

劳凯声（2002）：《社会转型与教育的重新定位》，《教育研究》，第2期。

——（2016）：《公益性视野下的公办学校定位问题》，《首都师范大学学报》（社会科学版），第6期。

乐园（2008）：《公共服务购买：政府与民间组织的契约合作模式——以上海打浦桥社区文化服务中心为例》，《中国非营利评论》，第1期。

刘旭亮（2012）：《美国选择性教育模式对我国教育的启示》，《高等函授学报》（哲学社会科学版），第2期。

柳圣爱（2010）：《韩国选择性教育的现状及展望》，《外国教育研究》，第2期。

〔德〕鲁道夫·斯坦纳（2013）：《斯坦纳给教师的实践建议》，温鹏译，高塔校，贵阳：贵州教育出版社。

〔美〕鲁思·本尼迪克特（2012）：《菊与刀：日本文化诸模式》，吕万和、熊达云、王智新译，北京：商务印书馆。

孟登迎（2008）：《"亚文化"概念形成史浅析》，《外国文学》，第6期。

〔法〕米歇尔·福柯（2010）：《福柯读本》，汪民安译，北京：北京大学出版社。

欧阳雁玲等（2019）：《非营利组织文化对组织创新的作用机制研究》，《科学学研究》，第12期。

彭澎（2011）：《NGO的组织文化及塑造研究》，《现代管理科学》，第8期。

彭莉莉（2007）：《教育的桃花源：华德福学校研究》，硕士学位论文，华东师范大学。

〔法〕皮埃尔·布迪厄（2015）：《区分：判断力的社会批判》，刘晖译，北京：商务印书馆。

滕世华（2016）：《非营利组织参与公共文化建设的途径与制度环境——基于上海的调研分析》，《当代世界社会主义问题》，第1期。

吴蓓（2009）：《请让我慢慢长大：亲历华德福教育》，天津：天津教育出版社。

王泳波（2012）：《非营利组织在美国文化产业中的角色及功能》，《学术论坛》，第7期。

王琳琳（2014）：《华德福教育的艺术化教学思想研究》，硕士学位论文，东北师范大学。

魏建国（2018）：《为何美国特许学校教育改革久盛不衰——兼论公立教育中的政府与市场》，《比较教育研究》，第2期。

闫旭蕾（2007）：《教育中的"肉"与"灵"——身体社会学研究》，南京：南京师范大学出版社。

杨东平（2016a）：《中国教育会好吗》，上海：上海社会科学院出版社。

——（2016b）：《重新认识应试教育》，《北京大学教育评论》，第2期。

杨小柳、周源颖（2018）：《"亚文化资本"：新媒体时代青年亚文化的一种解释》，《中国青年研究》，第9期。

杨兆山、时益之（2018）：《素质教育的政策演变与理论探索》，《教育研究》，第12期。

张继涛（2016）：《非营利组织与新农村文化建设：对英山经验的审视》，《湖北大学学报》（哲学社会科学版），第1期。

周采（1997）：《保罗·古德曼教育思想述评》，《外国教育研究》，第2期。

周如南等（2017）：《灾后重建中的社区营造——地方治理中NGO参与的比较研究》，《西南民族大学学报》（人文社科版），第1期。

朱健刚（2016）：《社会参与文物保护的政策与机制》，《社会力量参与文物保护论坛文集》。

张栩（2008）：《一种整体的视角：华德福整体课程思想研究》，硕士学位论文，天津师范大学。

Sliwka, A. (2008), "The Contribution of Alternative Education", Innovating to Learn, *Learning to InnovateInnovating to Learn*, Centre for Educational Research and Innovation.

Oberman, I. (2008), *The Waldorf Movement in Education form European Cradle to Ameri-*

can Crucible (1919 – 2008), The Edwin Mellen Press.

Ashley, M. (2009), "Education for Freedom: The Goal of Steiner/Waldorf Schools", in Philip A. Woods & Glenys J. Woods eds., *Alternative Education for the 21th Century: Philosophies, Approaches, Visions*, New York: Palgrave Macmillan.

# Non-profit Education and Production of Subculture: Examination of Waldorf Education

Zhao Jiexiang & Zhu Jiangang

[**Abstract**] Public primary and secondary education in China often falls into the strange circle of exam-oriented education. Some dissatisfied parents and teachers begin to seek alternative education models. Therefore, some private non-profit schools that advocate the practice and concept of holistic education came into being. The Waldorf education system introduced from Germany is one of the large-scale educational practices in contemporary China's private non-profit education. Since the first Waldorf school was founded in China in 2004, it has caused a "fever" of Waldorf education in China. Through ethnographic research, the author finds that Waldorf education in China is not only a response to the dissatisfaction of mainstream school education, but also involves a series of self practice and life arrangement dominated by the middle class. In a series of educational practices, such as school education, teacher education, family education and self-education, a subculture group with style significance is regenerated: "sub-culture circle of Waldorf".

[**Keywords**] Non-profit Education; Sub-culture; Waldorf Education; Self

(责任编辑: 蓝煜昕)

# 中国传统民间经济互助组织形态研究

## ——基于民国时期徽州钱会的考察[*]

徐志强[**]

**【摘要】** 黄山学院 2016 年编辑出版的《中国徽州文书（民国编）》第二辑中，收录了民国时期徽州地区的 21 份钱会文书，文书的时间范围为民国 3 年（1914）至民国 36 年（1947），文书记录了 34 年间徽州钱会管理运作及规制的变化情况。本文以此为中心，通过文本分析，考察民国时期徽州钱会的性质及形态，借鉴现代组织规范性理论，探讨在民国时期缺少国家法规制的背景下，中国本土特色民间互助组织在历史与现实情景中的真实形态。

**【关键词】** 民国；徽州；钱会；组织规范；组织形态

## 一　引言

虽然国家是社会管理的主导者，但是"民间社会的相对独立性始终是存在的"（杜万华，2003：249）。民间组织在慈善公益、文化教育、经济互助等方

* 本文获华东政法大学 2020 年科学研究项目资助。

** 徐志强，法学博士，华东政法大学助理研究员，研究方向为中国法制史、法律文化。

面发挥着重要的作用，成为民众社会经济生活中重要的自生性保障，钱会①则是众多民间组织中的代表。钱会在我国历史悠久，但其具体起源于何时，从现存史料中难以考证。主要原因在于"我国士者，讳言利禄，以为此乃市侩商贾之惯技，不为彼辈以孤傲清高自况者所取法，故而不入经籍，不载史乘，泊乎今日，史迹荡然，所得而述者，亦仅一鳞半爪耳"（王宗培，1935：3）。据王宗培先生推测，钱会大约发源于"唐宋之间"（王宗培，1935：6），距今已有上千年的历史。经过元、明、清时期的发展完善，到民国时期钱会组织已高度普及，以徽州地区为例，当地民众或以个人为单位，或以家庭为单位组会，参加多个钱会的现象十分普遍。

民国时期留存下来的大量徽州钱会文书，再现了当时徽州地区民众利用钱会开展自助互助活动的真实情境，对于研究中国传统民间组织具有重要的学术价值。尤其是近10年来以徽州文书为中心进行的钱会研究取得了显著的成果②。纵观以往研究成果，关于钱会的性质和存在形式可谓百家争鸣，主要观点包括以下几类。一是将钱会作为有名契约。如我国台湾地区将钱会作为有名契约之一；俞江的观点与之类似，认为"钱会的本质是借贷合同，但人们利用会式的复杂性，把它发展为一种简单的融资工具"（俞江，2017）；郭建则认为钱会与合伙契约相类似（郭建，2005：283）。二是认为钱会是一种经济金融组织。具有代表性的有日本学者仁井田陞，他认为钱会"与日本的融资互助组织'无尽'相当"（仁井田陞，2018：250）；胡中生也持有相似观点（胡中生，2011）；杨联陞将钱会作为传统信用制度研究，将其称为"合作借贷协会"（刘梦溪，1996：646）；宾长初以计量分析的方法研究后认为"当会款被用于生活应急时，则属

---

① 钱会是中国历史上最早的民间金融组织之一，因地域、风俗、习惯等不同有多种称呼，如银会、合会、互助会、轮会、摇会等等。其组织形式简单概括为发起人（会首）因自身经济需要，向亲友（会员、会友、会脚）若干人，募集一定数额的资金（可以是货币，也可以是实物）玉成一会。由亲友自愿认购一定数量的股份（可以是一人一股、一人多股，也可以是多人一股）。筹集到的基金（会额、会款、股本总额）在成员间流转（转会）。首期基金默认交会首收领生息，然后会员按股依次收领（得会、收会），每股都有一次得会的机会，得会的次序按照会员共同商定的方式确定，会期或以月计，或以年计，由全体成员共同约定，至所有会员均得会一次则钱会终止（圆会、散会）。

② 代表性的有：胡中生（2011：25~32），宾长初（2011：45~54），黄志繁（2013：95~108），王玉坤、刘道胜（2017：106~116），熊远报（2017：5~29），俞江（2017：1~22）。

亲友间的相互救助（或帮助）；当会款被用作商业投资时，则属民间融资性质；而从会脚的角度看，钱会又具有储蓄的功能"（宾长初，2011）。三是将钱会视为民事习惯的一种。如在 1930 年南京国民政府组织的民商事习惯调查（前南京国民政府司法行政部，2000）中，将钱会作为债权习惯列入调查内容；郑启福则认为，"民国时期钱会作为一种兼具储蓄和信贷双重作用的民间信用互助方式，在我国各地广为流传，并逐步形成了为当时社会所认同的钱会习惯法"（郑启福，2013）。四是从民事主体地位的角度，将钱会视为"法人"。具有代表性的有，黄志繁认为"钱会某种程度上具备了'法人'资格，钱会作为一种'法人'个体已经进入了经济交易领域"（黄志繁，2013）。综上，钱会在性质上属于契约、民事习惯抑或经济金融组织，学界存在不同的见解。钱会是否具有组织性是一个颇值得讨论的话题，如何界定其组织性？若将其定性为组织，它是如何管理运作的？它属于何种性质的组织？是合伙组织还是法人组织？它的组织特征如何体现？解决这些问题需要回到当时的历史情境中，借助相关史料还原其真实形态。

本文以 2016 年黄山学院编辑出版的《中国徽州文书（民国编）》第二辑中收录的 21 份钱会文书为基本史料，借鉴现代组织规范性理论，探讨民国时期徽州地区钱会在没有国家法规制的背景下，在中国历史与现实情景中，究竟是一种什么性质的存在形式，并试图指出其中被误读的方面。

## 二 钱会的组织性

通说认为"组织是指人们为了实现一定的目标、互相协作结合而成的集体"（王乐夫、蔡立辉，2012：55）。按照这一定义，钱会是集众人之力为解决个人经济困难而相互合作自愿组成的人的集合体。那么是否就可以据此称之为"组织"？显然还有不同意见，如前所述有的学者将之视为契约。产生分歧的原因在于对组建钱会的基础文本（钱会文书）的性质界定不同。从成立的基础关系来看，钱会是人们基于契约的结合，但是它不仅仅是人和人之间那种简单的"一手交钱，一手交货"的临时性结合。从组织构成的核心要素来讲，马克斯·韦伯认为"凡是当一个组织有着理性的明文规则时，它便可称作社团或机构"（韦伯，2005：71）。换句话说，是否具有明文规则是衡量一个组织是否具有完备形态的重要标准，这里的"理性的明文规则"可以理解为组织的管理规章。民国时期徽州地区钱会的管理已经十分规范，体现在其管理文本——钱会文书之中。

钱会文书是纸张与文字的结合，其本身虽然不会"说话"，但是它客观地记录了一定时空下发生于钱会之中的人际关系与财产关系，以及调整这些关系的相关规则；通过解读，并与同时期的契约、档案、方志、谱牒等史料文献相互佐证，钱会文书可以成为我们认识钱会"实然"形态的实物证据。其叫法不一，有会书、会约、会规、会券、会簿、会谱等称呼。本文认为从组织性的视角来看，以"会书"命名更能反映钱会的内涵特征，故以"会书"作为指代。民国时期徽州地区的钱会会书已经具有格式化的书写程式，其体例结构一般包括六个组成部分。

一是封面。一般包含文书的名称，如"会券""会书""会谱"等；然后是文书的持有人姓名，如"瑞娥胞姐执会券""首会宋观金家会书""汪长明订会谱"等；有的还会记载会首的姓名，如"首会瑞林"；如果是统一印制①的还有印刷者的名称，如"文星堂""福生书局"等。封面的核心内容是持有人姓名，与会股名录相对应，说明会书是记名凭证。一方面用以证明持有人具有钱会会员资格，另一方面表明实际持有人其姓名只有与会书记载的姓名相一致，才能行使钱会的相关权利。

二是会序。一般用简洁凝练的语言开宗明义，直接指明钱会的渊源、组会的缘由、名称等内容。反映钱会集亲友之合力应急互助的性质，强调亲朋邻里"共济通财"，并对参会众人仗义疏财的行为表达感激之情。如"荷蒙诸亲友赞襄义举雅集至公一会""窃以缓急相周，圣人尚矣有会相济，君子重焉……义取七贤玉成一会"。

三是会规。主要内容是钱会的管理规则及成员之间的权利义务关系等。一般包括：出资方式；会股数量，每股需交纳的会金（会款），基金总额（股本总额），如"亲友十位玉成一会，每人各出英洋五元，洋五十元正"，其中，"十位"代表会股数量为十股，"五元"代表每股交纳的会金，"五十元"代表

---

① 钱会采用统一印制形式在清代已有。学者研究表明，清代同治到宣统年间的16份会书中，有15份均有印刷会书或会券的堂号，早期有"聚宝盆""文堂""大文堂"，后期以"文星堂"较多。参见胡中生（2006：79~84）。

基金总额。会期短则数月，长则一年，如"议以周年一叙"。

四是会股名录。一般表述为"诸公台甫""会友台甫芳名"等。包括持有人姓名和持有的股数两个部分。如民国 20 年歙县厚臣等订会书"谨将诸公衔列后：首会方厚臣、会友萧永兴、晏渭川……"；再如，民国 5 年歙县宋廷寿等立会书"诸公台甫例后：宋长富一股、宋云李嫂一股、宋来祥一股……"。

五是会式。它反映的是成员得会的次序以及每一会期应当交纳的会金，同时根据会式可以计算出钱会的总体收支情况。从经济学的角度，当获得的回报大于其所付出的成本时，人们才愿意选择加入。也是出于这个原因，会式的规定十分详尽，且变化多端，可以说有多少类会式就会对应多少种钱会，即使是同类型的钱会会式也不尽相同。

六是会首签押。会书经会首签署后发给每位会员。"签押是传统社会中在契约文书上的署名或画押，表示签押者对契约文书内容的真实性、有效性以及约束力表示负责，具有法的效力。"（任志强，2009）会书的签押同样具有"法"的效力，表明会首受会书约束并对发起成立钱会的行为负责。

从制定过程来看，会书一般是由会首制定经会员认可；从主要内容来看，它是记载钱会成员相互关系以及管理规则的书面文件。据此，会书实质是一种法律文书，不仅是成员关系的契约，还是钱会据此进行管理的组织章程，对全体成员具有约束力。

## 三　钱会的组织章程

从发起人的视角，钱会的性质与自然人之间的借贷关系相类似，会首与会员之间存在债权债务关系，但同时钱会也是由若干成员结成的团体，具有组织化的形式，其相互关系远较借贷关系复杂。对于如何确保其顺利运行"始终如一"，成员之间的权利义务怎样分配，基金如何使用管理以及组织运行如何保障等，钱会制定了明确和详细的规则予以规范。

### （一）钱会的组织规则

钱会作为一个组织体，首先须有界定成员之间关系的规则，以此规范相互间的权利和义务。

#### 1. 会首的主要权利

一是制定会规。钱会是自愿性组织，会员自由决定选择加入，因此会首须事先将立会目的、出资方式、会期会式、组成人员以及管理规则等情况向会员进行解释说明，会员同意相关规则自愿选择参加。

二是收取首期会款的权利。这是钱会约定俗成的一种惯例，会首组会的主要原因是"事遇急则朋友相资，囊内钱空则君子联会"，由会首收取首期会款也是顺理成章之事。如"钱宜集齐一百四十千，初归鄙人首收""每位各付首会正共成二百元，付首会收领去生息"。

三是组织酒宴的权利。钱会是特定关系人的结合，感情的交流和人际关系的维系也是钱会运作的重要内容。通常在集会时"先兑洋后饮酒"，酒宴成为成员间联络感情、增进友谊的一种方式。酒宴一般"会酌公议"由会首全权负责，如"首会设席雅爱公议给洋四元正"，也就是首会负责设席，费用共同承担。

四是代替未到会会员摇点的权利。摇点是钱会确定会员得会的一种方式，即"拈阄摇点胜者得会"。如果集会时会员没有到场，钱会就无法继续进行，于是为防止部分会员不能按时参会导致集会无法进行，会员约定"银到人不到首会代摇"，赋予会首代替其摇点的权利，以确保钱会能够顺利召开。

**2. 会首的主要义务**

一是按期还本的义务。会首在取得首期会款后，从第二期开始，就要依照约定按期向会员履行还款义务，如"首会江振全每会照依收第几会者名下数付出"。会首还款方式无外乎两种，还本付息或只还本不付息，后者最能体现"朋友有通财之义，同人有共济之情"的互助之义。

二是召集集会的义务。会首是钱会的代表人，召集各期集会自然是其义不容辞之责。具体包括：在预定的会期到来前的合理时间内，确定集会的具体时间和地点，通知会员备齐会金按时赴会，如"三日前通知各办现洋上桌"；会首还应当提前置办好酒席，为"各位会友临期之日到首家内畅饮"做好准备。

三是签批会书的义务。钱会成立后，会首应将本人写立签押的会书，按照股本数量"各送一本"。"立会书一样八本，各执一本为后存照"等格式化的条款也成为一种惯例被记载于会书之中。对于钱会管理中发生的特别事项，譬如出现会员权利义务变更等，还应及时在会书中签批记载，如"得会者各卷上批名书押""会摇得者，须托会内未收之人作保会，当即登名书押"。另外，钱会终止时，会书应交回会首注销，即使不交回也视为作废，失去其权证的凭据功能。如"会终之日，会书缴还首会，如未缴作废"。

四是返还会员本金的义务。对于中途退会的会员，其出资也会受到保障，由会首负责返还。如"一会既蒙玉成，希祈全始全终，后有半途而止，其付出之洋须俟会终之日归还原本"。

### 3. 会员的权利义务

一是会规的同意认可与修订权。会规虽由会首事先制定，但事实上须经过全体会员同意认可，因为"一项决议只能对那些参与了该决议并与之结合在一起的人具有约束力，因此它应当是一致同意的决议"（韦伯，2010：848）。会员以其入会的行为表示对会规的承认，同时对于一些未尽事宜，会员也可以共同协商制定，并将商议的结果作为会规写入会书，如"凡洋五角者公议不找铜钞""会友公议迭年现洋做会"等。

二是互相监督的权利与及时全面履行的义务。为使钱会能够有始有终，会员不但负有按会规约定的条款及时履行的义务，也因此而具有互相监督的权利，这也是"立规作会须全妨以要终正"应有之义。

三是收取会款的权利与按约出资的义务。会员最重要的实体权利就是按期收取会款，该权利的实现以其依约履行足额交纳会金的义务为前提。因此，会员应"风雨无阻各备现资上桌，不押不欠""毋得私债低塞"。

### （二）钱会的资本规则

满足个人资金需求是钱会成立的首要目的，因此对于出资方式、股份构成、基金总额、如何使用以及收益情况等与资金有关的事项，钱会进行了约定。

### 1. 钱会的股份构成

会首根据实际需要的资金总额设定一定数量的股份，由会员自愿认购，集齐预设的基金钱会即告成立。钱会借助群体的力量解决个人经济上的应急之问题，以达到"缓急相周，聚腋成裘"的目的，因此一般每股金额的设定都较低，"每位各付洋两元"或"每位各付出印光英洋叁元"即可入会。股数可以由会首根据需要募集的资金总额进行调整，会员也可以根据自身的经济实力选择认购。既可以是一人一股；也可以一人多股，如民国19年歙县汪长明会中，方宗生就是一人持两股；还可以是多人合股，如"思溪二人共细娇二人共"，即是二人合持一股。此外，既可以是个人持股，也可以是家庭持股，如"亲谊十位集成一会……家长富、家丙未……"，其十股当中七股是以家庭为单位持有的。还可以是其他民间组织①持股。此外女性参会持股的情况亦不少见，如"兹叨十人玉成一会……瑞娥胞姐壹股、冬籣胞姐壹股、叶灶凤姑娘壹股"，即十股之中有三股由女性持有。钱会股份构成情况反映出钱会内部关系的多元化以及成员地位的相对平等。

**2. 钱会的出资方式**

出资方式一般由会首根据当时当地的经济生活水平和自身的实际情况确定。从实践看，以货币或实物（主要是干谷等粮食）出资均可。《中国徽州文书（民国编）》第二辑收录的21份会书中，有3份会书记载以干谷的方式出资，均出现在民国晚期，其中1945年1份、1947年2份。说明在民国中前期钱会以货币出资为主流。根据"1933年各地农村借款债户和借粮债户百分率统计表"②中的数据进行测算可知，"安徽地区纯借款家庭数占比为44%，纯借粮家庭数占比为37%"，也从一个侧面印证了这一点。有学者研究发现，"从抗战后期开始，徽州钱会变为以谷会或粮食会居多，算是清中期一百多年来最大的变化"③。钱会出资方式的变化反映了民国晚期徽州地区乡村社会经济变化的情况，说明徽州虽以商业著称，但其仍保持着一定的农业社会特征。同时，也说明钱会具有入会门槛低、出资方式灵活的特点，其实用性也是钱会高度普及并得以广泛流传的原因之一。

**3. 钱会出资的性质**

钱会中由成员众筹而来的基金处于一种"独立化"的状态，既独立于钱会，也独立于其成员，也就是说二者对基金的权利并不能称为所有。成员出资后即在钱会中享有一定的份额，这种份额被称为"会股"或"会脚"。会员凭借其持有的"股"或"脚"以预先设定的次序轮流获得基金的使用权，并承诺在自己未得会时依约分期交纳会金，实质上并未将资金转移给钱会，换句话说钱会不享有所有权。回到当时的历史时空，用"业权"来描述基金权利状态更

---

① 笔者掌握的文献之中未见民国时期徽州地区以民间组织形式参加钱会的情况，而在民国晚期的重庆和上海则有此情况。参见郑启福（2013：158～165＋176）。

② 该表中的原始数据为"安徽地区借款家庭数占62%，借粮家庭数占56%"，这两项数据都包含了既借款又借粮家庭数的占比，以此数据为基础测算，其占比为19%。参见严中平等（1955：342）。

③ 俞江收藏的钱会会书中，"谷会较早见于抗战中的1941年，仅两件。抗战结束后，谷会不减反增。从1945年底至1948年，共计11件会规，其中10件为谷会或粮食会，以钞为会额单位的钱会仅一件"。参见俞江（2017：1～22）。

为贴切，"它是一种能够为权利人带来收益的财产权利，权利人通过'管业'，即对被称为业的财产的控制和使用来实际获得收益"（赵晓耕，2011：363）。从基金的流转结果来看，一般来说先期得会者所付出的会金要多于后期得会者，前者意味着因获得基金的优先使用权而向后者还本付息；对于后期得会者则是零存整取储蓄收息。从资金总额来看，先期得会者付出的成本和后期得会者获得的收益总额基本相当。如果不考虑得会者运用基金获得的收益，会员在钱会所获得的经济收益实质是来自使用者付费，即先期得会者支付的会金。

### （三）钱会的保障机制

钱会在为民众提供融资便利、解决经济困难的同时，也存在相应的风险，因而制度化的保障机制十分必要。

#### 1. 个人信用担保

钱会从设立直到终止的整个运行期间成员的个人信用发挥着重要作用，信用可以视为会员对借贷行为提供的抵押品。在会规当中并没有直接规定不履行约定义务或中途退会的违约责任，仅是在序言中用建议性的语句表达对忠义守信、有始有终的期许，如"唯祈始终于一""同始同终是所厚望""务祈全始全终以昭公信"等。会员入会即以行为表示自愿履约承诺，也是对其他会员的信任。这不仅是熟人社会人际交往中一种约定俗成的默契，也是人们必须遵守的游戏规则，其背后"无形的手"就是信用，费孝通先生的解释是，"乡土社会的信用并不是对契约的重视，而是发生于对一种行为的规矩熟悉到不假思索时的可靠性"（费孝通，2015：7）。信用对人们的行为具有约束力，也同样维系着钱会成员间的相互关系。一方面，由于中国传统文化"义利之辨"中，君子"重义轻利""义以为上"的思想已深入人心，"义"是人们对自身行为的内在约束，进而转化为指引人们信守承诺的核心价值取向。会序中"古人倡大义于当年，后人慕高风以继世也"的表述也印证了这一点。另一方面，人们生活在"一个'熟悉'的社会，没有陌生人的社会"（费孝通，2015：6），每个人的一言一行都会引起周围人对其外在形象的舆论评价，最终累积为其个人的口碑信用，一旦其有失信行为，这种失信行为很快就会在与其熟悉的人际圈子中散布开来。正所谓"众口铄金，积毁销骨"，在外界舆论的强大压力下，他在熟人社会当中的生活将举步维艰。此时，信用便成为对其行为的外在约束。

#### 2. 规则公示公信

谋求交易安全和防范经济风险，仅依靠个人信用显然是不够的。钱会将

"口说无凭"的信用固化为"立字为据"的规则"以昭公信"。

一是"防微杜渐，忧在未萌"，用明确的规则主动规避风险。一方面对于可能引发违约风险的事项，在会规中以"禁止性条款"予以明确。包括会款即时交清，禁止拖欠，如"各备现洋上桌，不押不欠""届期预先奉闻，其洋应期全交不得挂欠"；不得将其他债务纠纷带入会内形成"三角债"，如"毋得私债抵塞""会外账目不能入会扣算"。另一方面明确准据法，以不变应万变。民国时期政局动荡，为防止通货膨胀带来的物价波动和货币贬值，在民国中期，钱会相应调整了会金的计价标准，如"会收付概归洋码，零找洋价依照南清口米市""倘遇洋价高低均照梁市结算"。

二是细化程序，保障成员实体权利。一方面对可能影响会员权益事项，会首以签批的形式及时进行登记，明确权利归属，如"拈阄轮摇点多得会，二同准前，三同大众打散重摇，得会者各卷上批名书押，均要保会承看"。意即此会以拈阄摇点的方式来确定得会次序，点多者得会；若有两人点数相同，则先摇点者得会；若三人点数相同，本轮摇点无效重新摇点排序，发生这种情况时要在会书中补充签批，如"杨玉□民国卅六年廿三点得会""张贵隆族兄归九会、吴树金先生归第八"等。此外，为防止会员重复收会，会员收会后，会首应将收会情况在会书中签批注明，如"程华玉君壹着，民国十八年五月十六日领去（押）"。另一方面增加了由收会人写立"会票"① 的程序，下举一例：

**会　票②**

立会票王长清今收到第十一会

王德福名下交来五元正准于 岁 月

轮收时交还　　　　　　　　决不越宿，恐口无凭。

立此会票存照。

民国念五年三月廿日 立会票王长清（印）

首会王德清（印）

会证

---

① 从笔者掌握的文献来看，徽州地区的收会票较为鲜见，另一例见于《民国十九年（1930）五月吴关欧会书》中，由俞江教授收藏，详见俞江（2017：1～22）。

② 转引自储建国（2010：31～40＋82）。

从内容上看，会票是由收会的会员得会时写立，并由会首共同签押后，交给当期未得会会员留存的。目的是表明收会的权利行使完毕，并承诺后续按约定出资返还。会票是对会首签批的一种补充，同时也反映出民国中期的钱会更加重视会员权益的保障。

### 3. 物保人保并重

虽有已有上述保障措施，但尚不足以完全抵消风险。一旦发生风险该如何处理？民国中期开始，徽州地区钱会增加了财产担保和保证人担保机制。

一是由会首提供财产担保。会首向会员签押本人写立的契约，将自己名下的田房园山等不动产作为抵押。用于抵押的不动产"（其值须倍于会额，多为田契之类），交与会脚递执，每年由得会者交来年得会者收执，得会后交往下届。会终后，返诸会首"（王宗培，1935：118）。如民国22年（1933）詹庆美所立出当契约①，"立出会当人詹庆美，承亲戚叔侄兄弟助身银会一局，计大洋一百元正，其洋各会友付身收领，今将大坞大路上茶柯竹园山一块，……与会友戴天祥、黄立新、黄秋美、詹荣先、戴焕章、黄万新、詹观顺、詹志美各会名下为业作押，……立此会当为据"。从出当契约内容来看，立约人詹庆美邀集叔侄兄弟8人成立助身银会，收领会款大洋一百元，将其名下"大坞大路上茶柯竹园山"当予8位会友"为业作押"，以此担保该会顺利履行。

二是会员作为保证人担保。未收会的会员作为保证人，为已收会会员承担担保责任。一旦已收会会员怠于履行或不能履行约定交纳会金义务，则由为其担保的会员代为支付当期会金。如"收会者归未收者作保"，类似的规定还见于民国25年歙县会首张石芝立会书、民国34年休宁县会首操足立会书、民国36年休宁县会首杨似玉立会书等。后三份会书虽然地域不同，但是对于保证人的规定，不仅内容一致，而且规则也更加详细，部分内容摘录如下：

> 一会摇得者，须托会内未收之人作保会，当即登名书押。
> 一会已得者，逢期不到保人代付无辞，如有未收者，银到人不到首会代摇，人银俱不到停签。

---

① 转引自黄志繁（2013：95～108）。

这种格式化担保条款的出现，一方面说明钱会的保障机制由被动的禁止向积极的履行转变；另一方面反映出钱会规则在实践中日趋完善，担保已成为一种常态。由原来的束手无策"人到钱不到，完酌人钱俱不到，诸位公论"变为"逢期不到保人代付无辞"。

担保规则的出现使得钱会在保障机制上发生了从量变到质变的飞跃。不同地区内容一致的规则，说明其已经转化为一种区域性的共识，作为一种"地方性知识"规范人们的行为，成为民间社会的自发秩序。

# 四　钱会的组织形态

构成钱会的各个要素，经过发起人的设计按照不同方式进行排列组合，呈现复杂多变的形态，很难找出完全相同的两个钱会。但从上述组织章程的具体内容之中，还是可以总结出民国时期徽州地区钱会的一些共性特征的。

### （一）互益性团体

互益性团体的形成源自人们为谋求自身利益的共同需要。"传统的利益集团理论认为，集团或组织的存在是为了增进成员个人的利益，形成一个集团动力来自其成员必定有共同的目标和利益。个人则通过其加盟的集团追求和实现个人利益。"（姚从容，2004）会首迫切需要解决经济上的燃眉之急，现实的情况却是单纯依靠无组织的个人力量是无法实现的。"理性的经济人"选择通过结会的方式互助合作。于是有着同样需求的个体，通过入会行为回应会首"集腋成裘永为契好"的要约，既满足自身同样的经济需要，又"济人之急成人之美"，实现多方共赢。另外，"互益性社团的基本角色定位应当是而且仅仅是为成员谋利益，为成员提供服务和产品"（褚松燕，2003）。钱会亦是如此，在会书序言部分，以"通财""共济""相睭"等表述，说明钱会的宗旨是互惠互利，其利益非归属于团体本身，也不涉及钱会以外的主体，而是限于钱会内部由其成员分享。因而有"倘有会外账目，不得在会内扣算"或"如有账目纠葛不得会上扣除"的规定。同时，互益性还决定了钱会是一个封闭性组织，无团体的独立财产，不参加团体之外的经济活动，不产生对外的债权债务关系，其运转模式是内部成员众筹而来的基金按照既定规则进行流转，每位成员均获得一次基金使用权后钱会即行终止。

### （二）人合性团体

钱会是特定关系人的联合体，具有人合性的特征。中国传统团体组织产生的根源在于"人类天性就有一种合群精神，并成为团体中的一员。从过去的人类活动来看。个人在谋划生活，并试图达到某些目的时，往往会感到自身力量的单薄，或者感到营谋不足。为了弥补这些不足，最有效的办法当然还是成立或参加各种社会团体"（陈宝良，1996：465）。民国时期徽州地区的钱会亦是如此，"扶（夫）会者，乃济人之急成人之美也。今蒙亲友敫成一会"。个人因经济需要求助亲友乡邻结会"抱团取暖"，原本就是乡村社会民众自我保障的一种方式，如民国 10 年歙县江济清等在立会书中写道："近者仁风未堕古道犹存，事遇急则朋友相资，囊内钱空则君子联会。"从形式上看，钱会的资金来源于众筹，似乎具有"资合"的特征，但是资金聚集并未形成组织独立的财产，也就是说钱会并不像其他组织那样通过经营专属财产增值，维持组织运作。在本质上钱会成立与存续的基础是成员之间存在的某种个人关系，这种关系从会书中的称谓上可见一斑，如"张贵隆族兄、郑银遂姨丈、江天才岳母、宋云李嫂、叶灶凤姑娘"等。这种关系促成成员间的互信，并维持和保障钱会的运作。

梁治平认为，"任何钱会都不只是利益团体，它们同时也是关系团体，会首就处于其中心"（梁治平，2015：119）。会首作为钱会的核心，以其信用、口碑等积累的人脉，吸引、影响、求助身边的亲友乡邻"承亲友之深情""缓急相济"。会员之所以愿意出资相助，除了情谊道德上的"邻里乡党有相赒之义"外，"从经济学角度，社团成立的前提条件是，首先社团组织者有足够的实力组建社团"（姚从容，2004）。会首的实力体现在两个方面，一是其经济实力是否足以偿还债务，二是在亲友之中是否有足够的信用。正是基于对会首实力的信赖，会首和会员结成了利益共同体。会员之间因为会首而发生联系，即使入会部分会员间并不熟悉，但是仰仗会首的面子与威信，在会首的牵线搭桥和协调下彼此达成互信，实现人际关系的整合。同时，这种人际关系也在复制和拓展，"好像把一块石头丢在水面上所发生的一圈圈推出去的波纹。每个人都是他社会影响所推出去的圈子的中心。被圈子的波纹所推及的就发生联系"（费孝通，2015：28）。会员也可以成为另一个或几个钱会的核心，一人多会、互相参会的现象也很常见，如"民国 5 年歙县宋长富，同时参加了会首宋廷寿的钱会和会首宋观金的钱会；民国 34 年休宁县操足自己作为会首建立钱会，而后又于民国 36 年与杨义合股参加会首杨似玉的钱会"。这种我中有你、你中有我，交叉参会的情况，进一步强化了会员间的信用基础，由此形成了以个人为中心，以血缘、亲缘、地缘关系为纽带，相互联结、交错纵横的社会关系网络。

### （三）非法人团体

"法人"从字面意思理解就是法律拟制的人，其概念源自罗马法的"团体"，它是由若干个体结伙而成的现实存在体，不因个体的更替而变化，因此，罗马法将其等同于人，并赋予其"人格"，使其具有权利能力和行为能力，并以其财产承担相应责任。判断一个团体是否属于"法人"，就要从其本质特征入手。江平教授认为，"法人的本质特征有二：一是它的团体性，二是它的独立人格性"（江平，1994：1）。

钱会是人的集合体，成员少则几人多则十几人，其团体性毋庸置疑。那么它是否同时具有"独立人格性"，就成为决定钱会能否作为适格"法人"的关键。马克斯·韦伯认为，"从技术性法律观点来看，如果一个组织没有以自己名义订立契约时所必需的财产，法律人格的概念就没有必要"（韦伯，2010：850）。也就是说法人"人格"派生于具有属于自己独立的财产，这也是法人对外享有民事权利和承担民事义务的必要条件，可以说"无财产即无人格"。从财产的所有权关系来看，钱会募集到的首期基金"付首会收领去生息"，从第二期开始基金在会员之间轮转使用，或"照前议定位次全数交收"，或按"拈阄轮摇点多得会"，可见其所有权并未转移给钱会。同时，会书中也未见钱会独立享有财产所有权的相关约定。这显然不是钱会成员的集体遗忘，而是因为在当时人们的观念之中，聚资集会的目的并非以组织的形式营利，而是集众人之资，通过基金的"集—散"实现众筹互助的功能。

有学者依据"古坛水岚 91 号文书民国二十二年（1933）詹庆美所立出当契约"，认为"钱会某种程度上具备了'法人'资格"（黄志繁，2013），该当约的性质前已述及故不复赘述。需要指出的是，按照契约原文"与会友戴天祥、黄立新……各会名下为业作押"，会首詹庆美出当的对方当事人应理解为会友"个体"，而并非钱会本身，据此将钱会视为"法人"组织，笔者认为似有不妥。

另外，从钱会产生的社会经济背景来看，徽州地区的钱会发端于乡村社会，民众以自愿性为原则依靠私人关系自发结成团体，与官方行政强制无关，所以其具有民间性的特点，形成的是"私法"秩序。民国时期的民法典中也没有与钱会相关的条文规定，仅在 1930 年南京国民政府组织的民商事习惯调查①中，将钱会作为民事习惯列入调查内容，故不会像罗马法那样通过法律赋予其法人主体地位。

## 五　结语

钱会文书是活化的资料，为我们研究钱会组织规则及形态提供了实物证据。将其置于特定的历史时空、地域环境，并嵌入具体的社会关系中加以解读，我们发现钱会是"各种会中组织最严密、形态最发达的一种"（梁治平，2015：114）。同时，对其产生的部分误读也应予以澄清。一方面，钱会不像其他民间组织那样以独立身份参与社会经济生活，不以经营会产增值的方式维持组织发展，其整个存续期间不涉及外部活动，也就是说钱会不具有主体性。另一方面，钱会以众筹方式募集而来的基金，仅在内部成员之间流转使用，如果不考虑其具体用途，基金在总量上不产生增值，故而钱会不具有营利性。此外，基金既独立于钱会又不属于成员共有，按照现代民法理论，既不能等同于以财产由成员共有为基础的合伙组织，也不能等同于以财产为组织专有为前提的法人组织。

钱会是民众个人利益的组织化，哈耶克认为"人们之间的合作始终是以自生自发的秩序和刻意建构的组织为基础的。毋庸置疑，对于诸多内容明确的任务来说，组织乃是促使我们有效合作的最有力的手段"（哈耶克，2000：67~68）。钱会也是如此，其组织的实然形态是"一些分散的利益主体基于其利益的基本一致性，而进行联合并以一定的组织结构约束这种联合的状态"（王锡锌，2008）。钱会的组织形态是其内在价值的外化，有着多元化的表现形式。钱会的形成具有自发性，是人们谋求共同利益现实需要的客观呈现。组织体的结构与秩序是自我建构的结果，与国家对民间组织的制度设计无关。

---

① 参见前南京国民政府司法行政部（2000）。

它是人的联合体，具有人合性的特征。"邻里乡党有相赒之义"，因义而通财，既是传统社会民众约定俗成的行为准则，也是钱会凝聚成员的思想基础。"互济通财"是钱会的组织原则，"'利己'的个人便通过'结团成社'的方式去谋求那些通过个人行动而无法获得的那一部分共同利益"（姚从容，2004）。而且与其他组织不同，利益共享仅限于组织内部成员，故而钱会又显现出互益性的特征。

民国时期徽州乡村社会，由于政府提供的保障措施不能完全满足社会需要，相应市场化的货币储蓄借贷等金融机构在乡村尚未健全，加之政局动荡，民众日常生活借贷、商业融资等现实需求为钱会提供了发展的土壤。人们面对复杂多变的社会环境，为了增强自身生存能力，就必须借助团体的力量进行互助合作。经济利益的一致，使不同社会阶层的民众结合在一起，进一步拓展了基于血缘、亲缘、地缘关系的社会关系网络，钱会成为民众更为广泛的社会合作方式。这种非制度化而又独特的组织形式，由民众按需设立、依规管理、期满终止，如此反复，构成了中国本土特色民间组织的一道独特的风景，既体现了中国文化中"朋友有通财之义，同人有共济之情"的道义原则，又实现了"缓急相赒"互助相资的自我救助功能，展示了民众的集体智慧与民间组织制度的创造力。钱会这种民间自组织形式在整合社会关系、建构社会秩序等方面的独特价值，值得我们进一步加以研究探寻。

**参考文献**

宾长初（2011）：《清代徽州钱会的计量分析——基于〈徽州文书〉第二辑所收会书的考察》，《中国社会经济史研究》，第 4 期。

褚松燕（2003）：《关于互益性社团的"公益效应"分析》，《天津社会科学》，第 5 期。

储建国（2010）：《论中国钱会及其信用票据》，《中国钱币》，第 2 期。

陈宝良（1996）：《中国的社与会》，杭州：浙江人民出版社。

杜万华（2003）：《马克思法哲学与法律社会学理论研究》，北京：法律出版社。

费孝通（2015）：《乡土中国》，北京：人民出版社。

郭建（2005）：《中国财产法史稿》，北京：中国政法大学出版社。

胡中生（2006）：《钱会与近代徽州社会》，《史学月刊》，第 9 期。

—— (2011)：《融资与互助：民间钱会功能研究——以徽州为中心》，《中国社会经济史研究》，第 1 期。

黄志繁（2013）：《清至民国徽州钱会性质及规制之演化——基于婺源县钱会文书的分析》，《中国农史》，第 2 期。

〔英〕哈耶克（2000）：《法律、立法与自由（第二卷）》，邓正来、张守东、李静冰译，北京：中国大百科全书出版社。

江平主编（1994）：《法人制度论》，北京：中国政法大学出版社。

梁治平（2015）：《清代习惯法》，桂林：广西师范大学出版社。

刘梦溪主编（1996）：《洪业杨联陞卷》，石家庄：河北教育出版社。

〔德〕马克斯·韦伯（2010）：《经济与社会（第二卷）》（上册），阎克文译，上海：上海人民出版社。

前南京国民政府司法行政部编（2000）：《民事习惯调查报告录》，胡旭晟、夏新华、李交发点校，北京：中国政法大学出版社。

任志强（2009）：《宋以降契约的签押研究》，《河北法学》，第 11 期。

〔日〕仁井田陞（2018）：《中国法制史》，牟发松译，上海：上海古籍出版社。

王乐夫、蔡立辉主编（2012）：《公共管理学》，北京：中国人民大学出版社。

王锡锌（2008）：《利益组织化、公众参与和个体权利保障》，《东方法学》，第 4 期。

王宗培（1935）：《中国之合会》，南京：中国合作学社。

〔德〕韦伯（2005）：《社会学的基本概念》，顾忠华译，桂林：广西师范大学出版社。

王玉坤、刘道胜（2017）：《清朝至民国时期徽州钱会利率及运作机制考述——基于89 份徽州钱会文书的考察》，《安徽史学》，第 4 期。

熊远报（2017）：《在互酬与储蓄之间——传统徽州"钱会"的社会经济学解释》，《中国经济史研究》，第 6 期。

姚从容（2004）：《社团产生与发展的经济学分析》，《江淮论坛》，第 1 期。

俞江（2017）：《清中期至民国的徽州钱会》，《安徽大学学报》（哲学社会科学版），第 4 期。

严中平等编（1955）：《中国近代经济史统计资料选辑》，北京：科学出版社。

赵晓耕主编（2011）：《身份与契约：中国传统民事法律形态》，北京：中国人民大学出版社。

郑启福（2013）：《民国时期钱会习惯法研究》，《西南大学学报》（社会科学版），第 2 期。

# Research on the Form of Chinese Traditional Folk Economic Mutual Aid Organization: Based on the Investigation of Huizhou Money Association during the Period of the Republic of China

Xu Zhiqiang

[**Abstract**] The second edition of the Chinese Huizhou Documents (edited by the Republic of China), edited and published by the Huangshan City College in 2016, contains 21 Money Association documents in the Huizhou area during the Republic of China. The documents range from the three years of the Republic of China (1914) to the 1947 Year of the Republic of China (1947), it documents changes in the management and regulation of Money Association in Huizhou over a 35 – year period. Taking this as the center, this paper, through text analysis, examines the nature and form of the Money Association in Huizhou During the Republic of China period, and discusses that, under the background of the absence of state laws and regulations during the Republic of China period, modern organization normative theory is used for reference as the contrast, in order to identify the local characteristics of Chinese folk mutual aid organizations in the history and reality of the situation in the real form.

[**Keywords**] Republic China; Huizhou; Money Associations; Organizational Norms; Organizational Form

（责任编辑：赖伟军）

# 平衡补足与补充：危机时期社会组织功能审视

## ——以上海真爱梦想公益基金会为个案[*]

周　俊　刘　静[**]

【摘要】 常态时期的社会组织功能理论难以有效解释危机时期的特殊现象。基于补足论和补充论，依据社会组织履行社会责任和实现组织使命的现实要求，可以将危机时期的社会组织划分为平衡型、补足型、补充型和无为型四类。平衡型社会组织积极协助政府开展危机治理工作，同时围绕组织使命深挖服务对象在特殊时期的需求，能够在社会责任与专业性之间找到平衡点。上海真爱梦想公益基金会在新冠肺炎疫情中的表现较好地体现了平衡型社会组织的功能实践及其组织支撑，在一定程度上验证了本文的分析框架。社会组织要在危机时期实现补足与补充功能的平衡，需要高度重视常态时期的组织建设，尤其需要加强社会责任意识和提高专业能力。

【关键词】 危机时期；社会组织；补足功能；补充功能

---

* 基金项目：国家社会科学基金重大项目"政府培育发展社会组织的效应研究"（18ZDA116）。

** 周俊，华东师范大学公共管理学院教授、博士生导师，华东师范大学社会组织与社会治理创新研究中心主任，研究方向为政社关系、社会治理创新、公益慈善；刘静，华东师范大学公共管理学院硕士研究生，研究方向为社会组织、公益慈善，通讯作者。

# 一　问题提出

在突发公共危机事件中，社会组织常常被寄予厚望，但复盘新冠肺炎疫情防控，在社会组织的作用发挥上却存在较大争议。一种观点认为，无论是在动员捐赠还是在提供服务方面，社会组织都不尽如人意。有数据表明，截至 2020年 3 月 1 日，132 家顶级民营企业累计捐赠现金 58.9 亿元，其中仅 5% 流向社会组织；① 在 2020 年的政府工作报告中，志愿者的贡献受到表扬，但社会组织未被提及。另一种观点认为，社会组织在疫情防控中的作用显著，它们动员社会、捐款捐物、服务特殊人群，如果说国家是主流、大河、主干道，社会组织则是支流、小河、小血管。② 那么，在争议中，应该如何对特殊时期社会组织的功能做出合理评价？要回答这一问题，需要先明确危机时期社会组织的功能定位。

目前尚缺乏对危机时期社会组织功能的研究，集中于常态时期的研究主要包括两种观点：一是认为社会组织应发挥补足政府的功能，提供政府无法提供的公共产品（Weisbrod，1986；Douglas，1987；Young，2000）；二是认为社会组织应与政府合作解决社会问题，两者在功能上具有相互补充性（Salamon，1987；Young，2000）。这两种观点存在明显的竞争性，究竟哪种观点可适用于危机时期的社会组织仍未可知。而我们在对疫情期间社会组织的观察中发现，大多数社会组织分别发挥补足（supplementary）和补充（complementary）功能，部分社会组织比如上海真爱梦想公益基金会（以下简称真爱梦想基金会）等同时发挥补足与补充功能。有鉴于此，本文在反思补足论和补充论的基础上结合我国的现实情况，建立危机时期社会组织功能的分析框架，并以真爱梦想基金会为案例对分析框架进行验证。文章旨在回答两方面问题：一是危机时期社会组织的功能与常态时期有何区别；二是危机时期社会组织如何平衡补足与补充功能。需要指出的是，本文所讨论的社会组织不包括中国慈善总会、中国红十字会等体制内社会组织，仅指具有法人身份的民间社会组织。

---

① 参见吕鹏、刘金龙等《152 强民企的捐赠画像：力度与偏好》，载"社计师"，https://bai-ji. org. cn/？ p = 1492，最后访问时间：2020 年 7 月 14 日。

② 参见阎加伟《疫情下，社会组织到底发挥作用了吗？发挥了多大作用？》，载"凤凰财经网"大风号，https://gongyi. ifeng. com/c/7vU05tuROND，最后访问时间：2020 年 7 月 14 日。

## 二 文献回顾与理论框架

在政府与社会组织关系研究中存在补足和补充两种理论的论争，这两种理论在常态治理中都有较充分的理论和实践支撑，下面分别进行简要综述（见表1）。

在补足论看来，社会组织满足了政府无法满足的公共产品需求，填补了政治偏好导致的政府公共服务空白（Douglas，1987；Lu & Xu，2018）。据此观点，政府与社会组织之间是一种相互竞争、相互替代的关系，因而，如果政府提供某类公共服务多一些，那么社会组织提供该服务的空间就小一些，政府规模与社会组织规模存在负相关关系（Weisbrod，1986）。

市民社会理论与政府失灵理论为理解补足论提供了支撑。市民社会理论的重要假设为国家与社会二元对立、边界清晰且相互制衡，基于此，如果政府对社会的干预增多，社会自治领域会相应退缩，社会组织的服务功能则随之减弱（周俊、郁建兴，2009）。政府失灵理论揭示了政府主要满足中位选民需求，无力提供非规模化公共服务，提供公共服务时存在灵活性差、成本高等现实问题（Dolfsma，2011），从侧面论证了社会组织发挥灵活性、专业性等优势，提供小规模和个性化服务的必要性。

社会组织的补足功能得到了实证研究的有力支持。Matsunaga等（2012）利用约翰·霍普金斯比较非营利部门项目（CNP）的数据开展研究，发现社会组织规模随政府未满足需求的异质性的增强而扩大。Kim（2015）通过研究社会组织的慈善捐赠和志愿活动发现，社会组织可以使用志愿资源满足政府尚未满足的公民需求，从而补足公共服务缺口。Jeong和Cui（2020）在研究美国政府与社会组织在艺术、健康和公共服务领域的关系时发现，如果政府在某一领域提供的服务、使用的资金越多，社会组织在该领域的参与程度越低。

然而，补充论对补足论提出了挑战。补充论认为，社会组织与政府并非此消彼长的关系，它们常常合作提供公共服务，政府的公共服务支出规模越大，社会组织规模越大。法团主义理论和第三方治理理论为理解补充论奠定了基础。法团主义理论强调政府与社会组织之间的制度化联系与互动，认为社会组织可以通过承接政府委托的职能，发挥协助政府治理的作用，从而成为政府制度的重要组成部分（刘安，2009）。第三方治理理论以政府失灵、志愿失灵理论为基础，前者强调通过政策工具创新抑制官僚机构弊病、减少政策失败，在公共服务提供中尤其重视对市场和社会工具的应用，认为政府应借助补助金、补贴和合同等工具与社会组织共享公共资源、合作提供公共服务（Malatesta & Smith，2014）；后者指出，虽然社会组织可以利用其在特定领域的专业性和广泛的慈善资源弥补政府失灵的不足，但它们本身存在供给不足、业余主义等问题，因而，应建立第三方治理模式，由政府承担"资金和指导的提供者"责任，由社会组织等第三方机构扮演"服务递送者"角色（Salamon，1987）。

补充论在实证研究中同样有丰富体现。近年来，快速的社会经济变革导致政府在公共服务供给上面临巨大压力（Zhan & Tang，2013），政府寻求社会组织帮助、与社会组织共同提供公共服务已成为常态（Kim，2015）。Lecy 和 Van（2013）使用美国 331 个城市地区面板数据的研究发现，相比较于填补政府公共服务的空白，社会组织补充政府不足、与政府合作供给服务的现象更为普遍。Kim（2015）等学者使用 1992 年至 2012 年间 20 个经合组织国家的面板数据进行研究，发现一个国家的非营利部门规模（以总收入衡量）与政府规模（以社会福利支出衡量）之间存在显著的正相关关系。Liu（2017）使用美国县级数据对政府失灵理论和相互依赖理论进行检验，发现在不同的模型中，政府支出规模与社会组织规模之间的正向关系都能得到有力支持。

**表 1　社会组织的补足功能与补充功能**

| 社会组织功能论 | 主要内涵 | 社会组织与政府的关系 | |
| --- | --- | --- | --- |
| 补足论<br>（supplementary） | 社会组织与政府相互独立，社会组织弥补政府提供公共服务的缺口 | ⟶<br>⟶ | 社会组织<br>政府 |
| 补充论<br>（complementary） | 社会组织与政府相互依赖，社会组织与政府合作提供公共服务 | ⤬ | 社会组织<br>政府 |

对中国社会组织功能的研究大多是在宏观层面证实补充论。早在 1991 年就有研究提出，中国社会组织"为政府提供的商品和服务提供了一种替代方案，或者在许多情况下是一种补充"（Whiting，1991：21）。此后的研究也多认为中国政府与社会组织不是彼此替代、互相冲突的，而是相互合作和补充的（王建军，2007）。社会组织"在活动方向上密切配合政府，将获得政府资助和补贴作为主要的资金获取渠道"（苏曦凌，2020：82），基于大样本数据的研究也表

明，在鼓励政府与社会组织合作的政策环境中，公共服务财政支出越多的省份，其社会团体和民办非企业单位的数量越多（李国武、李璇，2020），中国社会组织与政府之间的关系更有可能是补充而非补足（Lu & Xu，2018）。

基于既有研究，本文认为，从宏观上看当前的中国政社关系更加契合补充论，这具体体现在大量社会组织活跃在政府的重点工作领域、社会组织与政府的合作日益增多等多个方面。然而，在微观层面，补充论虽然可以解释社会组织与政府合作实现共同目标的行为，却难以解释社会组织拾遗补漏、填补政府职能缺角的现象。以教育领域为例，从宏观上看，教育是国家的战略重点，政府和社会都高度重视教育投入，民办非营利性教育机构是对政府教育事业的有益补充。从微观上看，部分社会组织参与政府购买教育服务，主要甚至仅仅依靠政府资源生存；部分社会组织致力于提供区别于政府服务的个性化教育服务；还有部分社会组织既与政府合作，又提供个性化教育服务。这即是说，当从个体层面观察社会组织时，补足论和补充论都具有适用性，而且社会组织似乎可以在两种功能中进行选择，形成不同的功能结构。

此外，对危机时期社会组织功能的讨论需要充分关注危机治理的特殊性。危机治理不仅是政府的责任，而且需要全民参与和配合，社会组织的本质属性决定了它们在承担危机治理责任上具有更大的必要性（Bluemel，2005；李清伟，2009）。因而，一方面，社会组织有必要像其他机构一样配合政府要求，发挥补充政府功能的作用，比如积极响应政府的捐赠号召；另一方面，由于社会组织代表着灵活、专业、便捷地解决社会问题的途径，所以社会还期待它们能够在自身业务范围内以专业的方式解决一些政府顾及不上的问题。因而，与常态时期社会组织可以在补足与补充功能之间进行选择不同，危机时期的社会组织必须同时承担两种功能，这无疑对社会组织提出了挑战。

因而，本文提出理解危机时期社会组织功能的两个基本维度：参与危机治理的责任与组织使命。参与危机治理的责任用于衡量社会组织发挥补充政府功能的程度，组织使命用于衡量社会组织发挥补足政府功能的程度。需要说明的是，在常态时期，社会组织的组织使命既可以是对政府功能的补充，也可以是对政府功能的补足，但是在危机时期，只有特定领域的社会组织与政府具有相同目标，在这种情况下，它们围绕组织使命开展工作即是发挥补充政府的功能，比如，北京韩红爱心慈善基金会是一家长期关注医疗卫生事业的公募基金会，它在疫情时期为医护人员筹资，既是实现组织使命，又是参与疫情防控。绝大多数社会组织的使命与危机治理没有直接关联，如果它们围绕使命开展与危机治理相关的工作，那么，应被看作对政府功能的补足。基于两个维度划分出的四种社会组织类型见图1。

**图1 危机时期社会组织功能的四维模型**

平衡型社会组织在补充与补足功能之间实现了平衡。这类社会组织既积极履行危机状态下组织所需承担的社会责任，又基于自身使命开展与危机治理相关的活动，在政府无暇关注的领域提供服务，符合特殊时期社会公众对社会组织的期待。真爱梦想基金会和阿拉善SEE生态协会等社会组织属于此种类型。

补足型社会组织主要发挥补足功能而忽视补充功能。这类社会组织围绕组织使命开展工作，能够提供与疫情相关的针对特殊人群的服务，但是由于它们没有直接回应政府的疫情防控需求，比如没有参与捐赠和志愿服务等工作，而且所服务人群数量有限，因而不容易获得社会显示度，有时会被误认为缺乏爱心和社会责任感。此次疫情防控中许多社会组织自认为开展了大量工作，但未被社会关注，这与它们没有直接参与政府防控工作有一定关系。

补充型社会组织主要发挥补充功能而忽视补足功能。这类社会组织十分关注危机事件，积极参与危机治理，在危机期间暂停原有业务，将全部精力转移到危机防控上，甚至超越组织使命开展工作。比如部分教育类基金会在疫情期间全力募集抗疫资源，甚至在没有公募资格的情况下进行公开募捐。

无为型社会组织的补足功能和补充功能都没有得到应有的发挥。这类社会组织在特殊时期基本处于功能停滞状态，或者仅基于组织宗旨开展与疫情完全无关的活动。在新冠肺炎疫情中同样存在此类社会组织，它们有的受"隔离""限制出行"等政策的影响，无法开展线下活动，而又未开发线上活动途径，有的则没有结合组织宗旨挖掘服务对象在特殊时期的需求。

在四种类型的社会组织中，平衡型社会组织既积极配合政府行动，又发挥专业优势服务特定人群，能够平衡好自身角色，最易于获得社会赞誉；补足型社会组织因缺乏与政府的协同而难以获得显示度；补充型社会组织易因偏离自身使命而被质疑专业性不足；无为型社会组织无法与危机治理需求相匹配。显然，平衡型社会组织是危机时期社会组织的理想形态，下文以真爱梦想基金会为案例呈现平衡型社会组织在危机时期的功能特征，并探讨补足与补充功能得以平衡的组织支撑。

## 三 实践检验：新冠肺炎疫情中上海真爱梦想基金会的功能平衡实践

本文之所以将真爱梦想基金会作为案例，一方面是因为它在疫情中的表现可圈可点，能够为理论讨论提供较充分的实践资源；另一方面是因为它的信息公开水平较高，具有较好的资料可及性。本文中真爱梦想基金会的资料主要来源于 2020 年 3 月底对基金会相关负责人的访谈和在访谈中获取的基金会内部工作报告。此外，我们搜集了上海市社会组织信息公开平台、真爱梦想基金会官方网站和公众号上的相关信息，以及各大媒体对基金会的报道，并对这些不同来源的资料进行比对分析，以保证文中所用资料的真实性和准确性。

真爱梦想基金会（Adream Foundation）于 2008 年经上海市民政局批准成立，2016 年被认定为慈善组织，同年获得公募资格。基金会的组织使命为"发展素养教育，促进教育均衡，以教育推动社会进步"，愿景为"帮助孩子自信、从容、有尊严地成长"。当前，基金会已经形成以"梦想中心"、"梦想课程"、"梦想教师培训"和"梦想盒子"为主要内容的素养教育公益体系，并且获得了广泛的社会认可。2015 年，基金会被评为"全国先进社会组织"；2018 年，"社区梦想中心项目"被评为上海市第二届"公益之申"十佳公益项目。①

---

真爱梦想基金会的主要业务是为义务教育阶段的学校提供旨在改变传统教育理念和方式、能让孩子真正享受学习乐趣的公益课程体系和设施。政府在教育领域的功能是提供基本教育服务，其中包括素质教育，但在真爱梦想基金会看来，当前政府提供的素质教育不能完全适应社会需求，因而，基金会的主要工作不是推进政府目标下的素质教育，而是解决素质教育中存在的对儿童心性教育关注不足等问题，所扮演的是补足政府服务的角色。发挥补足功能并不意味着与政府的隔离，相反，真爱梦想基金会十分注重建设与政府的关系：一方面，基金会与地方教育行政部门合作，通过政府配资和配政策的 PPPs 模式推动公益教育项目的长期运营；另一方面，响应国家号召，深度参与对口支援、脱贫攻坚事业。2019 年，基金会积极参与上海对口贵州遵义、青海果洛等贫困县区的扶贫行动，捐建梦想中心 263 间，投入善款 135 万元。可见，基金会在常态时期同时发挥补足与补充功能，且以补足功能为主，以补充功能为辅。

新冠肺炎疫情暴发后，真爱梦想基金会像其他社会力量一样迫切希望为疫情防控贡献力量，但它的业务领域与疫情防控没有直接关联。在这种情况下，如果仅帮助政府解决防疫物资筹措等问题，那么，基金会所开展的工作与社会公众、企业等的做法没有什么区别，专业性得不到体现；而如果不参与防疫物资筹措等工作，仅仅在原有业务上拓展出与疫情相关的内容，则不符合社会组织应积极参与危机治理的要求。真爱梦想基金会最终选择两者兼顾，一方面积极补充政府职能，在组织使命之外与政府一起解决防疫物资紧缺问题；另一方面围绕组织使命挖掘服务对象的特殊需求，为他们提供专业化服务。

**（一）补充政府疫情治理职能**

新冠肺炎疫情暴发初期，政府面临向医护人员提供防护物资的巨大压力，多个政府部门发布政策动员社会力量参与。民政部于 2020 年 1 月 26 日发布《民政部关于动员慈善力量依法有序参与新型冠状病毒感染的肺炎疫情防控工作的公告》（民政部公告第 476 号），号召慈善组织等协助党和政府开展工作。在这一特殊情境下，真爱梦想基金会通过动员捐赠和开展联合捐赠、提供校园防疫物资等工作主动参与疫情防控工作，在防疫物资筹集方面发挥补充政府职能的作用。

**1. 动员捐赠与开展联合捐赠**

新冠肺炎疫情暴发后，考虑到社会各界尤其是医护人员对抗疫物资的需求量大、种类多，而政府只能满足疫情最严重地区和最紧迫的需求等情况，真爱梦想基金会主动承担起对接紧急救援物资的工作，通过动员捐赠和联合捐赠的方式协助政府解决问题。

一方面，真爱梦想基金会主动引荐其长期捐赠方向慈善系统捐款捐物，开展紧急救援物资捐赠对接工作。在基金会引荐下，中国惠普有限公司向湖北省慈善总会捐赠价值 210 万元的 IT 设备，上海彤程公益基金会向上海慈善总会、中华慈善总会、湖北慈善总会捐赠 4000 套防护服、7 万只口罩、1500 副护目镜等医疗用品，华泰保险向湖北一线防疫医院捐赠价值 80 万元的制氧机。

另一方面，考虑到疫情期间湖北省正值冬春换季、持续低温寒冷，新建的方舱医院取暖设施不足、医护人员对御寒衣物的需求较大等现实问题，真爱梦想基金会联合安踏体育成立了真爱梦想·安踏茁壮成长专项基金，为湖北抗疫一线的医生捐赠羽绒服、保暖卫衣等御寒衣物。

### 2. 向校园提供防疫物资

当疫情逐步得到控制时，学校复学、学生返校等工作逐渐被提上日程。在中央应对新冠肺炎疫情工作领导小组会议上，李克强总理提出要"加大对条件薄弱学校改善卫生基础设施和防疫物资配备支持力度"[①]。但是由于防疫物资整体上不足，部分地方政府无法满足所有学校的需求，导致部分学校的物资无法到位。真爱梦想基金会通过对 7 个疫情严重省份的调研发现，各地中小学普遍缺少测温仪、额温枪、消毒水、洗手液等物资。基于这一情况，基金会推出"校园健康守护计划"，向有需要的学校投放"儿童安全健康包"和"真爱校园守护包"，以协助学校提升防疫能力，做好复学准备。

### （二）补足政府疫情治理职能

真爱梦想基金会虽然通过多种方式投入疫情防控工作，但没有暂停业务，而是深入分析服务对象在特殊时期的需求，并基于此开展了"欢乐亲子节目"和"筹集善款助力儿童健康全面发展"等活动，基于自身组织使命在政府未能关注到的领域发挥补足功能。

### 1. 推出在线"欢乐亲子节目"

新冠肺炎疫情造成全国学校延期开学、企业延迟复工，家长和孩子如何在

---

① 参见《李克强主持召开中央应对新冠肺炎疫情工作领导小组会议》，载"教育部机关服务中心"网站，http://www.moe.gov.cn/s78/A01/s4561/jgfwzx_xxtd/202005/t20200509_451670.html，最后访问时间：2020 年 7 月 14 日。

家度过这个特殊时期，引起了真爱梦想基金会的关注和思考。在非常时期，基金会发挥组织在儿童素养教育领域的专业优势，从 2020 年 2 月开始推出在线"欢乐亲子节目"——《真爱之声》。《真爱之声》努力用及时、温暖、有力的声音传递理性、稳定和爱的力量，节目涉及如何面对来自疫区的人群、如何召开家庭会议、在家可以读什么书、如何帮助家长承担家务、儿童财商教育等话题，还特别安排了由著名音乐家带给家庭的梦想音乐时光和由安踏运动梦想老师们带来的梦想体育时光。截至 5 月底，《真爱之声》共推出 40 多期音频节目，播放量超过 1550 万人次。

在疫情期间，政府关注在正常教学秩序被打乱的情况下如何保证学生继续学习，并因此启动"停课不停学"计划，开通国家中小学网络云平台和中国教育电视台空中课堂，为学生居家学习提供教育资源。① 与政府相区别，真爱梦想基金会主要考虑如何使学生在家也能收获素养上的进步，因而它在线上提供的主要是读书、财商、音乐、亲子互动等并不在政府考虑范围内的内容，发挥的是与常态时期相同的补足政府功能的作用。

**2. 筹集善款助力素养教育**

真爱梦想基金会一直围绕其独特的素养教育理念和以促进教育公平为目标开展公益教育活动。在疫情期间，基金会延续常态时期的做法，通过多种方式为教育公益项目筹资，如联合香港"七星茶庄"推出定制"公益茶"，在全球限量发行 1000 套，计划筹资 1000 万元用于儿童素养教育和健康防护；针对贫困地区部分学生缺乏居家学习设备的问题，基金会联合支付宝公益平台有针对性地推出了"智学计划"。

综上，在疫情防控特殊时期，真爱梦想基金会既积极履行社会责任，通过动员捐赠、对接捐赠资源、向校园捐赠防护物资等方式协助政府开展疫情防控工作，又坚守组织使命，在儿童素养教育、教育均等化等方面持续开展工作，并结合疫情中的问题为服务对象提供新服务，在政府缺乏关注的领域发挥了补足作用。

---

① 参见《疫情期间中小学线上教学工作情况》，载"教育部"网站，http://www.moe.gov.cn/fbh/live/2020/51987/sfcl/202005/t20200514_454112.html，最后访问时间：2020 年 7 月 14 日。

## 四 平衡补足与补充功能的组织机制

真爱梦想基金会在新冠肺炎疫情防控工作中的作为，能够在一定程度上验证本文提出的分析框架，即考察危机时期社会组织功能的实现情况，需要基于参与危机治理的责任和组织使命这两个基本维度，如果社会组织能够在这两个维度上达到较高水平，那么，可以认为它们在危机时期有优异的表现。

反观那些被批评在疫情期间缺乏良好表现甚至涉嫌违法违规的社会组织，它们存在的问题主要包括：一是对疫情缺乏关注，没有采取相关行动；二是违反《慈善法》和《慈善组织公开募捐管理办法》规定，在不具备公开募捐资格的情况下为疫情防控公开募捐。前一种情况是既不发挥补充功能，也不发挥补足功能；后一种情况是走到了补足功能的极端，丧失了应有的专业性。相比较而言，真爱梦想基金会虽然具有公募资格，但它没有专门为疫情防控开展公募活动，而是引荐其他力量捐赠和基于自身财力联合其他机构进行捐赠，避免了因危机这一特殊情况而掉入违法违规的陷阱；此外，基金会虽仍然专注于自身业务，但在业务活动中增加了对疫情的特别关注。真爱梦想基金会之所以能够做出如此选择，能够在补足与补充功能中找到平衡点，与其始终坚持使命优先原则、高度重视对社会的回应性，以及在常态时期就能够有效平衡两种功能密不可分。

首先，始终坚持使命优先原则。非营利组织是使命驱动型组织，离开了使命，组织也就丧失了存在的意义。这意味着，即使是在危机时期，社会组织也有承担特殊社会责任的义务，不能因此而偏离使命。真爱梦想基金会是致力于儿童素养发展和促进教育均衡的社会组织，在多年的发展中，基金会一直坚持这一使命，始终围绕使命开展业务活动，这突出地体现在与政府的合作中，基金会未曾为获取政府资源而动摇初心，而是用自己的理念去影响政府，将业务活动嵌入政策需求之中。比如基金会响应政府扶贫政策的方式并不是直接向贫困地区捐资，而是将梦想中心建立在贫困地区，这种做法既有助于协助政府实现减贫目标，又能够实现组织目标。在以何种形式参与新冠肺炎疫情防控工作的问题上，基金会内部也曾出现意见冲突，但受坚守使命这一根本原则的影响，它最终没有超越业务范围为疫情进行公开募捐，而是像大多数社会主体一样为抗疫进行捐赠，与此同时，在业务范围内提供更有针对性的服务。除了真爱梦想基金会以外，也有不少社会组织在疫情中做到了坚守使命。比如阿拉善SEE生态协会的使命是"凝聚企业家精神，留住碧水蓝天"，其业务范围为环境保护。新冠肺炎疫情开始时，因为医疗卫生不在自身的业务范围内，协会一直没有开始行动，后来疫情越来越严重，协会认识到必须参与其中，因为这是社会组织应该承担的社会责任。在如何承担责任这一问题上，经过初期的争议后，协会最后决定只做会员内部筹款和与环保相关的项目。这与真爱梦想基金会的选择不谋而合。可以说，社会组织在任何时候都应该坚持使命优先原则，在做出决定前都要思考这一决定是否有助于促进组织目标实现，在面对外界需求和机会的时候，也要追问组织的业务与专长是否能够与之相匹配。如果社会组织在常态时期有强烈的使命意识，那么，它们在危机时期超越组织使命的可能性会大大降低。

其次，高度重视社会回应性。社会组织尤其是公益性社会组织肩负解决社会问题的责任，需要瞄准社会痛点、回应社会需求。社会组织还需要遵守社会规范，以获取社会合法性和公信力，这也是社会组织承担社会责任的重要体现。真爱梦想基金会一直高度重视对社会责任的担当和社会回应性。基金会致力于培养孩子的独立理性和创造力，平衡人格与适应性，并希望通过孩子的成长来改变祖国的未来，这本身是对特定社会问题的回应，是承担社会责任的体现。为了能够符合社会期待，基金会还在信息公开工作上走在全国前列，是国内第一家按照上市公司标准披露年报的基金会，2011年至2014年连续被《福布斯》（中文版）评为"中国最透明基金会"，2017年通过劳氏ISO9001认证和瑞士通用公证行（SGS）的全球非政府组织（NGO）基准审核。将自己开放给社会、坦诚接受社会监督，促使基金会进一步将解决社会问题、回应社会需求摆在组织发展的第一位，在负责与公开之间形成了良性循环。在疫情期间调查分析特殊时期服务对象的特殊需求，独立或与政府合作满足这些需求，正体现了真爱梦想基金会一贯立足于社会需求、努力回应社会的组织风格。

最后，常态时期的功能平衡。由于管理体制、资源依赖等原因，大量社会组织对政府存在依附性（彭少峰，2017）。在强依附状态下，社会组织常常以补充政府功能为组织目标，以政府资源为主要经费来源。真爱梦想基金会的前身是"真爱·梦想中国教育基金有限公司"，属于与政府没有直接关联的民间社会组织，具有完全的组织独立性，不但如此，基金会向来倡导以商业的方式做公益，具有良好的财务能力，不存在对政府资源的依赖，因此，它能够在儿童素养教育上追求与政府具有差异性的目标并且长期坚持。同时，基金会充分认识到，与义务教育学校合作开展公益教育项目离不开政府支持，因此它也寻求与政府建立良好关系，以获取政府配资、政策支持和政治合法性。在对自身与政府关系的深层次考量中，基金会形成了以补足功能为主、补充功能为辅的相对平衡的功能结构，并且在十多年的发展中通过向市场要资源、服务政府工作大局等方式不断加固这一功能结构。在疫情期间，基金会延续其一贯做法，在实现组织宗旨与协助政府治理之间寻找平衡点，并及时进行功能调整，最终以优异的表现获得了社会赞誉。

总之，真爱梦想基金会在危机时期的作用发挥与其始终坚持使命优先原则、高度重视社会回应性以及在常态时期坚持补足与补充功能的平衡密不可分。可以说，危机时期社会组织的表现在很大程度上反映了其在常态时期的状态，换言之，如果社会组织在常态时期能够清晰定位自身功能、恰当处理与政府的关系，那么，它们在危机时期更加容易找准自身角色。

# 五　结论与讨论

本文在反思社会组织功能的补足论和补充论的基础上，结合突发公共危机事件的特殊情况，建立了危机时期社会组织的功能框架，并通过分析真爱梦想基金会的案例对这一功能框架进行了初步检验。研究表明，可以依据参与危机治理责任和组织使命的履行情况，将危机中的社会组织划分为平衡型、补充型、补足型和无为型四种类型，其中，平衡型社会组织更容易得到社会认可，因而，社会组织应该努力兼顾补充和补足功能，即既履行危机时期特殊的社会责任，又坚守组织使命、发挥专业优势。此外，研究发现，常态时期注重组织建设的社会组织因为具有强烈的使命感、良好的社会回应性和丰富的功能平衡经验，在危机时期更容易在补足和补充功能中找到平衡点。

本文的主要贡献在于建立并检验了危机时期社会组织功能的新分析框架。既有研究对社会组织功能的探讨都是在常态背景下进行的。补足论和补充论各自都有较多的理论和实证支撑，它们的分歧主要在于分析问题的层面不同，补充论更多关注政社关系的总体情况，同时能够对组织个体层面的现象进行较好的解释；补足论则主要适用于解释政社关系中的微观现象，因而，正如 Young（2000）指出的，社会组织既可以发挥补足政府公共服务不足的功能，也可以发挥补充政府公共服务的功能，补足论与补充论并非不可并存。在两种理论的基础上，本文结合对社会组织应积极履行参与危机治理的社会责任这一特殊要求，以及社会各界对社会组织基于组织使命发挥专业功能的期待，建构了危机时期社会组织功能的理论框架。这一理论框架力图对社会组织在新冠肺炎疫情中的表现进行理论解释，并为社会组织在突发公共事件等危机状态下进行功能定位和行为选择提供理论指导。

本文的贡献还在于探寻了危机时期部分社会组织能够兼顾参与危机治理的责任和组织使命的原因，指出社会组织在常态时期对组织建设的重视至关重要，它影响社会组织在危机时期的行为选择。研究表明，始终坚持使命优先、对社会有积极回应性、在常态时能恰当平衡补足与补充功能的社会组织更容易在危机时期找到平衡社会责任与组织使命的路径，并因此能够树立良好的社会形象。研究还在一定程度上表明，不依附于政府、具有较强市场能力的社会组织更倾向于加强组织建设，合理处理与政府的关系。这些结论提示社会组织有必要在常态时期加强组织建设，以为危机时期有所作为做好准备。本文最后针对突发危机事件时期社会组织如何进行职能调整、平衡补充和补足功能提出两方面建议。

首先，充分认识危机时期履行社会责任的必要性并为此采取行动。公益性社会组织在常态时期开展公益活动本身就是履行社会责任，因此常常不会发展其他的履行社会责任的方式。社会对互益性社会组织履行社会责任的要求通常不像对企业那样明确和突出，这导致部分互益性社会组织缺乏责任意识。在危机时期，全社会都需要协助和配合政府开展危机治理，社会组织的本质属性决定了它尤其应该挺身而出，发挥专业作用，这并非要求社会组织必须提供多大金额的捐赠，而是要求它们尽可能地参与到政府组织的危机治理体系之中，并且尽可能在政府顾及不到的领域发挥专业功能。因此，社会组织一方面需要明确政府集中满足的危机需求有哪些，分析如何协助政府开展工作，并结合组织情况制订行动计划；另一方面要明确在政府目标之外是否还存在特殊的社会需求，调查了解特殊需求的满足情况，分析在本组织业务范围内可能采取的行动，并基于组织能力制定行动方案。

其次，围绕组织使命以专业手段参与危机治理。社会组织在突发公共危机事件中可能面临两种情境：一是组织使命和业务与危机治理直接相关，这时社会组织恰好可以发挥专业特长参与危机治理，比如，韩红爱心慈善基金会主要关注偏远地区的医疗卫生建设和重大自然灾害救援，与新冠肺炎疫情防治的需求密切相关，基金会在疫情初期就开始为疫情筹资，产生了积极的社会影响；二是组织使命和业务与危机治理没有直接关联，在这种情况下，社会组织可以像其他社会主体一样通过捐赠或提供志愿服务等形式响应政府号召，积极参与危机治理，同时在自身业务领域挖掘服务对象在危机时期的特殊需求，并及时进行职能调整，在这方面，真爱梦想基金会的经验值得借鉴。

最后要指出的是，本文只是对危机时期社会组织功能的初步考察，虽然提出了社会组织的四种功能类型，但仅基于案例对平衡型组织的功能进行了讨论，没有对其他三类组织开展实证研究，未能刻画危机时期社会组织功能实践的全景图。此外，个案研究的局限性在本文中同样存在，更为理想的做法是进行多案例研究，全面挖掘平衡型组织的功能平衡机制。因此，未来的研究一方面需要关注危机时期不同类型社会组织的功能发挥情况，并在此基础上开展比较研究，建立更富解释力的分析框架；另一方面需要增加案例样本，深入探讨危机时期社会组织功能的影响因素和实际效应，以拓展研究的广度和深度。

## 参考文献

李国武、李璇（2020）：《从挤出到促进：财政支出对社会组织发展的影响》，《社会建设》，第 1 期。

李清伟（2009）：《非政府组织社会责任探析》，《政治与法律》，第 2 期。

刘安（2009）：《市民社会？法团主义？——海外中国学关于改革后中国国家与社会关系研究述评》，《文史哲》，第 5 期。

彭少峰（2017）：《依附式合作：政府与社会组织关系转型的新特征》，《社会主义研究》，第 5 期。

苏曦凌（2020）：《政府与社会组织关系演进的历史逻辑》，《政治学研究》，第 2 期。

王建军（2007）：《论政府与民间组织关系的重构》，《中国行政管理》，第 6 期。

周俊、郁建兴（2009）：《Civil Society 的近现代演变及其理论转型》，《哲学研究》，第 1 期。

Bluemel, E. B. (2005), "Overcoming NGO Accountability Concerns in International Governance", *Brooklyn Journal of International Law*, 31 (1).

Dolfsma, W. (2011), "Government Failure—Four Types", *Journal of Economic Issues*, XLV (3).

Douglas, J. (1987), "Political Theories of Nonprofit Organizations", In Powell W. W., ed., *The Nonprofit Sector: A Research Handbook*, New Haven: Yale University Press, pp. 43 – 54.

Jeong, J. & Cui, T. S. (2020), "The Density of Nonprofit Organizations: Beyond Community Diversity and Resource Availability", *VOLUNTAS: International Journal of Voluntary and Nonprofit Organizations*, 31.

Kim, M. (2015), "Socioeconomic Diversity, Political Engagement, and the Density of Nonprofit Organizations in US Counties", *American Review of Public Administration*, 45 (4).

Kim, Y. H. & Kim, S. E. (2016), "What Accounts for the Variations in Nonprofit Growth? A Cross-National Panel Study", *VOLUNTAS: International Journal of Voluntary and Nonprofit Organizations*, 29.

Lecy, J. D. & Van, S. D. M. (2013), "Nonprofit Sector Growth and Density: Testing Theories of Government Support", *Journal of Public Administration Research and Theory*, 23 (1).

Liu, G. (2017), "Government Eecentralization and the Size of the Nonprofit Eector Revisiting the Government Failure Theory", *American Review of Public Administration*, 47 (6).

Lu, J. & Xu, C. (2018), "Complementary or Supplementary? The Relationship between Government Size and Nonprofit Sector Size", *VOLUNTAS: International Journal of Voluntary and Nonprofit Organizations*, 29.

Malatesta, D. & Smith, C. R. (2014), "Lessons from Resource Dependence Theory for Contemporary Public and Nonprofit Management", *Public Administration Review*, 74 (1).

Matsunaga, Y. Yamauchi, N. & Okuyama, N. (2012), "What Determines the Size of the Nonprofit Sector: A Cross-Country Analysis of the Government Failure Theory", *VOLUNTAS: International Journal of Voluntary and Nonprofit Organizations*, 21.

Salamon, L. M. (1987), "Of Market Failure, Voluntary Failure, and Third-Party Government: Toward a Theory of Government-Nonprofit Relations in the Modern Welfare State", *Nonprofit and Voluntary Sector Quarterly*, 16 (1 – 2).

Weisbrod, B. A. (1986), "Toward a Theory of the Voluntary Non-Profit Sector in a Three Sector Economy", In Rose-Ackerman S., ed., *The Economics of Nonprofit Institutions*, New York: Oxford University Press, pp. 21 – 44.

Whiting, S. H. (1991), "The Politics of NGO Development in China", *VOLUNTAS: International Journal of Voluntary and Nonprofit Organizations*, 2.

Young, D. R. (2000), "Alternative Models of Government-Nonprofit Sector Relations: Theoretical and International Perspectives", *Nonprofit and Voluntary Sector Quarterly*, 29 (1).

Zhan, X. & Tang, S. Y. (2013), "Political Opportunities, Resource Constraints and Policy Advocacy of Environmental NGOs in China", *Public Administration*, 91 (2).

# Balancing Supplementary and Complementary: A Scrutiny to Functions of NGOs in Crisis Periods: A Case Study of Adream Foundation

$\mathcal{NP}$

Zhou Jun & Liu Jing

[**Abstract**] The theoretical analysis of the functions of NGOs in normal periods could not explain the special phenomenon in crisis periods. Based on supplementary theory and complementary theory, and according to the requirements of NGOs fulfilling social responsibilities and fulfilling their missions, NGOs in crisis periods can be classified into four types: balanced, supplementary, complementary, and inaction. Balanced NGOs assist the government to carry out crisis governance actively, and at the same time, they focus on the needs of their service targets in special periods around organizational missions and can find a balance between social responsibilities and professionalism. The practice of Adream Foundation in COVID – 19 reflects the functional practice and corresponding organizational supports of balanced NGOs, effectively testing the theoretical assumptions of this article. In crisis periods, in order to achieve a balance between supplementary and complementary, NGOs need to attach great importance to organizational construction during normal periods. In particular, they should strengthen their sense of social responsibilities and improve their professional capabilities.

[**Keywords**] Crisis Periods; NGOs; Supplementary; Complementary

（责任编辑：俞祖成）

平衡补足与补充：危机时期社会组织功能审视

191

# 公共理性：社区组织参与社区防疫的行动逻辑

## ——基于北京大栅栏街道的案例研究<sup>*</sup>

梁肖月<sup>**</sup>

【摘要】 本文从"过程－事件分析"的研究视角，以微信民族志为研究方法，通过分析在新冠肺炎疫情期间社区组织参与社区防疫的过程，发现社区组织参与防疫的三个行为特征，即从网络环境过渡到现实环境、参与防疫事务逐渐增多、兴趣类组织参与防疫的数量和内容相比服务类和志愿类组织均较多。进而发现社区组织在公共场域的公共行为带有"公共性"动力因素，即交往理性、价值理性和工具理性三种动因。然而由于受到政策支持、安全保障、身份授权以及自身能力等因素的限制，存在社区组织有限参与社区防疫的现象，因此提出将社区组织纳入社区防疫体系中，通过加大政策支持力度、建立组织成员安全保障机制、明确组织权力责任以及继续大力培育各类型的社区组织等措施，充分发挥社区组织在社区防疫体系中的积极作用。

【关键词】 社区组织；过程－事件分析；微信民族志；"公共性"

---

\* 衷心感谢蓝煜昕老师对本文的宝贵意见和建议，文中存在的问题由作者本人负责。

\*\* 梁肖月，清华大学社会科学学院社会学系博士研究生，研究方向为组织社会学、社区治理、自组织过程理论。

# 一 问题的提出

新型冠状病毒肺炎的出现，影响到全国各级政府、社区、企业以及社会的每个成员，使整个社会陷入紧急备战的状态，医院成为抗击疫情的第一战场，而社区则为防疫阵线的基础环节。抗击疫情是全社会共同的责任，社区各方力量协同合作，才会筑牢社区防疫战线，保障社区居民的安全。2020 年 1 月 29 日《民政部、国家卫生健康委关于进一步动员城乡社区组织开展新型冠状病毒感染的肺炎疫情防控工作的紧急通知》（以下简称《通知》）中提及"社区防控是疫情防控的基础环节"，"充分发挥城乡社区组织工作优势和社区、社会组织、社会工作联动机制协同作用"，"切实做好疫情监测、信息报送、宣传教育、环境整治、困难帮扶等工作"，"全面落实联防联控措施，构筑群防群治的严密防线"。在此次新冠肺炎疫情期间，社区组织是否发挥了作用以及发挥了哪些作用？社区组织参与社区防疫的过程如何？参与防疫的行为具有哪些特征？不同类型的社区组织参与防疫的原因有哪些差异？

本文以"过程－事件分析"的视角和微信民族志研究方法，通过观察社区组织在新冠肺炎疫情期间参与社区防疫的过程，分析社区组织参与社区防疫的行为特点、动因及有限性。

# 二 研究方法与研究田野

## （一）研究方法

### 1. 微信民族志研究方法

由于新冠肺炎疫情属于突发公共事件，具有事件的突发性、危害的灾难性、范围的广泛性、原因的复杂性、影响的关联性以及演变的隐蔽性（刘铁，2004），对于身处社区外的研究者来说，这种突如其来的变化，导致无法进入研究场域进行实地参与式观察研究，而很多信息和行动情况则通过另一渠道即社区组织长期使用的微信群传递出来。本文基于北京大栅栏社会学干预实验研究基地，采用微信民族志的方法（唐魁玉、邵力，2017），对社区组织在疫情期间每天发生的动态信息进行记录、观察和梳理，作为研究观察的案例资料。由于社区组织微信群的数据包括文本信息、图片信息、语音信息、视频信息、网页信息、动画表情、系统消息、名片信息等八种类型，本文将以文本信息分析为主，语音信息和视频信息转译的文本信息分析为辅进行分析。

2. "过程-事件分析"的视角

"过程-事件分析"由孙立平教授提出（孙立平，2001），为在观察分析具有不确定性或静态结构不可见性等特征的社会现象时进行的一种研究策略，力图将所要研究的对象由静态的结构转向由若干事件所构成的动态的过程中，强调一种动态叙事的描述风格。该研究方法也逐渐被应用于社会学、新闻学以及史学界，社会学界突出应用于城乡社区治理及社区组织的分析研究中（淡卫军，2008；李磊，2014；刘茜，2020）。新冠肺炎疫情是一个突发的公共卫生事件，社区组织参与防疫的过程历时数月，同时也会伴有防疫过程中的若干微小事件的发生，故采用"过程-事件分析"视角。

**（二）研究田野基本情况**

大栅栏街道属于北京老旧胡同街区，地处北京旧城核心地区，是北京市33个"文保区"之一。街道辖区面积共1.26平方公里，共有9个社区，户籍人口约为4.9万人，常住人口约4万人，其中居民约为2.3万人，外来人口大约占一半比例。现有居民多以60岁以上的老年人为主，居民中的第二代即青壮年大多不在大栅栏居住和生活。在大栅栏9个社区中，只有1个社区为楼房和平房混居，其他8个社区均为平房区。大栅栏街道共有114条胡同，通往前门大街、珠市口西大街、南新华街以及前门西大街等主要道路，属于开放性街区。由于是胡同区，居民所居私人空间狭小，往往会挤占公共空间，居民的居住面积较小，室内活动空间有限。由于大栅栏已有600年历史，房屋结构老旧、破旧老化，安全防火是大栅栏街道每年冬天需要做的重点防控工作之一。同时由于大栅栏特殊的地理位置，与天安门最近的距离约为1000米，因此逢年过节的维稳执勤工作久居大栅栏街道的首要位置。由于疫情暴发前外来人口返乡过年，部分本地老年居民到儿女家居住，因此疫情期间居住在大栅栏街道的主要是本地老年居民。随着疫情的到来，街道面临维稳和防疫的双重压力，社区防疫和保障在地居民生活、卫生、安全的任务异常艰巨。虽然街道和社区党委持续坚守，为保居民平安不辞辛苦、昼夜不眠，然而整个大栅栏地区的防疫工作仅靠基层政府和社区工作人员的力量依然是杯水车薪。随着时间的推移，工作内容和工作量增加以及夜以继日的值守，社区党委动员了社区组织和社区居民参与到了此次社区疫情防控的过程当中。

1. 大栅栏街道社区组织的基本情况。大栅栏街道共有 114 个社区组织，其中在街道备案的组织数量为 64 个。社区组织包括兴趣类组织 56 个（49.1%），例如艺术团、舞蹈队、合唱队等；服务类 30 个（26.3%），包括助老服务队、邻里互助队等；志愿类 28 个（24.6%），例如志愿环保队、志愿巡逻队等。由于大栅栏是胡同区，自 2017 年开始有了胡同准物业，暂时没有业委会。

2. 社区组织微信群的来源及特征。2017 年初北京大栅栏社会学干预团队（以下简称"干预团队"）尝试将培育社区组织的方式由单一的线下培力陪伴改为线下培力陪伴和线上追踪观察相结合的方式，以实现精准培育的目的，因此尝试用微信群的方式观察社区组织的即时活动信息。

建立和加入微信群的方式有两种：第一是对于已建立微信群的社区组织，基于笔者与其建立的信任关系由社区组织负责人邀请入群；第二是对于没有建立微信群的社区组织，干预团队以自愿的原则辅导有意愿成立微信群的组织建立微信群，并且在社区组织对微信群的使用和操作方法熟悉之后，将群交由社区组织负责人或核心成员进行管理。不论以哪一种方式建立组织的微信群，群聊负责人的角色都是社区组织成员，而非组织外部人员。

随着时间的推移，大栅栏的社区组织陆续建立了 103 个微信群，由于微信群迁移或合并等原因，目前活跃或存活的微信群为 84 个，覆盖 52 个社区组织。微信群数量多于社区组织数量的主要原因有三点，第一是群功能的定位不同。有的组织会分工作群、兴趣群等多个微信群。第二是组织内部分工。有的组织会建立一个总群，同时还会建立一个核心群，对于沟通和讨论的范围进行有效区分。第三是组织下设小分队。有的社区组织会建立一个总群，再建立若干个小分队群，便于工作的讨论和实施。微信群成员的身份也会根据以上不同的功能划分而有所不同。一般来说，每个社区组织都会建立一个总群，群成员是社区组织的全部成员。如果是核心群，群成员则为社区组织的核心成员。如果是分队群，群成员则为该小分队的成员。按群功能不同而成立的群，工作群为全体组织成员，而兴趣群为对此功能感兴趣的组织成员，并非全部组织成员。

社区组织对于微信群的使用基本涵盖了五种功能。第一是发布活动通知提示，第二是发布活动信息和照片，第三是发表个人参与活动的感受，第四是成

公共理性：社区组织参与社区防疫的行动逻辑

员间交流互动的平台,例如点赞或是报名接龙,第五是日常的早起问安以及转发分享链接。

对于社区组织微信群的管理,每个组织会有自己的规范,并且有的微信群管理相对比较严格,会提醒违反群规的成员撤回信息或是不再发布与微信群无关的消息。经过几年的时间,社区组织基本将微信群作为线上联络和沟通的工具,并且群活跃度基本保持在每天都有发言的状态,所发布的信息也是围绕组织活动而产生的信息。

由于疫情均需进行物理隔离,因此社区组织无法进行线下活动。然而社区组织利用微信群等工具依然保持了组织成员间的信息沟通,充分反映出社区组织在疫情期间所开展的活动情况。本文的研究数据来自笔者基于信任关系而加入的 52 个社区组织的 84 个微信群。

## 三　社区组织参与社区防疫的行动逻辑分析

### (一) 社区组织及“公共性”的文献回顾

学者对于社区组织的定义基本趋同,即社区组织是由社区居民发起成立,在城乡社区中开展一系列与居民生活需求相关活动的非营利性和非政府性的社会组织,其通常具有主体性、地域性、自治性以及草根性等特征(郁建兴、李慧凤,2011;耿云,2013;赵罗英、夏建中,2014;何欣峰,2014)。社区组织在社区中是一种非常特殊的组织形态,既来自民,又服务民,是基层社会治理的主体之一。社区组织既可以按照是否备案或登记进行划分,也可以按照街道办事处或居委会实际管理的归属范畴分,还可以按照组织活动的内容和类型进行划分,本文将以第三类方式划分社区组织的类别。有学者按社区组织的活动内容将其分为公益慈善类、生活服务类、促进参与类、文体活动类、教育培训类以及权益维护类,也有学者分为社区服务类、社区事务类、文化体育类、慈善救助类、社区维权类等(郁建兴、李慧凤,2011;夏建中、张菊枝,2012)。本文在以上研究的基础上将社区组织的类别进行合并,仅分为兴趣类、服务类和志愿类三类。兴趣类组织通常为社区居民根据兴趣爱好自发组织而成,包括社区文化组织、体育健身组织、艺术表演组织等。服务类组织具有特定的服务对象,包括助老助残服务组织、特困家庭帮扶组织、邻里互助服务组织、业委会及各类自治小组等。志愿类组织通常为社区志愿者组织，包括各种志愿协会、治安巡逻组织、环境维护组织等。然而学者们普遍认为社区组织参与社区公共事务的程度不高，参与社会管理与公共服务的意识有限、参与的程度较低、自发能力较弱以及呈现较为被动的参与模式等。学者们进一步分析公共性不足的成因，从传统理论到现有制度，均是影响公共性产生的因素（杨敏，2005；李友梅等，2012；耿云，2013）。

"公共性"（publicity）实则为"公共"（the public）的形式性含义（任剑涛，2011），金泰昌把公共解释为三大要义，即"共媒""共动""共福"，认为公共是一种行动，需要相互沟通、相互作用以及共享幸福（张法，2010）。古典共和主义尤其强调在家庭亲密关系与家政私人世界以外构成的大众生活的公共世界。而阿伦特继续充实公共内涵，认为只有在公共领域的生活之中，才会显现人的自由（阿伦特，1999）。哈贝马斯则将公共领域发展为既具有批判性又具有合法性的公共舆论领域（哈贝马斯，1999）。哈贝马斯更强调主体需具有交往的特质（Habermas，1981），阿伦特则认为人的行为具有不确定性，宽容是阿伦特公共性理论中行动主体所应具有的内在属性（Arendt，2005）。近年来，有的学者认为"公共性"是以个人为基础，并以超越极端个人主义即利己主义（selfishness）为旨趣的（李友梅等，2012），而极端个人主义者往往个人事业较为成功，但很难有幸福的家庭和良好的邻里关系（Bellah et al.，1985）；也有学者认为"公共性"是规避极端个人主义的基本路径，个人价值只有在群体互动中才能得到彰显（张法，2010）。而对于"公共性"的特征，有学者认为从参与者的角度看，"公共性"指涉的是人们从私人领域中走出来，就共同关注的问题开展讨论和行动，在公开讨论和行动中实现自己从私人向公众的转化。从更宽泛的角度看，"公共性"可以被理解为"参与"，即民众自愿"参与塑造公共空间"，而其中又包括了"社会参与"，大多与地方社会的生活需求相关（李友梅等，2012）。有学者进一步将参与分为依附性参与、志愿性参与、身体参与以及权益性参与四类，并且提出依附性参与、志愿性参与、身体参与中的表演性参与都属于仪式性参与，而权益性参与和身体参与中的自娱性参与则属于实质性参与，认为实质性参与才更接近参与的本意（杨敏，2005）。学者们在提出社区组织公共性不足的现状和原因时，也在呼吁希望出现更多实质性参与，从而促进社区公共福利的提升。如何走出公共性的困境，有的学者提出不同的实现路径，包括公共性培育、公共性转型和公共性生产等（李友梅等，2012）。而培育或生产公共性，需要探究公共性出现的原因，即动力因素。

如前所述，哈贝马斯的舆论的"公共性"，既区别于阿伦特的人的存在的"公共性"，又区别于罗尔斯的理性的"公共性"，其基础是主体间的交往理性（谭清华，2014）。交往理性强调在公共领域开放表达对公共事务的意见，彼此之间通过沟通交流将信息加以过滤和综合，最终形成公共意见或舆论（李世敏，2015）。与韦伯的价值理性和工具理性不同，交往理性更为强调主体间性，而韦伯则更强调主体本身的信念与行为的关系。韦伯认为价值理性是"通过有意识地对一个特定行为无条件的纯粹信仰，不管是否取得成就"，认为工具理性是"通过对外界事物的情况和其他人的举止的期待，利用这种期待作为'条件'或者'手段'，以期实现自己合乎理性所争取和考虑的作为成果的目的"（韦伯，1997）。三种理性思想也可以视为行为的动力之源。

**（二）社区组织参与防疫的过程分析**

通过观察发现，当疫情出现时，社区组织会以发布疫情相关提示信息和自主辟谣为主；随着疫情相对稳定，社区组织开始尝试在线上进行邻里互助，同时出现少量线下探望的互动行为；由于疫情防控所需，一时难以恢复线下活动，因此社区组织转战线上开展云培力及感受分享等活动；在疫情防疫的中后期，社区组织响应社区两委的动员，开展配合社区防疫的线下工作。

**1. 发布疫情相关的提示信息**

某舞蹈队于2020年1月22日发布了疫情相关的提示信息，内容为"少外出，少聚会，少去人流量多的地方，保护好自己的人身健康安全"，提醒组织成员注意个人防护。同时提醒组织成员"面对这些突发情况，首先做到不恐慌，要坚信党和政府"（202001222145gywct18-06），避免出现恐慌情绪。在此之后，陆续有其他组织发布疫情相关的提示信息。

**2. 微信群内自主辟谣**

由于新媒体工具的广泛使用，且疫情期间存在信息不对称性等情况，谣言的传播力度比常态下更大，内容更为复杂，范围更广。学者对于谣言的理解具有差异性，认为谣言是传播者主观捏造的没有事实根据的虚假信息（刘勇，2012），或认为"谣言"在学术研究中为一个中性词，指未经证实的信息，而不一定是虚假的信息（常健、金瑞，2010）。而不论是贬义词还是中性词，谣言均是一种广泛存在的社会文化现象（魏泉，2016）。笔者在研究中发现，在微信群里转发未经证实的信息后，组织成员会在辟谣平台查询，或是亲自证实信息真伪，并且发到微信群里提醒组织其他成员注意信息的非真实性。而发布未经证实的信息者，也会虚心接受建议，有时也会在确认信息是谣言后自行辟谣。

例如来自不同社区的两个社区组织微信群中均出现了同一则谣言："北京市公交车停车路线通知，从明天起18路，7路，12路，21路，K2，5路，37路，56路，505路，38路，502路，801路，25路，66路，60路，55路，67路，808路，9路，28路，902路，903路共26条线路暂停运营。其他线路首班8点，末班晚6点，其间发车间隔60分钟。这是公交集团发的，截至2月2日之前。"（202001272252gywct17-21、202001281126gywct17-14）其中一个社区组织的成员回复"请不要乱发信息，我已与公交总公司确认，北京市区公交正常运营"，"现在人人都有手机，都能看到新闻头条，有的信息就别乱发了，好好安静休息"（202001272252gywct17-21）。可以看出群成员特意致电公交公司验证此条信息真伪，发现是谣言后立刻提醒群成员是虚假信息，同时提醒信息发布者在发布信息前，最好进行信息核实，指出信息核实的渠道，供群成员们参考。另一个社区组织微信群信息的发布者称"不知确定不，所以没有往大群里发"，组织其他成员回复"宅家是最安全的"，"还是以官方消息为准"（202001281126gywct17-14）。可以看出发布者并未验证信息的真实性，但是为了避免群其他成员由于公交线路的调整而影响出行，因此出于善意进行提醒。组织其他成员也在审视信息是否真实，但是也没有验证信息的真伪，只是作为信息知晓即可。同时发布者由于并未验证信息的真伪，因此仅仅在社区组织群聊中发布了此条信息，而尚未发布到其他微信群中，说明信息的发布者与群成员之间的关系较为密切。

### 3. 社区邻里互助帮扶

由于大栅栏属于老旧街区，且居住人口结构中老年人所占比重较大，社区组织在助老服务和邻里互助方面具有较长时期的稳定发展，具有相对稳定的组织形态以及稳定的服务对象和服务队员，因此在疫情期间，能够延续之前的组织活动。只是由于外部环境的突发变化，阻断了面对面的互动，却促进了社区组织内部的技术更迭，从传统的上门入户慰问转变为利用微信或电话进行慰问的方式。

例如某助老队微信群信息："2020年2月1日上午×××社区×××队五个分队长在家里打电话询问各队所关注空巢老人在这非常时期有什么困难和需求。共打电话25个，电话打不通入户十户。老人们很受感动，其中有对聋哑夫妇，队长用手写与聋哑夫妇交流。最后他们写到武汉加油！中国加油！！队长接着写北京加油！！！很是感人。"（202002011255zzpy17－05）"亲爱的×××队员们，我可爱的姐妹们，这些日子，我们的队员不时惦念老人，跟老人打电话，问寒问暖，今日下雪大伙出来扫雪。我们的志愿精神体现在现实生活中。在这困难的时刻，大伙儿要听党的话不出门，在家看新闻，街坊中有老人咱们队员要多关注，用我们的实际行动来庆祝我们×××队成立十周年！"（202002061652zzpy17－05）以上信息的发布者均为服务类社区组织的负责人及组织成员，发布信息的社区组织于2010年成立，为社区70岁及以上的83名空巢老人提供互助服务。组织成员人数较多，共有50人，均为大栅栏本地居民。为了便于组织管理和工作安排，分为5个小分队，每个小分队约有10人。组织内部具有规章制度，每个小分队也有本小队的共同约定。每个小分队所负责的助老对象也是按就近原则进行匹配，一般一个小分队会有10～12户助老对象，还会有4～6户关注对象。服务对象一般为80岁及以上的空巢独居老人，队员每周固定时间入户慰问一次。关注对象是70岁及以上80岁以下身体状况良好且非空巢独居老人，队员在日常生活中关注即可，不用定期入户慰问。每个小分队每周固定时间入户慰问，周一至周五各有一个小分队。该组织覆盖了社区所有胡同的所有空巢独居老人，实现邻里助老的全覆盖。由于疫情前形成的组织架构和分工安排，队员们一直坚持入户慰问，但疫情期间无法入户看望，所以选择打电话发微信的方式问候老人并与老人进行互动。5个小队长和组织负责人一起一一满足前期电话慰问收集到的老人需求，同时也全面了解身体条件最弱的社区居民的情况。

**4. 线上云培力及感受分享**

社区组织虽然无法延续疫情前的活动，但延续了定期开展活动的机制，只是活动方式由线下转为线上，社区组织也进行了技术更新。组织在开展活动的过程中，基本上围绕此次疫情来设计活动内容，在提升组织管理能力和成员专业能力的基础上，积累社区防疫的素材。例如"我把'逆行者'，新时代最可爱的人的图片制作成彩视，让我们永远记住他们！"（202002072010gywct17－07）根据开展的活动也提示队员关注社区防疫的动态变化，具有关注社区防疫的意识。例如"@×××，紧跟疫情形势，满满的正能量"（202002072019gywct17－07）。社区组织还在线上开展培力活动，丰富社区居民的日常生活。"做个练习好吗？站在窗台前拍室外大雪。拍一个短视频，时间不必太长，用软件做成 GIF 文件。发到这里交作业。"（202002140913gywct17－07）以上信息的发布者均为兴趣类组织的负责人和组织成员。该组织成立于 2016 年，现有成员 21 人，均为大栅栏街道居民，且居住于此。有 1 位为常年在固定时间为队员进行教学和点评照片的指导老师，老师不居住在大栅栏，每次均为义务讲解和指导。组织内部具有规章制度，且每次活动均有计划、有通知、有现场活动照片、有总结，举办活动的规范性较强。已经开展过百余次的摄影活动，承接了社区宣传栏的展示工作，定期制作和更换宣传栏内的摄影作品。拍摄的主题包括社区街景、社区家庭、社区活动等，并且定期为社区志愿者提供关于拍照技巧的培训，为特殊群体上门拍摄证件照，在过年时还为高龄老人家庭拍摄全家福。疫情暴发之前固定每周活动一次，疫情期间该组织微信群中居民自发制作以前的活动照片，分 38 期进行发布，共同忆往昔。同时在微信群里开展关于手机功能的学习培训，由指导老师进行技术支持。该组织近期恢复了每周的定期活动，活动方式由线下改为线上，前期进行通知和作品征集，作品征集范围为疫情期间与疫情相关的照片，指导老师根据作品于活动当天在线上进行点评以及带领大家讨论。

**5. 配合社区防疫的线下工作**

社区组织是社区防疫有力的人力支持力量，在社区党委的带领下，在充分做好个人防护的情况下，社区组织会参与到社区消杀、清理卫生死角、出入证发放、点位值班和登记、关注并及时上报返京人员的动态信息等社区工作中。此时社区组织会在社区党委统一的部署安排下进行整个社区志愿者队伍的重组，加入临时社区防疫小分队，并且协助社区工作者开展各项社区防疫工作，发挥社区组织在联防联治、联防联控中的作用。例如"通知：现在×××东口的值守岗需要 23 个人进行值守。年龄限制在 65 周岁以下的党员和志愿者和居民群众。如愿意参加值守的人请到小程序里报名，前 23 个人生效。现在开始报名，明天中午 12 点前结束。届时进行人员排班表的制作。如果缺人或者人重复了还需要调整，到时候还需要大家配合。通知完毕！""欢迎 65 岁以下的能人朋友们参加到疫情防控值守岗来。为疫情防控阻击战的早日胜利，贡献我们的一点力量。"（202002292138gywct17－15）以上信息的发布者均为兴趣类社区组织成员。随着疫情得到一定的控制，社区需要更多志愿者进行点位值班。在社区人力不足的情况下，社区组织会将招募志愿者的信息发布到微信群里，扩大招募的范围。同时社区组织往往也是社区中较为活跃的部分，因此在社区有困难或是需要人手的时候，社区组织成员大部分会积极参与进行有力配合。

综上所述，在疫情期间社区组织参与社区防疫的内容主要有以下五项，即发布提示信息、辟谣、云培力及分享、邻里帮扶、配合社区防疫行政事务（如消杀和值班等）。同时通过对 84 个社区组织微信群的文本数据分析发现，并非所有 52 个组织全部参与到社区防疫工作中，参与社区防疫的社区组织数量为 21 个，占所观察社区组织的 40.4%，其中兴趣类社区组织 13 个、服务类社区组织 5 个、志愿类社区组织 3 个。根据微信群的数据，以社区组织参加过一次及以上相同内容的防疫工作为 1 个统计单位，分析不同类别的社区组织参与防疫内容数量间的差异性（见表 1）。

**表 1　社区组织参与社区防疫内容统计**

| 组织类别 | 兴趣类 | 服务类 | 志愿类 |
| --- | --- | --- | --- |
| 发布提示信息 | 23.08% | 0.00% | 0.00% |
| 辟谣 | 30.77% | 20.00% | 0.00% |
| 云培力及分享 | 53.85% | 0.00% | 0.00% |
| 邻里帮扶 | 0.00% | 80.00% | 0.00% |
| 配合社区防疫行政事务 | 15.38% | 20.00% | 100.00% |

由表 1 数据可以看出在三类社区组织中，兴趣类组织参与社区防疫的内容包括云培力及分享、辟谣、发布提示信息和配合社区防疫行政事务。以此类推，服务类组织参与的内容包括邻里帮扶、辟谣和配合社区防疫行政事务，志愿类组织则全部为配合社区防疫行政事务。

**（三）社区组织参与防疫的行为特征分析**

根据以上社区组织参与社区防疫的"公共性"动因分析，可以进一步发现社区组织在社区防疫过程中的行为特征。

**1. 从网络环境过渡到现实环境**

根据以上案例及数据，社区组织参与社区防疫是从发布提示信息开始的，同时伴有自主辟谣的行为，因此在防疫前期主要是以网络环境（微信群）为媒介。随着疫情逐渐稳定，新冠病毒的传染特征和防控要求逐渐清晰后，社区组织开始参与实体环境中的防疫工作，例如由电话慰问特殊群体转变为线下代买蔬菜水果以及代为开药等行为，最后是配合社区防疫的行政事务工作。因此通过微信民族志资料的记录，以社区组织参与每项社区防疫工作的时间为依据，可以发现社区组织参与社区防疫具有从网络环境过渡到现实环境的特征。

**2. 参与的防疫事务逐渐增多**

与环境变化类似，社区组织参与社区防疫的内容也有一个变化的过程。从最初发布提示信息和辟谣开始，以组织成员所在的"公共空间"为公开环境，通过在微信群里的沟通达成对组织后期计划的共识。随后基于社区组织自身需求，开展线上云培力和作品分享的活动，以及基于与服务对象产生的邻里情感和常态化互助行为而进行邻里互助。最后当社区处于常态化防疫并需要人力支持时，会向社区组织发出招募需求，社区组织也会参与到社区防疫的行政事务性的配合工作当中。社区组织参与社区防疫的事务是逐步扩展和丰富起来的。

**3. 兴趣类组织参与防疫的数量和内容相比服务类和志愿类组织均较多**

通过表1可以发现，兴趣类组织从参与社区防疫的数量来看，远远多于服务类组织和志愿类组织，一是由于兴趣类组织的基数较大，二是由于兴趣类组织的自发性和主观能动性较高，三是由于兴趣类组织对于组织发展更为关注，组织结构更为稳定，组织成员间的关系更为紧密。兴趣类组织参与社区防疫的内容也更为丰富，从最初的发布提示信息和辟谣，到中期的组织线上云培力和作品分享的活动，再到后期配合社区防疫的行政事务，几乎覆盖了社区组织参与社区防疫的所有工作，相比服务类和志愿类组织而言参与防疫的内容更为丰富。此发现可为后期培育社区组织提供参考。

**（四）社区组织参与防疫的"公共性"动因分析**

根据表1的数据分析结果，不同类别的社区组织参与的社区防疫内容差异较为明显，因此需要进一步分析社区组织参与社区防疫"公共性"的动力因素。根据韦伯的观点，人类行为都是自觉的、有意识的、理性的（王锟，2005），在新冠肺炎疫情期间，社区组织在参与社区防疫工作时的行为可以被视为组织的理性行为，根据社区组织参与社区防疫的内容，将理性行为的动因分为价值理性、工具理性以及哈贝马斯提出的交往理性三种。每一项社区防疫内容均以一种理性因素为主，其他因素为辅（见图1）。

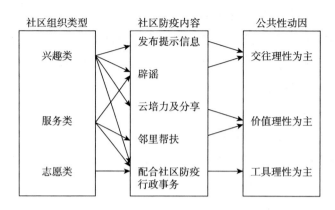

**图1 社区组织参与社区防疫"公共性"动因分析**

首先通过分析图1可以看出发布提示信息和辟谣的动因均以交往理性为主。在社区防疫中发布提示信息的主要目的在于组员之间达成对组织后期行动计划的共识,自主辟谣则是通过公开讨论辨别未证实信息的真伪,组织成员在行动过程中均具有交往理性的特征,因此将这两种社区防疫内容的行为动力因素归纳为以交往理性为主。

其次云培力及分享和邻里帮扶的动因以价值理性为主。在疫情期间,社区组织的活动均被迫停滞,然而社区组织尤其是兴趣类社区组织,由于组织成员对组织活动的需求,自发组织网上活动,包括在微信群里进行作品分享,利用微信群或会议软件开展培力活动。而社区组织的这些行为均基于自身的需求,而非被迫或希望获得物质利益。邻里帮扶的行动原因也主要是服务队员和服务对象建立了信任关系和情感关系,基于邻里情自发看望社区特殊群体(如空巢独居老人);或是队员有购买消毒用品、口罩等需求,组织成员则在微信群里进行团购和采买,也是出于情感因素(如责任心)而自发的行为。然而在社区防疫后期社区两委会结合特殊节日请社区组织对特殊群体进行慰问,但由于涉及安全风险,一般仅会突出代表性,而不会像社区组织自发进行邻里互助那样具有广泛性和长期性,因此邻里帮扶依然以价值理性为主。

最后是配合社区防疫行政事务的动因以工具理性为主。社区组织配合社区防疫的行政事务主体是社区两委,社区组织需要在社区党委的领导下开展一切活动,因此社区两委有需求的时候,社区组织通常都会配合和参与。然而这种配合和参与对于社区组织而言是被动的行为,因此以社区组织为主体,这类防疫内容的行为动力以工具理性为主。

根据表 1 可知，不同类别的社区组织参与社区防疫的内容具有数量上的差异，以下具体分析差异原因。首先兴趣类组织以参与云培力及分享、辟谣和发布提示信息为主，以配合社区防疫行政事务为辅，此类组织参与社区防疫"公共性"的动机以交往理性和价值理性为主，以工具理性为辅。其次服务类组织以参与邻里帮扶为主，以辟谣和配合社区防疫行政事务为辅，因此此类组织参与社区防疫"公共性"的动机以价值理性为主，以交往理性和工具理性为辅。最后志愿类组织全部为配合社区防疫行政事务，则此类组织参与社区防疫"公共性"的动机以工具理性为主。各类组织参与社区防疫"公共性"的动机有所差异，而这与组织的生成过程有关。兴趣类组织更具有自发性和主动性，因此组织内成员的关系更为密切，组织活动更为自主。服务类组织一般是由社区两委牵头成立的，经过长时间与服务对象建立的信任关系，逐步由"被动"服务转变为"主动"及"双向"的服务，因此在疫情期间组织成员会自发看望和帮助服务对象。志愿类组织一般在社区两委的召集下开展活动，组织结构较为松散，自发性较弱，通常是社区两委有任务安排，志愿类组织才会按照社区两委的要求开展相应的活动，因此参与社区防疫时会延续常态时期的工作模式，弥补社区两委人力的不足。

各类社区组织在社区防疫中发挥了不同的作用，均是社区共同体中不可或缺的力量，只是在社区工作中不同类别的社区组织参与社区防疫的方式和角色不同，社区"公共性"的动因也不同。然而通过对"公共性"动因的分析，能够更有效地发挥不同类型社区组织的作用，形成社区治理的合力。

**（五）社区组织参与防疫的有限性分析**

在此次疫情期间，社区组织其实是有限参与社区防疫工作的，原因主要有以下四方面。

1. 对于社区组织参与社区防疫的作用和职能尚未明确

由于社区组织的成员均为社区居民，因此社区组织的行动首先需要符合国家的统一要求。疫情前期社区组织在本组织的微信群中开展的发布提示信息和辟谣行动较为迅速，然而对于开展更大范围的邻里互助以及社区服务等工作则需要等待社区两委的许可和招募，无法主动及自行开展。发布了《通知》之后，社区两委开始动员社区组织参与到社区防疫的工作当中，因此在防疫后期可以看到社区组织进行线下邻里帮扶活动，并配合社区防疫的行政事务。此外，《通知》的接收方并非社区组织，而是可以动员社区组织的部门。即使有了国家的动员令，但对于社区组织在疫情期间可以做什么、需要做什么尚未明确，在一定程度上限制了社区组织在社区防疫中作用的发挥。其实除了本文梳理的五大防疫内容外，社区组织参与社区防疫的内容可以更多，范围可以更为广泛。

**2. 社区组织成员参与社区防疫的安全机制尚未充分建立**

在新冠病毒面前，人人都可能被感染，因此社区组织的成员在开展社区防疫工作时，需要以保障安全为前提。在疫情初期参与社区防疫的社区组织并不像医护人员或是社区工作者一样统一发放防护工具，更多的是社区组织成员的自我防护。社区组织参与社区防疫工作后，健康安全是否能够得到保障均未知，保障社区组织成员的安全机制尚未充分建立，也会成为限制社区组织参与社区防疫工作的因素之一。

**3. 社区组织参与社区防疫的行动内容未充分得到官方授权**

《民政部关于大力培育发展社区社会组织的意见》提出对社区组织的分类指导思路，对于未在民政部门办理登记的社区组织，街道办事处及社区党组织具有领导和管理权。因此在疫情期间，未被街道或社区授权的社区组织参与到社区防疫中的可能性较低，社区组织能否参与更多防疫工作受到街道或社区是否授权的限制。如果社区或街道有意愿授权给社区组织开展社区防疫工作，社区组织将拥有参与防疫的渠道，会激活更多社区组织参与；反之，有可能会将社区组织排除在社区防疫体系之外，也会挫伤社区组织参与社区防疫的积极性，导致出现社区组织不认为社区防疫与自己有关的现象。

**4. 社区组织受到自身组织管理能力和活动设计实施能力的限制**

社区组织能够在疫情期间根据组织自身特色开展社区防疫活动，并非一蹴而就，而是需要在疫情暴发之前具备组织管理能力和活动规范化运作能力，在疫情期间才有可能显示出组织韧性。而目前大部分社区组织在组织结构、管理体制、决策程序等方面尚不健全（耿云，2013），社区组织自身能力也是制约其参与社区防疫的因素之一。

基于以上分析，对于社区组织参与社区防疫有以下建议。首先，将社区组织纳入社区防疫的体系中，使社区组织参与社区防疫工作合法化，加大鼓励社区组织参与社区防疫的政策力度，并且扩大社区组织参与社区防疫的范围，细化具体内容，制定社区组织参与社区防疫的激励措施。其次，建立社区组织成员参与社区防疫的安全机制，提供保险或其他防护措施，有效保障社区组织成员的健康安全。再次，鼓励街道或社区增加社区组织参与社区防疫工作的渠道，大力动员更多社区组织的参与，明确社区组织成员参与社区防疫的权利和责任，有效发挥社区组织的作用。最后，加大对社区组织的培育力度，并广泛培育不同类别的社区组织，尤其是培育社区组织搭建稳定的社区居民关系网络，培育社区组织在突发公共事件中的良好应急反应能力，培育社区组织的良好组织管理能力，增强社区组织的活动设计和实施的规范性，以便增强组织韧性，在常态和非常态环境中均能发挥出自身的作用。

## 四　总结与思考

本文以"过程－事件分析"视角，通过微信民族志的研究方法分析了不同类型的社区组织在疫情期间参与社区防疫的案例，并总结出社区组织"公共性"动因，且不同类型的社区组织所发挥的作用不同，同时也具有彼此互补的作用。在分析了社区组织参与社区防疫的局限性之后，提出相对可行的建议措施，尤其是对于后期培育社区组织具有参考意义。

然而由于研究场域位于老旧胡同街区，社区类型较为单一，对于其他类型社区的适用性还需要进一步检验。另外，由于可以进行分析的社区组织样本量偏少，影响本研究中数据的代表性。最后对于社区组织"公共性"的动因分析仅仅是针对社区防疫阶段的分析，后期的研究将扩展至常态环境中社区组织"公共性"的动因分析。

**参考文献**

常健、金瑞（2010）：《论公共冲突过程中谣言的作用、传播与防控》，《天津社会科学》，第 6 期。

淡卫军（2008）：《"过程－事件分析"之缘起、现状以及前景》，《社会科学论坛》（学术研究卷），第 6 期。

耿云（2013）：《我国城市社区社会组织的发展困境及其对策》，《云南行政学院学报》，第 6 期。

〔德〕哈贝马斯（1999）：《公共领域的结构转型》，曹卫东等译，上海：学林出版社。

〔美〕汉娜·阿伦特（1999）：《人的条件》，王世雄等译，上海：上海人民出版社。

何欣峰（2014）：《社区社会组织有效参与基层社会治理的途径分析》，《中国行政管理》，第 12 期。

〔德〕马克斯·韦伯（1997）：《经济与社会（上卷）》，林荣远译，北京：商务印书馆。

李磊（2014）：《城市业主网络自组织相关问题研究——基于 H 市 L 小区业主网络自组织的过程－事件分析》，《社会科学家》，第 7 期。

李世敏（2015）：《经典"公共性"理论辨析——兼谈中西差异》，《理论与现代化》，第 1 期。

李友梅等（2012）：《当代中国社会建设的公共性困境及其超越》，《中国社会科学》，第 4 期。

刘茜（2020）：《"过程－事件"分析视角下农村项目运行研究——以兴村为例》，《湖北农业科学》，第 4 期。

刘铁（2004）：《公共安全与公共管理》，《学习与探索》，第 5 期。

刘勇（2012）：《从谣言传播公式看谣言的生成土壤及遏制机制》，《中州学刊》，第 4 期。

任剑涛（2011）：《公共与公共性：一个概念辨析》，《马克思主义与现实》，第 6 期。

王汉生、杨善华主编（2001）：《农村基层政权运行与村民自治》，北京：中国社会科学出版社。

孙立平（2001）：《农村基层政权运行与村民自治》，北京：中国社会科学出版社。

谭清华（2014）：《谁之公共性？何谓公共性？》，《理论探讨》，第 4 期。

唐魁玉、邵力（2017）：《微信民族志、微生活及其生活史意义——兼论微社会人类学研究应处理好的几个关系》，《社会学评论》，第 2 期。

王锟（2005）：《工具理性和价值理性——理解韦伯的社会学思想》，《甘肃社会科学》，第 1 期。

夏建中、张菊枝（2012）：《我国城市社区社会组织的主要类型与特点》，《城市观察》，第 2 期。

杨敏（2005）：《公民参与、群众参与与社区参与》，《社会》，第 5 期。

魏泉（2016）：《网络时代的"谣言体"——以微信朋友圈为例》，《民俗研究》，第 3 期。

郁建兴、李慧凤（2011）：《社区社会组织发展与社会管理创新——基于宁波市海曙区的研究》，《中共浙江省委党校学报》，第 5 期。

张法（2010）：《主体性、公民社会、公共性——中国改革开放以来思想史上的三个重要观念》，《社会科学》，第 6 期。

赵罗英、夏建中（2014）：《社会资本与社区社会组织培育——以北京市 D 区为例》，《学习与实践》，第 3 期。

Habermas, J. (1981), *The Theory of Communication Action*, *Vol. 1*: *Reason and the Rationalisation of Society*, Cambridge: Policy Press.

Arendt, H. (2005), *The Promise of Politics*, New York: Schochen Books.

Bellah, R. N., et al. (1985), *Habits of the Heart*, Berkeley: University of California Press.

# Publicity: The Action Logic of Community Organizations Participating in Community Epidemic Prevention: Based on the Case of Dashilar Street

Liang Xiaoyue

[**Abstract**] This article from the perspective of "process-event analysis", in order to WeChat ethnography as the research method, through the analysis during the outbreak of COVID – 19 community organizations to participate in the process of community prevention and found three community groups to participate in the epidemic prevention behavior characteristics, from the transition to the network environment the realistic environment, more involved in epidemic prevention, the number of interest groups to participate in epidemic prevention and content service class and volunteer groups are more than. Furthermore, it is found that the public behavior of community organizations in the public field has three motivation factors, communicative rationality, value rationality and tool rationality. However due to the policy support, security, identity authorization and the limitation of factors such as their own capabilities, community organizations limited participation in community and epidemic prevention is existing, so put forward to include community organizations in community and epidemic prevention system, through intensify policy support, to set up the group security mechanism, clear responsibility and organization power continue to vigorously cultivate various types of community organizations and other measures, give full play to

公共理性：社区组织参与社区防疫的行动逻辑

209

the positive role of community organizations in community and epidemic pre-vention system.

[**Keywords**] Community Organization; Process-event Analysis; We-Chat Ethnography; Publicity

（责任编辑：李朔严）

# 中国慈善文化类型分析与历史
# "转型"回应

## ——《华人慈善：历史与文化》述评<sup>*</sup>

杨凡舒<sup>**</sup>

【摘要】《华人慈善：历史与文化》作为国内首本介绍中华慈善文化的教材读物，从中华慈善文化现象中提取了六种基本模型，分别为：宗族慈善、宗教慈善、地方慈善、民族慈善、海外华人华侨慈善和公民慈善。本文回顾既往中国慈善史研究，结合书中慈善类型的具体存在时间和实践，试图勾勒出中国近世慈善的演变轨迹：明末以降，地方社会的"善举"主体日益多元，除了当地士、商及其背后的宗族力量，行商、买办、华侨等群体也不断加入。随着实践主体的扩展，慈善实践的形式也发生变化。时至清末，明末以降的观念和实践积累被重新解读，成为"公民公益"的部分思想资源。与此同时，宗族善举的种种机制也日渐溢出宗族边界，与地方事务乃至指向国家利益的"公益"互相嵌合，共同融入近现代国家转型的最初探索与积极践履之中，恰可对中国慈善史的历史"转型"问题作出回应。

---

\* 本文系 2020 年度教育部人文社会科学研究青年基金"中国近代公益观念研究"项目（20YJC840031）、中山大学 2019 年度高校基本科研业务费青年教师培育项目（19wkpy81）的阶段成果。

\*\* 杨凡舒，中山大学历史学系博士研究生，研究方向为历史人类学。

【关键词】 中国慈善；文化类型；历史转型

朱健刚、武洹宇主编的《华人慈善：历史与文化》（以下简称《华人慈善》）（朱健刚、武洹宇，2020）一书，是国内首本以介绍中华慈善文化为主旨的教材读物。正如其导语所言，中国当代的公益慈善领域十分活跃，各种机构和活动方兴未艾，但当代公益的实务工作者对于中国本土的慈善传统并不熟悉，亦无从了解。在此之前，尽管有前辈学者孜孜不倦地开展慈善史的研究工作，但多为历史研究的专门性著作。教材不仅需要在概念上有较为明晰的划定，在理论与方法上有所指引，同时还需在语言上舍弃专业著作的诘屈术语，做到通晓流畅。《华人慈善》一书恰恰在这几方面做出了不俗的努力，极大地填补了这一知识的空缺。

在介绍此书之前，本文将首先对中国慈善的历史研究做一粗略的总览，以便更好地对《华人慈善》一书做出述评。

# 一 中国慈善史研究的"近世转型"问题

既往中国慈善史方面的研究中，从史料整理工作的情况来看，已初步具备了整体视野，得以在此时空的基础框架上继续探索。诚如夫马进在《中国善堂善会史研究》序论中所言，当他在 20 世纪 80 年代初开展善堂善会研究时，回顾以往 300 年间的相关研究概况，发现"无论是基督教徒的研究，还是近代社会事业史研究者的研究，都没有说明善堂善会是什么时候、以什么方式出现的。而且，基本上没有说明善会善堂的实际形态，即善会善堂想做什么？实际上做了什么？或者做成了什么？"（夫马进，2005：21）这三个"什么"的疑问直接反映了这一研究领域的空白状态。

因此，大量研究基于对原始文献资料的挖掘和搜集出版。周秋光、池子华等学者筚路蓝缕，在此方面做了最基础的工作和艰辛努力（周秋光、曾桂林，2006；池子华，2004）。日本学者夫马进的《中国善堂善会史研究》为其中的扛鼎之作，使用了大量翔实的历史文献，尤其是善堂特殊的文书——征信录，对中国善堂善会的历史进行了系统梳理与密实考证。根据他的研究，由中国民间力量自发组织的善堂善会出现于明末清初，在此之前，历代王朝主要设立各种形式的救济设施，如明代的养济院等（夫马进，2005：31）。这一转变随后吸引了更多学者的关注与讨论。比如，梁其姿所著《施善与教化：明清的慈善组织》，即根据全国各省份的 2615 份方志，对明清全国的善会善堂做一大致的统计（梁其姿，2001）。根据该书，善会善堂的创建者既有"官"，也有"民"。可见，善会善堂的出现使以国家为主体的慈善开始向一种国家 – 民间联合主体转型。

日本学者小浜正子关于民国上海慈善事业的研究则将善堂善会的研究延续至近代，在其著作《近代上海的公共性与国家》中，小浜正子不仅全方位呈现了近代上海的新旧慈善机构的组织形式、所承担的事务，还着重介绍了近代上海出于"地方公益"、民捐民办的消防组织——救火会（小浜正子，2003）。时间越向晚近推移，中国慈善实践的形态和主体便越发多样，在外来宗教及慈善力量传入中国之后，亦产生了更多新的善会组织、新式医院、学校等机构。① 从基础资料呈现的这一历史趋势来看，明末以降这一时间节点值得特别关注。关于这一点，既往的慈善史研究主要关注以下两部分。

第一，与慈善相关的思想观念新动向。梁其姿首先关注到了"贫富"观念在晚明社会的变化，在普遍的对于财富的焦虑情绪中，贫穷和财富原本的道德意义都发生了变动，随之变化的还有关于"良贱"的定义。在贫穷未能获得以往所得的道德表扬，财富也未能得到完全肯定的转折期，社会的标准和对于良贱的区分界限变得模糊。此时，明末兴起的善会则成为应对这一转变的社会策略之一。由社会精英阶层创建的善会制定了济贫的规约，此中便详细给出了辨别贫民的标准，这种区分弥补了明末法律上未定义之不足，重新做了"良贱"之分（梁其姿，2017）。在这些兴起的善会中，"同善会"是创立最早的善会（夫马进，2005：78），其创始者杨东明、高攀龙、陈龙正等大儒，施行善举的思想依据是"生生"的观念，其核心在于"万物一体之仁"，并由此引出对于"贫且困者"的恻隐之心（夫马进，2005：107）。这种观念一直延续至民国的新式慈善机构的创办理念之中（夫马进、胡宝华，2006：5）。梁其姿在其著作《施善与教化：明清的慈善组织》中，创用"儒生化"一词来说明明清慈善组织在意识形态方面的重要转变。她注意到，行善的理念一直在发生变化，中国

① 关于中国近代慈善事业史近 20 年研究的回顾，参见曾桂林（2008）。

明清的施善者及慈善组织的组织者，并不仅仅为了救济而开展其事业，他们转而重视儒家的主流价值，同时糅杂了在民间流行的通俗信仰观念，体现为如救济寡妇的清节堂、助人积阴德的惜字会等道德意味强烈的善会实践。在实际的组织和参与中，中下层儒生也与善堂善会的活动密切相关，反映了这一类人群在社会生活中努力维护及积累"符号资本"的愿望（梁其姿，2001：317），实则是一种争取社会资源的努力。可见，明末清初的思想观念变化是善会善堂出现的推动力之一，而善堂善会除了济贫、恤孤以外，也成为社会阶层变动、地方财富与人群集聚的重要站点。

第二，具体慈善实践的丰富与扩展。这一方面的转变主要体现在两方面，一是实践的内容发生拓展。在"同善会"诞生的同时，还有其他形式的善会一并出现，如讲学会、放生会（放生社）、掩骼会、恤嫠会、普济堂、育婴堂等。由于"生生"观念的推动，这些承担不同慈善事业的善会将原本救济对象的类型和救济实践的形态都加以扩展，如兴办义学、放生、掩埋尸骨、修建义冢、恤嫠、恤贫、施药等事业，之后这些逐渐成为单个善堂的实践范围。我们可以看到，延续至近代的善堂传统，其事业虽根据时代更迭有所扩展，但主体部分大多延续此格局。由于囊括了社会生活的各个方面，这一"善举体系"（夫马进，2005：161）亦承担着地方的公共事业。二是慈善的主体日趋多元。夫马进注意到明末清初善堂善会的大量出现与此时段儒士结会结社的风潮有关，同时，它们的支持者除了地主，还有工商业者和同业行会。明末以州府县城为中心的乡绅、生员成为主持地方事务的主要人群，亦是与福利、救济相关的慈善事业的主持者（夫马进，2005：154）。可见慈善实践主体在此时段愈加多元，这一主体同样为之后明清的慈善事业奠定了基础。

对于上述两点变化，日本学者沟口雄三从思想史的学理入手，对其有更深入的解释。他关心中国的"乡治"对于民间自治空间，即"乡治空间"的构成作用，并看到这一空间的成长对于辛亥革命的深远影响，重新考量辛亥革命的内在驱动力和意义，从而提出关于中国现代历史进程的假说。所谓"乡治"，从思想史角度来看，可追索至明末黄宗羲所谈的"以地方之手理地方之公事"，"乡治运动"的主要事务就是"地方善举"，即上文所讲到的一系列慈善实践（沟口雄三，2014）。从这一假说来看，慈善这一板块的活跃与壮大仍因嵌入了"乡治空间"乃至以"省"为单位的自治空间的构建与成长之中，在这种社会转型过程时，传统慈善的运作和积累亦是其中很关键的一环。

沟口雄三是在相对抽象的层面提出了这一思想史的线索，与社会文化史视角上的观察及切实考证之间恐怕存在一定的张力，在如夫马进、梁其姿等慈善史学者的研究中，我们可以看到慈善史线索在具体的世变与人群思想、社团运作之间展开。从史观角度看，二者与这一思想史的关切有相互映照关系①。更重要的是，这些研究从不同的角度揭示出，明末清初，中国地方社会以本土力量为主体构成的自治空间开始形成，而慈善实践便嵌于其中，是构成其的重要一环。他们看到中国慈善传统在相比近代更早的明末清初时期即已出现的新动向，并洞察到这一变化与之后的慈善传统，乃至中国社会在现代进程中的紧密联系。观察这一"近世"之变，亦可看到其催生出的慈善文化架构，在之后的时代中展现了巨大的灵活性和延续性，以容纳新的世变所带来的冲击。恰恰是这一尚未被系统梳理的传统，成为孕育现代新式慈善的土壤，更加是孕育中国近代社会形态的关键环节之一。

## 二 《华人慈善》的主要内容及其对历史"转型"的回应

《华人慈善》从历史文化的视角来理解华人慈善传统，是否回应了上文所谈到的这个"近世转型"问题呢？该书的导言中，首先明确了"慈善"的定义和特征，即采用了《中华人民共和国慈善法》的"大慈善"概念，同时指出这一概念在国家层面与民间公益一致；讲述中国本土的慈善传统脉络，势必会牵涉更广泛的中国历史文化谱系，因此同时探讨的还有"中华文化"这一概念，由此发展出的中华慈善文化亦呈现多元一体的格局（朱健刚、武洹宇，2020：11）。该书并不执着于勾勒一个有明确边界的"华人慈善"，而是致力于呈现一个多元而糅杂的慈善文化图景。为此，全书从纷繁复杂的慈善实践之中提取了六种基本模型，分别为：宗族慈善、信仰慈善、族群慈善、地方社会慈善、海外移民华人华侨慈善和公民慈善。这六种模型有其独立的特质，亦有重叠交错的部分。我们从时间线索入手，回顾这些模型发生的时间和方式，进一步追问

---

① 关于夫马进对于这个问题的回应，参见夫马进、胡宝华（2006：1）。

其形成的历史逻辑及"近世转型"问题的具体展开。

**（一）宗教与慈善**

最早与中国慈善产生关系的是于唐代便传入我国的佛教，在佛教"种福田"思想的影响下，寺院多有设立"悲田院"等慈善机构救济穷人，南北朝开始又有"无尽藏"等慈善事业。在不同历史阶段，不同的宗教思想都为中国的慈善事业提供了理论和精神资源，并将其观念融入实践的方方面面。《华人慈善》中的"信仰与慈善"一章，总结了宗教慈善的特性，并介绍了佛教、基督教、伊斯兰教、道教在中国的慈善实践案例，分别为当代东台湾的慈济、民国时期建于广州的博济医院、香港的博爱社、晚清由商人和建筑行会创建的广东省躬草堂。这四个例子也呈现了宗教慈善事业的多元形态，以及其长久的生命力。

**（二）宗族与慈善**

在"宗族与慈善"这一章节中，作者从宗族的历史谈起，梳理宗族慈善事业发端于唐宋、繁盛于清代的过程，并指出其依托的是伦常孝悌、敬宗收族的儒家观念，主要的形式即是以宗族共有财产向同族的老弱病残及贫者进行救济扶助。此章以苏州范氏义庄、歙县棠樾鲍氏义庄和无锡荡口华氏义庄三个例子详细说明宗族慈善的演变形态和具体的管理运作。尤其是宋代范氏义庄的建立，确立了之后宗族慈善以公产赈济族人的制度范例。作者指出，宗族慈善的主要演变趋势是"从制度化散赈到制度化救济的过程"（朱健刚、武洹宇，2020：28~29），这一转变在宋至清代完成。如果从更为广泛的历史视野来看待宗族慈善的话，历史人类学研究表明，明清时期华南地区的宗族社会形成，与自宋以来的礼仪改革有直接关联。宗族也参与了明清社会士绅化的过程，其在地方的逐步发展即体现了以礼仪为主体的意识形态转变（科大卫、刘志伟，2000）。宗族慈善正是在此逐渐稳固的经济和礼仪关系中得以发挥效应，成为其中实现基层社会治理和礼仪教化的具体环节，这一过程，即与下文讨论的于明清兴盛起来的地方慈善有所重叠。

**（三）地方社会与慈善**

考察地方社会出现既非以国家为主体，亦非以宗教力量为主体的慈善力量，首先需探讨"地方"这一社会空间的形成过程。罗志田指出，南宋以来，在大一统王朝统治下形成了"郡县空虚"的现象，由儒士所提倡的"礼下庶人"潮流逐渐兴起，旨在教化底层民众，同时构建民间的礼仪社会。而在人们生活的实体空间中，国家的行政力量难以触及县以下的基层社会，于是形成了由当地士、商及其背后的宗族力量来实施治理的社会空间（罗志田，2015：6~28），沟口雄三则将其称作"乡治空间"（沟口雄三，2014：306）。上文夫马进所关注的明末新的慈善主体的出现，即是在此空间展开的实践。这一空间在明末清初形成，并逐渐成长壮大。此时段地方社会的治理及其实际运作，在王朝国家视野的历史文献中处于一种"虽必不可少却又不甚看重，因而语焉不详的状态"（罗志田，2015：7）。然而，地方慈善事业的开展恰好提供了一个观察的向度，我们可以看到这些"语焉不详"的方面如何切实地进行。所谓"以地方之手理地方之公事"，在之后的历史演变中有了更多元的内容，主持地方的力量也逐渐有了新的变化，比如清末的行商、买办，民国时期的华侨等群体。《华人慈善》在"地方社会与慈善"一章中介绍了由清末滥觞的潮汕善堂与民初成立的香港东华三院两个案例。有趣的是，这两个例子恰好处于传统国家最末端的行政力量在其时无力管辖到的地域范围，潮汕地区的乡村社会即是典型的"乡治空间"，而清末到民国的香港华人社区则更是清政府无力控制、英殖民政府"无从下手"的地区（朱健刚、武洹宇，2020：133~134）。二者充分说明慈善在地方社会之中牵涉多个方面，同时也展示了慈善机构在此社会空间中所发挥的重要作用。

### （四）海外华人华侨慈善

自16世纪明朝接触海禁后，华人移民的足迹就已遍布海外，基于原有地缘认同的华人，在新的"地方"社会又联结在一起。也可以说，此时"地方"的范围超越了地缘，扩展到了海外的华人社区，慈善的主体体系中又加入了海外移民网络（朱健刚、武洹宇，2020：21）。在"移民与慈善"一章中，作者通过广东顺德、浙江温州和云南和顺三个侨乡的慈善案例，观察清末以来华人华侨慈善的形成过程和本土社会之间的关系。华侨虽身在海外，却心系侨乡的发展，其慈善实践也直接推动家乡社区的治理和建设。案例中介绍的顺德绵远堂的旅港同乡网络，即与香港的东华三院有密切联系，后者作为全球华人归葬原籍的枢纽，是绵远堂的怀远义庄接收旅外乡亲骨骸的重要节点。在这样一些特殊的慈善实践中，我们尤可看到在大的全球化浪潮中，华人网络如何通过传统的宗亲观念与现代的慈善机制维系社会生活的正常运作。

### （五）公民与慈善

从甲午战争开始，中国社会遭遇最为剧烈的变动，外敌的入侵与建立现代民族国家的必要性，使得中国的知识精英和政治精英开始意识到变革的紧迫性。原指代"地方公事"的"公益"一词被赋予了更加丰富的现代意涵（武洹宇，2018：180~215），而相对应的慈善实践也有了新的变化。"公民与慈善"一章明确指出公益观念的嬗变与中国社会现代转型的关系，并将其作为重点进行阐释。作者通过回溯梳理"公益"的意涵，指出"公益"由晚清"群学"思潮发端，以无政府主义团体聚集在一起的有志之士将其实践从政治革命领域扩展至"社会革命"范畴，此中便包括创办新式善社、建立学校、乡村建设运动等一系列公益实践。此章的实例为潘达微的公益实践、徐茂均的"公益新村"与20世纪20年代的乡村建设运动，其实践内容和目标已远远超出了传统慈善的范畴。究其时的慈善实践内涵，"开民智""培育国民"成为近代公民慈善的主要形式，并发展为今天"公民公益"的底色之一。在中国社会发生近代转型的历史节点，也正是"公民公益"的诞生之时。

## 三　总结与讨论

全书遵循大略的时间脉络，并从此线索展现整体史视野之中的慈善文化面貌。除了"族群与慈善"旨在展示不同类型族群的慈善实践，并未有明显的时间分隔之外，从第二章"宗族与慈善"到第七章的"公民与慈善"，其时间顺序自唐宋一直延续到当代，囊括了中国整体的历史进程，也将空间延展至海内外华人活动的社区。回顾这一慈善脉络，结合书中慈善类型的具体存续时间及实践，我们可以勾勒出一个相对清晰的演变轨迹。明末清初，由于社会经济及意识形态的变动，不同于以往由国家或者寺院作为主体的慈善实践模式，中国慈善的主体和实践开始出现扩展。地方慈善的最初架构形成，制度化的宗族慈善亦参与其中，奠定了明末以降直至近代的慈善实践体系基础，从而成为地方社会治理和实际运作的重要组成部分。这一机制随着时间推移逐步调整，其主体的构成亦包含海外华人华侨、清末的知识精英和政治精英等群体。明末以降的观念和实践积累，在清末民初的历史语境中被重新解读，从而成为"公民公益"的部分思想资源。慈善的范畴在此时大大拓宽，融入中国社会现代转型的最初思考及积极实践当中。此六种类型的交互作用，嵌入近代国家转型和慈善主体变化的过程当中，尤其是对于"宗族慈善""地方社会慈善""海外移民华人华侨慈善""公民慈善"的分析及考察，恰可对中国慈善史的历史"转型"问题作出回答。

长时段的历史维度在这个观察框架中发挥连接作用，亦为读者勾勒出了中华慈善文化在这个时间线索中的逐步演变轨迹，同时也提供了更广的观察视角。正如张佩国所言："中国历史情境中的福利实践乃是政治、经济、文化等诸领域一体化的产物，甚至生产与生活也无法做畛域的划分。"（张佩国，2017：226）愈加深入地考察中国的公益慈善脉络，就愈会发现，要脱离整体史的脉络去谈"慈善"本身，恐怕是无法完成的任务。尽管因为种种原因，此书暂未将"国家"作为慈善的主体纳入这六种类型的分析中，从观察框架方面看仍有所缺憾。但通过具体的历史及人类学案例研究，此书一方面以历史线索回应并补充了以往慈善史研究所关注的"近世转型"问题，另一方面，以六种基本模型为主要框架，在中国整体社会史的基础上观察慈善脉络的演变，甚至反过来补充和增进了中国社会"前近代"历史研究的探索。这种透过历史文化维度的整理与观察，可谓迈出了慈善研究领域难能可贵的第一步。慈善"近世"转型与近代"公民公益"诞生的连续过程，不仅探索了中国传统慈善与现代公益之间的内生脉络，而且呈现了同时期国家与社会的深刻变革。对于今天专注于解决现实问题的公益实务工作者以及慈善研究者而言，这一丰富而清晰的研究梳理必将有助于深入理解现当代公益的历史脉络与内在精神，整体把握中国慈善文化的多元图景，从而推进和深化对现实问题的分析与思考。

**参考文献**

池子华（2004）：《红十字与近代中国》，合肥：安徽人民出版社。

〔日〕夫马进（2005）：《中国善堂善会史研究》，伍跃、杨文信、张学锋译，北京：商务印书馆。

〔日〕夫马进、胡宝华（2006）：《中国善会善堂史——从"善举"到"慈善事业"的发展》，《中国社会历史评论》，第七卷。

〔日〕沟口雄三（2014）：《辛亥革命新论》，乔志航、龚颖等译，《中国的历史脉动》，北京：生活·读书·新知三联书店。

〔英〕科大卫、刘志伟（2000）：《宗族与地方社会的国家认同——明清华南地区宗族发展的意识形态基础》，《历史研究》，第 3 期。

梁其姿（2001）：《施善与教化：明清的慈善组织》，石家庄：河北教育出版社。

——（2017）：《"贫穷"与"穷人"观念在中国俗世社会中的历史演变》，《变中谋稳：明清至近代的启蒙教育与施善济贫——梁其姿自选集》，上海：上海人民出版社。

罗志田（2015）：《地方的近世史："郡县空虚"时代的礼下庶人与乡里社会》，《近代史研究》，第 5 期。

武洹宇（2018）：《中国近代"公益"的观念生成：概念谱系与结构过程》，《社会》，第 6 期。

〔日〕小浜正子（2003）：《近代上海的公共性与国家》，葛涛译，上海：上海古籍出版社。

朱健刚、武洹宇主编（2020）：《华人慈善：历史与文化》，北京：中国社会科学出版社。

周秋光、曾桂林（2006）：《中国慈善简史》，北京：人民出版社。

曾桂林（2008）：《近 20 年来中国近代慈善事业史研究述评》，《近代史研究》，第 2 期。

张佩国（2017）：《传统中国福利实践的社会逻辑——基于明清社会研究的解释》，《社会学研究》，第 2 期。

# The Analysis of Chinese Philanthropic Culture Patterns and the Response to Historical Transformation: A Review of *Chinese Philanthropy: History and Culture*

Yang Fanshu

[**Abstract**] Chinese Philanthropy: History and Culture, Chinese Philanthropy: History and Culture, as the first textbook to introduce Chinese philanthropy in China, extracts six basic patterns from the phenomenon of Chinese philanthropy. They are: clan philanthropy, religious philanthropy, local philanthropy, national philanthropy, overseas Chinese philanthropy, and civic philanthropy. This paper reviews the previous historical studies on

Chinese philanthropy, and tries to outline the trajectory of the evolution of early modern Chinese philanthropy by integrating the specific time and practice of philanthropic patterns discussed in the book. Since the end of Ming Dynasty, the subjects of "almsdeed" in local society have become increasingly diversified. Besides local scholars, businessmen, and the clan power behind them, some other communities such as merchants, comprador, and overseas Chinese also joined. With the expansion of this subject, the forms of the philanthropic practice also changed. By the end of the Qing Dynasty, the accumulation of ideas and practices since the end of the Ming Dynasty was reinterpreted and interpreted, thus becoming part of the ideological resources of "citizens' public welfare". Meanwhile, various mechanisms of clan charity gradually expanded clan boundaries, increasingly embedded with local affairs and even the "public welfare" related to national interests. They are integrated into the initial exploration and active practice of modern national transformation, and respond to the issues of historical "transformation" of Chinese philanthropic history.

[**Keywords**] Chinese Philanthropy; Culture Patterns; Historical Transformation

（责任编辑：马剑银）

# 调适中国国家与社会关系研究策略

## ——评《中国行业协会商会政策参与：国家与社会关系视角的考察》*

宋晓清**

【摘要】 当前，我国行业协会商会发展正处于政策参与环境不断完善的新时代。在《中国行业协会商会政策参与：国家与社会关系视角的考察》中，作者采用结构－能动统一的视角来考察中国行业协会商会的政策参与，提出"变动外部环境下行业协会商会与政府双向策略性互动"的分析框架，揭示了当代中国国家与社会互动关系多元化与动态性的图景。同时，该书还反映出当代中国国家与社会关系研究者在研究策略上的新发展。

【关键词】 国家与社会关系；行业协会商会；政策参与；研究策略

自 20 世纪 90 年代以来，当代中国国家与社会关系始终是学术界经久不衰且充满争辩的研究领域。究其原因，一方面是其研究对象——当代中国国家与社会关系正处于转型过程中，其多样、变动的形态本身是不易被全面、及时地考察的；另一方面恐怕也与研究者自身因素有关。这一领域的研究者，通常需

---

* 基金项目：教育部人文社会科学研究项目（青年基金）互联网技术赋能行业协会商会的作用机制及其优化对策研究（18YJC840032）。

** 宋晓清，浙江财经大学公共管理学院讲师，研究方向为行业协会商会研究。

要处理以下三个研究策略问题：从何种视角看待中国的国家与社会关系，国家中心抑或社会中心？如何处理国家、社会这两个研究对象，宏观把握还是微观分析？究竟是什么因素决定着国家与社会间的互动，制度环境等结构性因素还是博弈策略等能动性因素？在中国国家与社会关系研究中，不同学者对上述问题的不同选择，就是在研究视角、方法偏好和理论关怀上的取舍，自然也造就了研究结论与观点的多样性。

研究中国国家与社会关系的最佳策略是什么？就个体学者而言，自然是因人、因研究问题而异。然而，若就近年来的整体趋势而言，国家与社会关系研究已然经历了从"国家与社会的二分"到"国家与社会的互动"的视角转变（郁建兴、关爽，2014：9~18）。在此背景下，原有以国家或社会为中心的单一视角和单向、静态的分析方法渐不适用。研究者们应如何调整其研究策略，从而能开展动态的、过程取向的研究，更好地考察国家与社会的相互影响？浙江大学公共管理学院百人计划研究员、社会治理研究院副院长沈永东博士在他新近出版的学术著作《中国行业协会商会政策参与：国家与社会关系视角的考察》中所采取的研究策略或可给研究者以启发。

## 一　研究回顾：国家－社会关系视角与中国行业协会商会研究的共同演进

该书开篇写道："研究行业协会商会参与政府制定与修改是认识和理解国家－社会关系的有效途径之一。"当代中国的政策制定一直是学者考察当代中国国家与社会关系的重要阵地，而参与政策活动也是行业协会商会与国家主体互动的重要场域。围绕中国行业协会商会政策参与这一主题，将国家与社会关系和中国行业协会商会这两个研究领域有机地联系起来，是该书的一大特色。

国家与社会关系问题是当代中国问题研究者长期关注的话题，这一领域的研究可以分为两个阶段。第一阶段是国家与社会二分关系研究。在这一阶段，学者们从国家与社会分立、国家与社会处于零和博弈的格局中来看待当代中国的国家－社会关系。在"谁是中国政治与改革的主导力量，国家还是社会？"这一问题上，学者们出现观点分化，形成了"国家中心论"和"社会中心论"两种视角，构成了当代中国国家与社会关系理论谱系的两端。第二阶段是20世纪 90 年代以来，随着"国家在社会中"（Migdal，2001）、"镶嵌自主性"（Evans，1995）等观点的提出，国际学术界逐渐打破国家 - 社会二分，对中国国家与社会关系研究产生深远影响。在这一阶段，学者们倾向于认为国家与社会未必是二分对立的，而更可能是一种非对抗的互动关系。在"国家与社会的互动关系中，谁占主导地位？"这一问题上，学者们再次出现观点分化，产生了国家与社会互动关系中的国家主导视角与社会主导视角，以及居中的国家与社会良性互动视角。纵观整个中国国家与社会关系理论发展，经历了从静态到动态、从单一到多元、从极端到调和的演进过程，最终形成了一个从国家中心论、主导论、途经国家与社会互动，再到社会主导论、中心论的连续谱系。

中国行业协会商会的政治学研究，可以视作中国国家与社会关系研究在这一类社会组织中的展开。社会组织作为构成社会的基本单元，一直是考察当代中国国家与社会关系及其变化的重点分析单元。而行业协会商会作为中国社会组织中的第一大类社会团体，也成为其中极重要的研究对象之一。国家与社会二分关系理论的影响，在中国行业协会商会的早期研究中表现为法团主义与多元主义之争。两派论者的争辩看似针锋相对，实则都有将中国行业协会商会贴上理论标签，继而使其承载有关中国国家与社会关系宏观静态结构论争的倾向。受到预设理论的约束，这些研究往往不能准确反映当代中国国家 - 社会关系多元化与动态性的真实特征。此后，有学者开始基于对中国行业协会商会等社会组织微观行为的考察，实证地研究中国国家与社会的动态关系，其代价则是忽略了外部制度环境对中国行业协会商会行为的约束，过于突出行动者的主观能动性，其所采用的案例分析方法也限制了研究结论的普适性。

基于该书对以往研究文献的梳理，可以发现当代中国国家 - 社会关系研究和中国行业协会商会研究的演进存在密切的内在联系。前者往往成为解释后者的理论框架，后者则经常成为印证、检验前者理论解释的研究载体。行业协会商会研究中的结构论争与行动分析，正是中国国家 - 社会关系研究两阶段中的核心议题在这类社会组织中的映射。因此，两者研究上的进展与局限往往也是高度相关的。对中国行业协会商会的结构论争与行动分析虽然互相补充，却缺乏内在逻辑将国家主体和行业协会商会作为整体的宏观结构与个体的微观行动有机整合。针对已有文献中的这一缺失，该书提出了一个关键议题："行业协会商会与政府互动何以呈现多元化与动态性特征。"用法团主义或多元主义等结构论争的宏观理论来解释这一议题显得静态、僵化，忽视了国家与行业协会商会的能动性建构能力；行动分析的微观理论则显得碎片化，忽视了宏观外部环境的影响。这也同样意味着，现有理论无法解释分析当代中国国家与社会关系多元化与动态性的特征。若要摆脱这一理论解释的困境，就必须构建新的分析框架来有机整合中国行业协会商会研究中的结构争论与行动分析，继而推动国家－社会关系研究的演进。

## 二 研究分析框架：变动外部环境中行业协会商会与政府策略性互动

吉登斯的结构化理论指出，社会结构不仅对人的行动具有制约作用，而且是行动得以进行的前提和总结，它使行动成为可能；行动者的行动既维持着结构，又改变着结构（吉登斯，1998：62）。借助这一理论资源，该书认为结构性与能动性之间相互依持、互为辩证的关系同样反映在行业协会商会与政府之间的关系中，体现了当代中国国家与社会关系结构性与能动性的统一（沈永东，2019：24）。由此提出该书的研究意图：在结构－能动统一的视角下关注受外部环境影响的政府与行业协会商会之间的策略性互动，以解读行业协会商会与政府互动关系的多元化与动态性。

为实现这一目标，该书采取了以下的研究策略。首先，采用了国家社会互动论的基本视角，即将政府、行业协会商会作为国家与社会两侧的研究对象，同时置于研究框架中，并对两者保持对等的研究态度。其次，采取了一种分层的方式来处理国家一侧的研究对象，即将国家分解为作为具体行动者的政府和作为外部环境的制度结构。通过这一处理，可以更为灵活地刻画国家的两个面向：政府所具有的能动性调适，以及制度结构对政府和行业协会商会的外部约束性。更进一步，由于可以将政府看作和行业协会商会一样具有能动性调适和策略性回应的行动主体，考察政府与行业协会商会这对双重能动主体的持续性动态互动，或者说两者间的重复性博弈成为可能。最后，提出外部环境与策略性互动之间存在相互形塑的动态过程，一方面，外部环境对政府和行业协会商会策略性互动起到规约或促进作用，另一方面，双重主体在策略性互动中对外部环境有形塑作用。换言之，结构性因素与能动性因素同时决定着国家与社会间的互动。

　　基于上述研究策略组合，该书提出了新的研究分析框架。这一分析框架可以分为内外两层，如图 1 所示，在分析框架的内层，基于制度理论与资源理论，提出了两个概念："双重能动"强调政府与行业协会商会都具有能动性且都基于自身利益与能力而采取行动；"策略性互动"则是指行业协会商会采取不同的策略来应对政府行为，而政府也会根据行业协会商会的不同策略调适自我行为。分析框架的外层基于吉登斯的"社会结构二重性"原则，即"结构同时作为自身反复组织起来的行为的中介与结果；社会系统的结构性特征并不外在于行动，而是反复不断地卷入行动的生产与再生产"（吉登斯，1998：89），设定"外部环境"与政府、行业协会商会能动性行为间存在约束和反向被建构的关系。

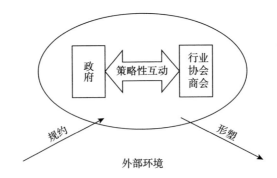

**图 1　《中国行业协会商会政策参与：国家与社会关系视角的
考察》的研究框架**

　　综上，该书将当代中国政府与行业协会商会的多元动态关系解读为"变动外部环境中政府与行业协会商会策略性互动"，包括政府与行业协会商会的策略性互动和外部环境以及策略性互动之间的相互规约与形塑（沈永东，2019：38）。

## 三　经验研究：中国行业协会商会政策参与的基本情况、影响因素与机制

　　基于上述理论分析框架，该书展示了两项有关行业协会商会政策参与的经验研究。第一项研究旨在考察政府与行业协会商会双重能动性对行业协会商会政策参与的影响。在社会组织的政策参与中，行业协会商会的能动性主要体现在其政策参与的能力方面，包括治理结构、代表性、自主性、财务资源与人力

资源的独立性；政府的能动性主要体现为其政策意志，在行业协会商会政策参与的情景中，主要表现为政府对行业协会商会的"政策参与优先路径的赋予"。书中提出了两项假设：行业协会商会政策参与能力越强，行业协会商会的政策参与越多；行业协会商会拥有政府赋予的政策参与优先路径越多，行业协会商会的政策参与越多。为考察行业协会商会政策参与的基本情况及其影响因素，该书采用了浙江大学社会组织与社会治理研究中心在2012年对浙江省全省性行业协会商会，以及宁波市、温州市和无锡市全市性行业协会商会负责人开展的大规模问卷调查，基于133份有效回收问卷的数据统计，有以下主要发现：受调查的中国行业协会商会政策参与呈现目标多样化，政策参与途径和方式多元化的局面，近1/3的行业协会商会在与政府互动中成功地影响了政策制定、政策修改或政策执行的停止；对研究假设的回归分析显示，行业协会商会的生成方式、政府政策意志对行业协会商会政策参与影响显著。

第二项经验研究旨在考察政府与行业协会商会持续动态的策略性互动过程，以及策略性互动与外部环境之间的相互影响。该书采取多案例比较分析的方法，通过"外部环境"、"行业协会商会政策参与能力"、"政府政策意志"与"策略性互动"等维度横向比较了4家行业协会商会的14个政策参与案例事件。在这些案例中，行业协会商会与政府的互动呈现持续性与动态性特征，如泰顺小水电行业协会针对小水电电价的政策参与持续达10年之久；行业协会商会在参与政策时，通常会表现出极为灵活的能动性，如浙江省自行车电动车行业协会针对不同行政层级的政府构建了三种不同的互动模式；政府的策略行为也会根据行业协会商会的策略进行动态调整，如温州市电子商务行业协会对温州市政府就完善当地产业转型政策展开了"协会政策倡导"—"政府委托政策制定"—"协会参与制定政策"—"政府放权"—"协会执行相应政策"的反复互动过程；行业协会商会与政府的互动也会对外部环境产生形塑作用，如上海市室内环境净化行业协会通过政策倡导，促使政府完善行业企业资质认定政策等。从国家与社会关系视角考察，4个行业协会商会与政府的互动呈现多元主义、政府支配、法团主义和混合主义的多样化特征。

基于上述经验研究，该书将中国行业协会商会政策参与活动归结为：策略性互动合作是实现行业协会商会与政府良性互动的重要方式；外部环境对行业协会商会与政府的互动关系起着形塑作用。这一研究结论表明：在当代中国，即使是相同类型、相近地域的社会组织在与政府进行同一类互动活动时，社会组织与政府之间依然会呈现多元化与动态性的关系。该书对中国行业协会商会政策参与的研究，在一定程度上反映出当代中国国家与社会关系的复杂性与变动性。

## 四 启示：国家与社会关系研究策略的调适

在当代中国国家与社会关系的研究文献中，至少存在两种不同的叙事原型。第一种叙事原型可称为"理念改造现实"，遵循这类叙事的研究通常会以"法团主义"或"多元主义"及其衍生类型来"锚定"当代中国的国家与社会关系形态，然后基于"法团主义"或"多元主义"的理论资源，分析中国国家与社会关系的特点与限度，最后建议以另一类型作为其可欲的演进方向。在这类研究文献中，往往会提出或暗含这样一个基本论点：当代中国国家与社会关系应从当下国家主导的法团主义（或其衍生）形态，转型为社会自主的多元主义（或其衍生）形态。

第二种叙事原型可以称为"现实修正理论"，遵循这类叙事的研究通常会基于实证方法，考察当下中国某一具体领域、地区的国家机关与社会主体之间的互动关系，并对这些互动关系进行"法团主义/多元主义"的类型学分析。这一类研究文献也通常持有一个基本观点：当代中国国家与社会关系是复杂的，需要修正既有的国家与社会关系形态类型或者衍生出更多的细分类型来把握这种复杂性。在较晚近的研究文献中，进一步出现了不再使用"法团主义/多元主义"概念，而直接创造新名词的倾向。

遵循这两类叙事原型的研究，分别从应然和实然的层面推进了当代中国国家与社会关系研究。然而这两类叙事都存在难以克服的理论困难。在第一种叙事原型中，用"法团主义/多元主义"概念来判定当代中国国家与社会关系的实际形态，始终存在适用性问题，其根本原因在于当代中国国家与社会关系始终处于变动中，并未处于一个稳定状态。此外，这种叙事原型预设国家与社会关系演进的终极目标，而缺少对演进机制或路径的分析，或陷入目标与手段的循环论证之中。在第二种叙事原型中，修正"法团主义/多元主义"正统理论，以及引入经济社会学、组织社会学、制度主义经济学等新的理论资源，无疑能做出较前者更为精确的考察与分析。然而，这类研究的有效性往往只限于国家与社会关系的某一局部经验事实层面，而难得出普遍性结论。在缺乏相容的分析框架的情况下，局部研究结论因其异质性而难以积累进而难以推动整体研究的进步。遵循第二种叙事原型的研究揭示了中国国家与社会关系的复杂性与多样性，并衍生出大量新名词来命名实证研究中发现的新模式，由此也带来了对中国国家与社会关系认知碎片化的问题。更进一步，遵循这类叙述原型的研究，似乎很难解决以下问题：当前中国国家与社会关系的多样性是否仅仅是在转型时期的特征？最终是否会收敛为某一稳定状态？换言之，这类研究只是暂时搁置而无法绕开"中国国家与社会关系演进方向和实现路径"这一根本性问题。

造成两种叙事原型分野的根本原因也许是不同研究者的方法论差异，或者说是对待西方理论与本土经验的态度差异。研究者遵循第一种叙事原型的理由是显而易见的："法团主义"与"多元主义"是目前解释国家与社会关系最为成熟与成功的理论体系，也是中国国家与社会关系研究在初始阶段最堪运用的理论资源，能够在理论上支持对中国国家与社会关系发展终极目标的探讨。与之相对的，那些更为看重本土经验的研究者则以实证主义精神与实事求是的态度来支持其研究方式的合理性。

在国家与社会关系领域，如果今后有新的叙述原型出现，它必然是兼有前两种原型的合理性：一方面将"法团主义"与"多元主义"等西方理论视作具有科学性的理论体系，即认为其基本论点兼具普遍性与可证伪性；另一方面，坚持基于实证研究来考察和把握当代中国国家与社会关系，并对其最终可能形成的稳定状态抱持开放的态度。该书的研究已经反映出作者构建这种新叙述原型的意图和努力。然而，最终实现这一目标仍有两项重要的工作有待推进。

首先，"结构－能动"二重性分析框架仍有待完善。该书的分析框架主要是从吉登斯的结构化理论发展而来。20世纪七八十年代，吉登斯分别在其两部重要著作《社会理论的核心问题》与《社会的构成》中，就当代西方社会学中的"结构－能动"二元论之争，系统地提出了结构二重性学说，即所谓结构化理论。之后，吉登斯转向了现代性理论、第三条道路等其他领域的研究，而他的这两部著作则分别于2015年和1998年被翻译引介入国内，并在学界引起强烈反响。自吉登斯提出结构化理论以来，一些学者继续发展这一理论，使其进一步体系化和可操作化（Parker，2000；Stones，2005）；还有一些重要的学者，如阿切尔（Archer，1982，1995，2007），对吉登斯的结构化理论"过于社会化"以及将"结构"与"能动性""趋中合并"的倾向展开了长期的批判，并提出了更强调"结构"与"能动性"之间分层区隔的"分析性二元论"（analytical dualism）（Archer，1995）。遗憾的是，针对吉登斯结构化理论展开的这些重要研究只引起了中文学术界少数学者的关注（叶启政，2004，2008）。而在该书中，同样也未吸纳这些理论资源，其"结构－能动"二重性分析框架的理论基础仍有待夯实。

其次，对行业协会商会的社会/经济属性分析有待平衡。该书的研究更多侧重于从政治学、社会学的视角考察行业协会商会在政策参与中与政府之间的策略互动，而较少分析行业协会商会政策参与中的经济因素。事实上，行业协会商会作为市场经济领域的社会组织，对其所在行业、会员企业的经济利益的保护和追求正是其政策参与的重要动因。奥尔森的集体行动理论（奥尔森，1995）、Doner和Schneider有关行业协会商会经济功能的研究（Doner & Schneider，2000）理应成为行业协会商会政策参与研究中不可忽视的重要文献。或许是出于聚焦研究问题的考虑，该书并未吸纳上述文献中的理论资源，这使得在分析行业协会商会与政府之间的"策略性互动"时，在其策略选择机制方面的解释显得较为薄弱。更进一步，若作者志在于国家与社会关系领域提出一种新的叙述原型，则必须整合已有的相关理论体系或提出充分的替代理由，而在该书中这项工作并未开展。

需要指出的是，该书的内容与结构总体上是完整的。提出上述两项未完成的工作，与其说是指出书中的研究缺失，不如说是对作者未来研究工作的期望。

以往经验表明，在我国各类社会组织的改革进程中，行业协会商会领域的改革往往会先行推进。自党的十八大明确提出要加快形成现代社会组织体制以来，我国行业协会商会的改革与发展再次驶入快车道，在直接登记、政会脱钩等方面取得显著进展。2019年3月，国务院办公厅颁发《关于在制定行政法规规章行政规范性文件过程中充分听取企业和行业协会商会意见的通知》，保障企业和行业协会商会在制度建设中的知情权、参与权、表达权和监督权，为行业协会商会参与法规政策制定、政策倡导与政策执行提供了制度性保障。这一政策的发布，不仅标志着我国行业协会商会的政策参与进入了制度化的新阶段，或许也预示着中国国家与社会关系加速演化的趋势。正如《中国行业协会商会政策参与：国家与社会关系视角的考察》一书文末所言："未来中国国家与社会关系是一个多元、动态的开放过程，而非静态、封闭的固化结构。"由此观之，该书的价值不仅在于对中国行业协会商会政策参与研究做出学术贡献，还反映出作者对中国国家与社会关系研究范式的反思与新探索。借用该书提出的"双重能动"这一概念，面对不断变动的中国国家与社会关系，研究者或许应主动调适自身的研究策略，实现运用规范理论与解释本土经验之间的动态平衡。

*NP*

## 参考文献

〔英〕吉登斯（1998）：《社会的构成：结构化理论大纲》，李康、李猛译，北京：生活·读书·新知三联书店。

〔美〕奥尔森（1995）：《集体行动的逻辑》，陈郁、郭宇峰、李崇新译，上海：生活·读书·新知三联书店、上海人民出版社。

沈永东（2019）：《中国行业协会商会政策参与：国家与社会关系视角的考察》，杭州：浙江大学出版社。

郁建兴、关爽（2014）：《从社会管控到社会治理——当代中国国家与社会关系的新进展》，《探索与争鸣》，第 12 期。

叶启政（2004）：《进出"结构—行动"的困境——与当代西方社会学理论论述对话》，台北：三民书局。

——（2008）：《迈向修养社会学》，台北：三民书局。

Archer, M. S. (1982), "Morphogenesis Versus Structuration: On Combining Structure and Action", *The British Journal of Sociology*, 33 (4), pp. 455 – 483.

—— (1995), *Realist Social Theory: The Morphogenetic Approach*, Cambridge: Cambridge University Press.

—— (2007), *Making Our Way through the World*, Cambridge: Cambridge University Press.

Doner, R. F. & Schneider, B. R. (2000), "Business Associations and Economic Development: Why Some Associations Contribute More than Others", *Business & Politics*, 2 (3), pp. 261 – 288.

Evans, P. B. (1995), *Embedded Autonomy: States and Industrial Transformation*, Princeton: Princeton University Press.

Migdal, J. S. (2001), *State in Society: Studying How State and Society Transform and Constitute One Another*, Cambridge: Cambridge University Press.

Parker, J. (2000), *Structuration*, Buckingham: Open University Press.

Stones, R. (2005), *Structuration Theory*, Houndmills, Basingstoke, Hampshire & New York: Palgrave Macmillan.

# Adapting the Research Strategy of China's State-society Relationship Study: Comments on *Policy Participation of China's Business Associations*: *From the Perspective of the State-society Relationship*

Song Xiaoqing

[**Abstract**] At present, the policy participation of China's business associations is in a new era of continuous improvement of the institutional environment.

In the Policy participation of China's Business Associations, the author uses the unified perspectives of structuration and initiative to investigate the policy participation of Business associations in China, and proposes an analysis framework based on "the strategic interaction between Business associations and government in changing environment", which reveals the diversity and dynamics picture of the interaction between the state and society in contemporary China. Furthermore, this book also reflects the new development of the research Strategy on China's state-society relationship study.

[**Keywords**] The State-Society Relationship; Business Associations; Policy Participation; Research Strategy

（责任编辑：宋程成）

# 滕尼斯与现代德国社会学

## ——读《滕尼斯传：佛里斯兰人与世界公民》[*]

陈欣怡　陈　鹏[**]

**【摘要】**"社区"／"共同体"（community）已然成为一个耳熟能详的经典概念，但其缔造者斐迪南·滕尼斯似乎并不为人所熟知。本文以《滕尼斯传：佛里斯兰人与世界公民》为例，从人生史与学科史相互交融的视角，探讨和解析滕尼斯与现代德国社会学之间的深切关联。滕尼斯的一生，深刻凝聚和承载了德国社会学制度化的结晶，他推动和实现了社会学在德国从诞生到发展、从尚无立足之地到在大学站稳脚跟的重大转变。从这个角度而言，滕尼斯的人生史就是一部现代德国社会学的学科史。

**【关键词】**滕尼斯；德国社会学；学科史

在国家、市场之外，"社区"／"共同体"（community）被誉为现代社会的第三支柱（Rajan，2019），也是实现人类结社生活的天然沃土。虽然"社区"已然成为一个耳熟能详的经典概念，但其缔造者斐迪南·滕尼斯似乎并不为人

---

[*] 基金项目：国家社会科学基金项目（15CSH012）。

[**] 陈欣怡，北京师范大学中国社会管理研究院/社会学院本科生，研究方向为社会治理与社会政策；陈鹏，北京师范大学中国社会管理研究院/社会学院副教授，研究方向为社会治理与社会政策，通讯作者。

所熟知。作为欧洲第一部社会学著作,《共同体与社会》(*Community and Society*)既是滕尼斯享誉世界的成名之作,也是现代德国社会学的开篇之作(滕尼斯,2019)。那么,滕尼斯对于"他的专业"意味着什么?对于"社会学"来说,他究竟是什么样的一个人?今天对于我们来说,滕尼斯又具有什么样的意义?2005年7月26日,在斐迪南·滕尼斯诞辰150周年之际,德国滕尼斯学会办公室主任乌韦·卡斯滕斯教授恰逢其时地出版了《滕尼斯传:佛里斯兰人与世界公民》。作者通过搜集和整理大量第一手文献资料,按照自然的时间进程,叙述和展现了滕尼斯漫长而曲折、坚韧而丰盈的一生。这本传记以滕尼斯一生的经历为主线,透过这个主线,实际上也写出了德国社会学如何通过滕尼斯一生的具体思想、学术活动而得到发展的过程。从这个意义上讲,这本以自然史(natural history)体裁撰写的滕尼斯传记,不仅是一本叙述滕尼斯如何成为一名社会学家的"实录",而且是一本生动鲜活的现代德国社会学"史记"。

## 一 人生史视野下的滕尼斯

在德国社会学的奠基人中,斐迪南·滕尼斯既是最年长者,也是最长寿者,被卡斯滕斯称为"贤明的老将"(卡斯滕斯,2010:2)。滕尼斯出生于1855年,逝世于1936年,享年81岁。齐美尔、韦伯于1918年和1920年先后离世,滕尼斯则经历和见证了一战后德国社会学的快速发展,直至最后在与纳粹的坚决斗争中去世。可以说,滕尼斯的一生最为集中地凝聚和体现了19世纪中后期到20世纪30年代中期德国社会学产生与发展的过程。透过滕尼斯的人生史(life history),既可以管窥其所身处的德国的时代风貌,也可以洞悉德国社会学的成长历程。

温馨的成长环境。滕尼斯出生在艾德施泰德的一个农家大院,是那种在菩提树下长大的孩子。他的父亲是位颇有成就的农场主,他的母亲则是受人尊敬的神职人员之女。降生在这样一个温暖殷实的环境中,滕尼斯的童年自然而然地被家庭和村庄共同体打上烙印。在人生的最初9年里,滕尼斯与他的家庭和村庄共同体保持着最密切的关系,并在这里感受到了亲情的温暖。这深深地影响了他后来的基本理论的构想。10岁那年,滕尼斯离开庄园,前往胡苏姆接受教育。1872年,滕尼斯高中毕业,进入大学。在大学时代,滕尼斯在德国各地辗转学习。在斯特拉斯堡短暂生活之后，经历了从莱比锡到波恩，到耶拿，到柏林，到基尔，再到柏林和图宾根的求学轨迹。滕尼斯在学习语言学的同时，在哲学、考古学和神学方面积极探求，并于1877年通过《绿洲之神专题研究》博士学位论文答辩。正如卡斯滕斯所说，五年的大学学习虽然并没有给滕尼斯带来特殊的、对他思想后来主要方向以明显可见的推动性的激励，但当时的精神思想科学的实践亦为其日后的研究创作奠定了基础（卡斯滕斯，2010：71）。

坎坷的职业生涯。1881年，滕尼斯在基尔大学提交教授资格论文《关于霍布斯哲学的若干看法》和《共同体与社会：文化哲学原理》，由此获得教授资格。从一开始滕尼斯的教学生涯就充满艰辛和苦涩，并在此后很长的一段时间内陷入停滞不前的困局。问题不仅在于，他担任的是校方不付工资、全凭选课学生缴费的编外私人讲师，还在于才华横溢的滕尼斯在这个大学等级制度的底层位置一待就是27年，长期处于局外人的边际状态。他所开设的多样的伦理学、社会科学和哲学以及道德统计学等课程都不被重视，私人讲师的法律地位令人压抑，雪上加霜的还有普鲁士文教部的阿尔特霍夫设置的重重阻挠。空有头衔与一次次落空的升迁传言为滕尼斯的职业生涯投下了阴影。直到1913年，58岁的滕尼斯才终于在基尔大学哲学系获聘政治经济学正教授职位。1916年，为了让余生完全投身于科学，滕尼斯选择辞去在基尔大学的正教授职位，但他并没有真正完全离开大学的教学工作。1921年，滕尼斯接受基尔大学法律与政治学系的聘请，成为社会学特约教师，此后一直在基尔大学讲授社会学课程。1933年，纳粹上台之后，滕尼斯被解除教职，也被取消了退休金。

丰硕的学术创作。尽管职业道路上历经坎坷，但滕尼斯不屈不挠、笔耕不辍，在一系列低谷中以坚忍与勤勉之志在学术创作上建树颇丰、硕果累累。他不仅撰写了大量哲学、伦理学、社会学、统计学、心理学、文学、法学等方面的论文和著作，还发表了大量的时政评论，深深影响着彼时的公众舆论和国家政治。在哲学方面，滕尼斯广泛阅读研究尼采、席勒、斯宾诺莎等的著作，且对霍布斯的研究用心颇深。自1879年开始撰写的《关于霍布斯哲学的注释》成为严密思维的典范；同年，滕尼斯搜集和整理的霍布斯的《法与政治的要素》出版。此外，滕尼斯编辑出版的《霍布斯专论》、《法律要素》和《狴希莫司》等著作，皆是他不懈搜寻资料、深入研究的伟大结晶。这也难怪卡斯滕斯对其有关霍布斯的研究给予如此高度评价："只有滕尼斯才有资格撰写第一部全面研究霍布斯的著作。"（卡斯滕斯，2010：152）滕尼斯还于1929年与卡伊·冯·布洛克道夫共同倡议建立了国际霍布斯学会，并被推选为学会主席。在社会学方面，除《共同体与社会》作为滕尼斯的青年之作在其生前先后8次再版，在晚年，他着力进行社会学知识体系的系统构建和研究。

幸福的家庭生活。在家庭生活方面，滕尼斯收获更多的是温暖与陪伴。郁郁不得志的滕尼斯，正是在基尔这个不为他喜爱的城市里，遇见了他一生所爱之人——玛丽亚·西克。1894年婚礼过后，为获得某种自由主义的气氛，二人搬往汉堡，并于1901年迁居欧丁，享受着那里安逸、悠闲和从容不迫的生活。在此期间，滕尼斯的五个孩子也陆续降临人世并健康成长，家庭生活中洋溢着温馨与幸福的气氛。1921年，滕尼斯一家重新迁居基尔，此后，生活慢慢回到了正轨：大儿子通过化学博士考试，娶妻后迁居美国；二儿子获得学士学位，在柏林伯克曼电力厂从事工程师职业；小儿子投身于法学研究；大女儿结束挪威的家庭教师工作后，与滕尼斯优秀的学生鲁道夫·赫伯勒结婚；小女儿大学毕业后也与爱尔兰人托马斯·阿特金森结婚。此外，三个外孙也相继出世。孩子们的优异表现、行为得体，令滕尼斯非常高兴。1935年，这位老人在家庭范围内庆祝80周年的生日，来自世界各地的问候祝福展现着这位社会学家在国内外受到的高度评价。在生命的最后几个月中，滕尼斯收到了朋友和学术界同人为其庆生而汇编的《纯粹社会学和应用社会学文集》，也在书房里向朋友和欣赏者们讲授思想。正如女儿弗朗西斯卡回忆的，"他就像一位战士十分冷静、愉悦而心如明镜地慢慢接近其终点一样"（转引自卡斯滕斯，2010：351）。

广泛的私人交往。在私人交往方面，滕尼斯收获更多的是鼓励和友谊，这也是一笔宝贵的人生财富。几位长者在滕尼斯的一生中，在不同阶段和方面对滕尼斯产生影响。14岁那年，滕尼斯与诗人台奥多尔·施托姆相遇，二人结下了诚挚的友谊，成为忘年之交，诗人对科学进步、法律和公正、艺术的态度对滕尼斯的人格及理论思维产生了深远影响。滕尼斯在柏林求学时所遇到的哲学讲师弗里德里希·保尔森，则可以算是滕尼斯在霍布斯研究上的"开路人"，二人的友谊持续了33年。在滕尼斯担任私人讲师时期，因一同参加苏黎世伦理文化系列讲座而相识的哈拉尔德·霍夫丁教授，亦是滕尼斯的一位挚友。直到霍夫丁逝世，二人持续通信长达43年，其间也数次互相拜访，霍夫丁七十大寿时，滕尼斯还前往丹麦为其庆生。在阅读与会面的过程中，滕尼斯还与马克思、恩格斯、韦伯夫妇、宗巴特、齐美尔、博厄斯等同时代的思想家建立起了广泛的联系。1878 年，前往大英博物馆搜集霍布斯的手稿时，在阅览室里，滕尼斯与马克思比邻而坐。1894 年，滕尼斯前往伦敦参会时访问了同乡恩格斯，并对他开朗活泼的性格留下了十分鲜活的印象。在思想和生活上深深扎根于故土，并与各国学者广博的联络，展现了滕尼斯实际上与全世界都有接触的世界主义者的一面。

纵览滕尼斯的人生历程，在一缕缕事件与思潮的刻画与交织中，其形象逐步变得清晰而立体：他既曾漫步于平静的湖水边，也穿行于喧嚣的城市中；他是严谨细致的学术研究者，也是幸福和蔼的丈夫与父亲；他曾不为五斗米折腰被困于职业之途，但他亦筚路蓝缕，为德国社会学辟出通衢大道。正是在职业与家庭、学术与生活、爱情与友谊等多元滋养中，在哲学、社会学、伦理学、法学、文学等不同学科领域的多元交融中，滕尼斯逐渐成长为一位堪称"百科全书式"的古典学术大师。面对他的主要专业——社会学，滕尼斯的研究，既表现出高度的开创性，又体现出强烈的多面性，并赢得了国内外广泛而崇高的赞誉。而滕尼斯的一生，正是不断地用真诚、人性和公义，为人类社会的共同生活而工作和战斗，他所提出的时代问题最适用于社会学，也唯有社会学才能予以最恰切的回答。

## 二 学科史视野下的德国社会学

针对社会学而言，学科史的叙述具有相对固定的模式，比如以时间为中心的"古典—现代—后现代"模式，还有以地理为中心的"欧洲起源—北美发展—南方崛起"模式（何祎金，2018）。在"时间"和"地理"之外，"国别"实际上也构成了社会学学科史建构的重要维度。特别是从个人与社会的关系角度来看，一个社会学家的思想和活动总是与特定的社会制度和时代情境紧密相连。那么，在滕尼斯所生活的时代，西方主要国家的社会学学科发展状况如何呢？

法国是社会学的诞生地。1838 年，法国实证主义哲学家孔德在《实证哲学教程》（第四卷）中首次提出"社会学"这个概念，因而也被称为"社会学之父"。1872 年，法国社会学学会成立。由于不论是在中学还是大学，社会学都未被列入教学内容，涂尔干便作为哲学教师步入社会（科塞，2007：144）。1887 年，涂尔干受邀在波尔多大学文学院任教，讲授社会学和教育学课程，并创建了法国第一个社会学和教育学系。1893 年，世界上第一份社会学专业杂志——《国际社会学评论》面世。1894 年，第一个国际性的社会学组织——"国际社会学学会"在法国巴黎成立（王葆南，1982）。1896 年，涂尔干被提升为教授，成为法国第一位社会学教授，他撰写的《社会分工论》（1893）、《社会学方法的准则》（1895）、《自杀论》（1897）也相继出版，成为当时法国学界争论的焦点。1898 年，涂尔干创办法国《社会学年鉴》，围绕这一刊物形成了一个年轻社会学家的团体，逐渐形成有名的"社会学年鉴学派"。1902 年，涂尔干受聘在巴黎大学担任学科负责人，先于 1906 年任教育学教授，后于 1913 年变为"教育学和社会学"教授，这使得社会学的思想终于进入了巴黎大学。

英国是达尔文进化论的故乡，早期社会学深受进化论影响。1876 年，英国社会学家斯宾塞的《社会学原理》出版，该书将进化论引入社会学，提出社会有机体论。1903 年，L. T. 霍布豪斯参与筹建伦敦社会学学会，这也是世界上第三个社会学学会。在英国一些古老的大学，比如牛津大学和剑桥大学中，社会学教学的正式出现很晚（郑杭生、李强，1993）。伦敦政治经济学院是英国当时唯一建有社会学系的大学，并最早开设了社会学的课程。1907 年，L. T. 霍布豪斯应邀主持伦敦政治经济学院新开设的"马丁·怀特社会学讲座"，成为英国第一位社会学首席教授，且直到 1929 年他去世为止，英国只有他一人获得社会学教授学衔，这使得他成为英国大学里社会学学科的奠基人。可以说，在二战以前，在英国的大学里，社会学的教学研究只局限于伦敦政治经济学院；二战结束以后，社会学才在英国的大学里作为一个学科而打下基础（欧文、正一、晓明，1980）。直到 1951 年，英国社会学家的全国性组织——英国社会学学会才建立，并在同年创刊《英国社会学杂志》，此后英国社会学开始快速发展起来。

在两次世界大战的影响下，西方社会学的中心开始由欧洲向美国转移。19世纪末 20 世纪初，经过一批学者在美国的学科本土化努力，到 20 世纪 30 年代，美国已经形成了独具特色的社会学。1892 年，斯莫尔在芝加哥大学创建世界上第一个社会学系，并成为美国第一位社会学教授。1895 年，斯莫尔创办《美国社会学杂志》，成为世界上第二份社会学专业期刊。1905 年，美国社会学学会成立，沃德为第一任主席。这标志着美国社会学摆脱对经济学系的依附，真正实现独立门户（陈心想，2019）。1936 年，美国社会学学会中断了与《美国社会学杂志》（简称 AJS）的联系，创办出版《美国社会学评论》（简称 ASR）改作其学会刊物。到 20 世纪初，在美国，作为一门大学学科的社会学教学已有了充分发展，截至 1902 年共有 169 家高等学校教这门新的科学，而至 1909 年则已有 400 家大学和学院提供在职业教育家指导下学习研究社会学的机会（布尔加诺娃、赵恩新、德新，1999）。进入 20 世纪 20 年代以后，以帕克、伯吉斯等为首的一批社会学家，扎根芝加哥进行广泛的都市田野调查，产出一大批社会学成果，形成了知名的"社会学芝加哥学派"。

德国是社会学的重要发源地。对于这样一个崇尚理性思辨的国度，博大精神的哲学思想一直影响和制约着社会学的发展。社会学在 19 世纪上半叶的出现，触动了德国的社会思想体系。19 世纪末 20 世纪初，社会学从德国逐渐走向世界，同时德国也逐渐在柏林、法兰克福、海德堡、科隆和莱比锡形成了 5 个社会学中心（张敏杰，1992）。1872 年，德国社会政策协会成立，协会刊物是《社会科学与社会政策文库》，这对德国社会政策学科发展产生了深刻影响（熊跃根，2020）。1909 年，德国社会学学会成立，但学会并没有正式的刊物。在1930 年以前，《社会科学与社会政策文库》实际上扮演了德国主要的社会学刊物的角色；此外，1921～1934 年，《科隆社会学季刊》也是一份重要的社会学刊物，后来改名为《科隆社会学和社会心理学杂志》（王葆南，1982）。1919 年，弗兰茨·奥本海默在法兰克福大学担任了唯一的社会学全职教授（丁智勇，1995）。同时，在科隆大学、柏林大学、汉堡大学等亦有教授开始讲授社会学。1933 年之后，在纳粹统治时期，德国社会学学会被解散，社会学被取消，许多社会学家成了流亡者。

从学科建设来看，一个学科的建立，至少包括五个部分：学会组织、专业研究机关、大学学系、图书资料中心、专业刊物（费孝通，2015：96～97）。在这五个部分中，学会组织、大学学系、专业刊物可谓是社会学学科建设的三大支柱。在某种意义上，社会学终于变成一门科学的决定性因素，是学术组织原则的确立和学术团体的形成（布尔加诺娃、赵恩新、德新，1999）。学会组织的建立也为社会学成为大学教育科目奠定了极为重要的基础。而社会学专业和教职在大学的设立，则为社会学人才的培养提供了源源不断的动力。专业刊物则指引了学科发展的基本走向，也是促进社会学知识发展和传播的重要设置。学者们正是参与学术发表的过程进而实现专业化的（周雪光，2019）。从滕尼斯所处时代西方主要国家的社会学制度化进程来看，德国实际上处于一个相对滞后的状态，这也反映了当时各国社会学学术制度化的不同路径。从社会学学会组织成立来看，法国在 1872 年成立，英国在 1903 年成立，美国在 1905 年成立，德国则最晚，直到 1909 年才成立。从社会学教席设置来看，美国第一位社会学教授产生于 1892 年，法国产生于 1896 年，英国产生于 1907 年，德国则最晚，直到 1919 年，在魏玛共和国时期，才设立社会学教席（Sala，2017：4）。从社会学专业刊物来看，法国和美国分别创办了世界上最早的两份社会学专业期刊，并且围绕期刊、学会、大学形成了两大著名的社会学学派；德国和英国的社会学专业期刊创办较晚，德国严格意义上的社会学专业期刊产生于 1934 年，英国则直到 1951 年才出现。在某种意义上，德国社会学制度化的滞后和缓慢，也是受德国政治经济时代状况影响的结果。在滕尼斯所处时代的德国，经济和文化是兴盛的，但政治是落后的。这反映在学科制度建设上就是社会学被视为潜在的政治威胁，始终处于边缘化位置。

## 三　滕尼斯：德国社会学的"火种"

作为一位社会学家，滕尼斯与德国社会学结下了深深的不解之缘。正如卡斯滕斯所言，滕尼斯是作为专业科学或独立学科的德国社会学的奠基人（卡斯滕斯，2010：2）。滕尼斯的一生，就是德国社会学的一面镜子。在他八十余载的人生中，历经丹麦公国、普鲁士王国和皇帝国家的统领，再到魏玛共和国，最后到国家社会主义的政体。而德国社会学从诞生到发展、从尚无立足之地到在大学站稳脚跟，都在滕尼斯的人生轨迹上打下了深深的烙印。可以说，滕尼斯的一生深刻凝聚和承载了德国社会学制度化的结晶，他就像黯淡夜色中一颗跃动的火种，在黎明未至时生生不息，奔涌燎原，点亮属于德国社会学的一片焰火。大致来看，滕尼斯对于德国社会学的奠基性贡献，至少包括如下几方面。

一是社会学概念体系的构建。作为德国社会学走向系统化的代表，滕尼斯在社会学概念体系的构建上用心甚深、贡献卓著，他贡献了德国社会学第一个大的综合体系（于海，2018：197）。这首先当数他所提出的"共同体"与"社会"的经典二分法，其被视为"社会学的概念结构的中轴"（滕尼斯，2016：

14）。对于德国社会学而言，这一概念体系有如为学科种下亟待生发的种苗，正是在有关共同体与社会概念的讨论中，相关研究开枝散叶、欣欣向荣。在滕尼斯晚年，他于1925～1929年先后出版《社会学的研究与批判》第一集、第二集、第三集，1931年出版《社会学引论》，1936年又出版了《新时代的精神》，这构成了滕尼斯对社会学概念体系的系统性基础。基于"共同体－社会"的两分法，滕尼斯将社会学划分为"普通社会学"和"特殊社会学"两类，前者包括社会生物学和社会心理学，后者则包括纯粹社会学、应用社会学和经验社会学（滕尼斯，2016：312～316）。

二是社会学经验品质的塑造。有别于"坐沙发椅的人类学家"，滕尼斯归属于"经验社会学家"，这尤其体现在他对实地调查和社会统计学的重视。1889年，滕尼斯现场取材，开展关于"罪犯和流浪汉"的研究，产生了一系列把统计学置于前沿地位的论文；他将发表在《伦理的文化》等上的调查研究和材料搜集视为"在经验上研究到的统计学的典范性的应用案例"（卡斯滕斯，2010：151）。1902年，在调查研究海员的状况后，他撰写了有关海员情况的报告；在作为特约教师时，他仍不断进行道德统计学研究，撰写有关自杀和犯罪情况的调查报告。即使在74岁高龄，滕尼斯仍不断进行社会统计学的研究工作。在进行经验研究的同时，滕尼斯也意识到社会统计学对于社会学这一学科的重要性，他将社会统计学视为"对社会学的拯救"（卡斯滕斯，2010：293）。作为德国社会学学会主席，滕尼斯积极推动"统计学分会"的成立，并参加德国统计学会主席团会议，在帝国统计局做关于"人口问题"的报告，在社会学大会上做有关下层群体的社会统计学的报告，成立社会统计学工作小组，这些行动也都"在社会学的体系里更加牢固地奠定经验上对社会的研究"（卡斯滕斯，2010：313）。

三是社会学专业学科的确立。在滕尼斯一生的大多数时间里，社会学这一学科在德国的大学里"仍然没有立足之地"（卡斯滕斯，2010：229）。这就意味着社会学这门科学需要"克服很多困难和误解，才能够得以立足"（卡斯滕斯，2010：355）。1926年，德国社会学学会在维也纳聚会，庆祝社会学当时被制度化纳入大学教学课程。滕尼斯作为卓越的科学家和德国社会学学会主席，在无数的文章和演讲里，为争取这个目标一直在战斗，他是这门学科最坚决果断的捍卫者之一。早在1921年，作为基尔大学特约教师的滕尼斯就积极接受社会学教学的委任，并帮助在基尔大学设立社会学专业。此后，他开设的"社会学和社会统计学练习课""应用社会学练习课""社会学练习课"等课程都表现着他作为社会学的坚定捍卫者的决心。"人们把它放到马鞍上，它将学会骑马。只有社会学的较长远的发展，才会为今天的制度化提供理据，为之辩护。"（卡斯滕斯，2010：2）正是在滕尼斯的坚强斗争与执着追求下，社会学才在德国的高等学校中逐渐站稳脚跟。

四是社会学学术组织的缔造。社会学在德国缺乏作为大学学科的地位，这就要求对这个学科感兴趣的人将其作为一项职业来进行学习研究（Wirth，1926：3）。1909年，滕尼斯与齐美尔、韦伯、桑巴特等一起创立德国社会学学会。自学会成立以来，滕尼斯作为学会主席在各届大会中致辞和做报告。1910年，在法兰克福召开的第一届德国社会学家大会上，滕尼斯发表了题为"社会学的本质和目的"的开幕演说。1921年，德国社会学学会获得再生，滕尼斯被推选为主席团主席，也是在此次会议上，学会的目的被重新界定。1922年，在第三届德国社会学家大会上，滕尼斯致开幕词，强调了齐美尔与韦伯对学科的宝贵贡献。在他看来，社会学不仅在科学领域更加牢固地站稳脚跟，还在新的国家制度里享有对它的本质和意义的毫无保留的承认（卡斯滕斯，2010：260）。1924年，在海德堡召开的第四次社会学家大会上，滕尼斯作为学会主席致开幕词，并指出社会学在魏玛共和国已经站稳脚跟。1926年，在第五届德国社会学家大会上，滕尼斯做了题为"关于民主"的主题报告。1928年，在第六届德国社会学家大会上，滕尼斯致开幕词。1930年，在第七届德国社会学家大会上，除了致开幕词外，滕尼斯还做了题为"新闻和公众舆论"的报告。最后，1933年，在基尔召开的"春季的大会"上，滕尼斯将学会主席职位交到年轻人手中。纵使政治环境动荡更迭，滕尼斯仍尽力守护着这一学术共同体，为德国社会学者提供思想激荡之地与自由精神之港湾。

作为现代社会科学的一个经典范畴，"社区"/"共同体"一直保持着与当代社会生活和社会变迁的持续相关性，也成为发展社会组织、创新社会治理、促进社会繁荣的重要场域。这就使得"回到滕尼斯"成为一种重要的学术取向。自纳粹德国时期以来，滕尼斯陷入被人遗忘的状态，即使在二战之后的德国，滕尼斯的名字也根本没有出现，或者仅仅顺便提及，不再有人阅读滕尼斯的作品了（卡斯滕斯，2010：4）。直到1956年，"斐迪南·滕尼斯学会"成立，着手组织和开展一些学术活动，并发展成为滕尼斯研究的专业服务机构。1978 年以来，学会连续组织召开了多届"滕尼斯学术研讨会"。特别是 1998 年以来，学会着手进行《滕尼斯全集》的出版，滕尼斯在国际社会学界又成为谈论话题，亦是其思想与精神的延续。可以说，即使在今天，在社会理论辩论中，滕尼斯仍然具有重要意义，仍然处于辩论的中心（卡斯滕斯，2010：358~360）。正如有论者所言，作为德国社会学的先声，滕尼斯是一位不但醉心于社会学理论探讨，而且能够将这种探讨与现实的历史进程和经验研究完美结合在一起的真正大师（周晓虹，2002：303）。大浪淘沙，真金璀璨，在人类历史的浩瀚星河中，滕尼斯及其思想的光辉或许曾被忽视、被掩盖、被误解，但终究在时间的冲刷与洗礼中历久弥新，熠熠生辉，永远值得我们仰望与追寻。

**参考文献**

布尔加诺娃、赵恩新、德新（1999）：《美国社会学的制度化》，《现代外国哲学社会科学文摘》，第 8 期。

陈心想（2019）：《社会学美国化的历程及其对构建中国特色社会学的启示》，《社会学研究》，第 1 期。

丁智勇（1995）：《法兰克福与德国社会学的发展》，《国外社会科学》，第 2 期。

费孝通（2015）：《费孝通论社会学学科建设》，北京：北京大学出版社。

何祎金（2018）：《社会学地理中心的移位：一种学科史的视角》，《中国社会科学评价》，第 2 期。

〔美〕刘易斯·科塞（2007）：《社会思想名家》，石人译，上海：上海人民出版社。

〔德〕斐迪南·滕尼斯（2016）：《社会学引论》，林荣远译，北京：中国人民大学出版社。

——（2019）：《共同体与社会》，张巍卓译，北京：商务印书馆。

〔德〕乌韦·卡斯滕斯（2010）：《滕尼斯传：佛里斯兰人与世界公民》，林荣远译，北京：北京大学出版社。

王葆南（1982）：《专业协会和刊物》，《现代外国哲学社会科学文摘》，第 8 期。

熊跃根（2020）：《动荡岁月的韦伯与德国社会政策的历史发展（1890—1920 年）——一种历史社会学的分析》，《社会科学研究》，第 1 期。

于海（2018）：《西方社会思想史》（第三版），上海：复旦大学出版社。

约翰·E. 欧文、正一、晓明（1980）：《英国社会学的最近发展情况》，《现代外国哲学社会科学文摘》，第 4 期。

周晓虹（2002）：《西方社会学历史与体系·第1卷：经典贡献》，上海：上海人民出版社。

张敏杰（1992）：《德国社会学的缩影——奥尔登堡大学社会学研究所》，《浙江社会科学》，第4期。

郑杭生、李强（1993）：《英国的社会学教育》，《社会学研究》，第5期。

周雪光（2019）：《从中美社会学学科比较看学术专业化和学术共同体》，《中国社会科学评价》，第4期。

Rajan, R. (2019), *The Third Pillar: How Markets and the State Leave the Community Behind*, New York: Penguin Press.

Sala, R. (2017), "The Rise of Sociology: Paths of Institutionalization in Germany and the United States around 1900", *Geschichete und Gesellschaft*, 43 (4), pp. 557 – 584.

Wirth, L. (1926), "The Sociology of Ferdinand Tonnies", *American Journal of Sociology*, 32 (3), pp. 412 – 422.

# Ferdinand Tönnies and Modern German Sociology

Chen Xinyi & Chen Peng

[**Abstract**] Community has become a well-known classic concept, but its creator, Ferdinand Tönnies, does not seem to be well-known. This article takes "*The Biography of Tönnies: Frisian and World Citizen*" as an example, from the perspective of the integration of life history and disciplinary history, explores the deep connection between Tönnies and modern German sociology. Tönnies' entire life has deeply condensed and carried the crystallization of the institutionalization of German sociology, and promoted and realized the major transformation of sociology in Germany from birth to development, from no foothold to a firm foothold in the university. From this perspective, Tönnies' life history is a disciplinary history of modern German sociology.

[**Keywords**] Ferdinand Tönnies; German Sociology; Disciplinary History

（责任编辑：俞祖成）

# 社会创新：当代创新理论与实践的新"范式"

## ——社会创新概念的内涵辨析[*]

纪光欣　孔　敏[**]

**【摘要】**社会创新是一个正在兴起的、有价值的研究论域，对其概念认知一直存在不同的观点。社会创新中的"创新"传承着熊彼特创新理论的基本精神，在创新目的、创新对象、创新方式的"社会性"方面却具有相对独立而明确的内涵，与技术创新区别开来。社会创新历史地发生着，在当代社会变革中的独特作用更加凸显，成为一个相对于技术创新而言具有独特内涵与价值的新的创新"范式"。

**【关键词】**社会创新；技术创新；社会目的；社会问题

社会创新（social innovation）既是当代政府治理转型和复杂社会问题挑战共同催生的社会变革内生机制，又反映着约瑟夫·熊彼特（Joseph Alois Schumpeter）创新理论产生以来从技术创新向社会创新的"范式转换"（a paradigm

---

* 基金项目：山东省社会科学规划研究项目"新时代社会主要矛盾的转化与社会创新驱动战略"（18CXSXJ16）。

** 纪光欣，中国石油大学（华东）马克思主义学院教授、硕士研究生导师；孔敏，中国石油大学（华东）经济管理学院行政管理专业硕士研究生。

shift），可以看成创新理论与实践的"社会转向"（social turn）。社会创新首先被理解为一个与社会组织及其功能有关的理论与实践问题，即社会创新是以社会组织为主体的创新行动，以此与政府创新、企业创新相区别。但由于社会创新问题本身的复杂性，也由于不同学科认知的差异，国内外学界对社会创新的内涵及本质一直有着不同的理解，社会创新仍缺乏一个清晰明确、普遍认可的概念，以致有"社会创新是一个流行语（buzz word）还是恒久术语"（enduring term）的疑问（Pol et al.，2009）。这在很大程度上制约着社会创新理论研究的深入和对社会创新实践价值的认识。本文期望在辨识国内外已有的社会创新研究成果的基础上，消除在社会创新基本内涵上的歧义性或模糊性，准确把握社会创新的认知维度和概念内涵，阐明社会创新作为当代创新独立"范式"的根由，为深化社会创新理论研究和社会创新政策实践提供一个共识点（Howaldt et al.，2010）。

## 一 概念渊源与问题提出

根据现有文献，1973 年，管理学家彼得·德鲁克（Peter Drucker）最早明确提出了"社会创新"概念，[①] 但他自始至终没有给出一个含义明确的定义，有时用它指称企业面向社会需求或社会问题的创新，有时用它指称创新创业和管理精神在社会领域的应用，而企业、政府和非政府组织都可以作为主体来发起社会创新（纪光欣等，2012）。1974 年，加拿大心理学家司徒·康格（Stuart Conger）发表以《社会发明》（Social Invention）为题的论文，他也是社会创新概念的创造者。[②] 1994 年，德国社会学家沃尔夫冈·查普夫（Wolfgang Zapf）从社会学角度阐发相对于技术创新而言的社会创新，并强调了它对社会转型与

---

① 国内学界多以德鲁克 1985 年的《创新与企业家精神》为社会创新的概念来源（如王名《社会组织发展与社会创新》，《经济社会体制比较》2009 年第 4 期；何增科《社会创新的十大理论问题》，《马克思主义与现实》2010 年第 5 期等）。但据考证，德鲁克 1973 年的代表作《管理：使命、责任、实务》已经明确提出"社会创新"概念，1984 年发表《把社会问题转化为商业机会：企业社会责任的新意义》，系统论述企业社会创新问题。

② 司徒·康格列举的济贫法、儿童法案等都是面向社会问题的社会变革，中文直译为《社会创新》（赖海榕编译）（《马克思主义与现实》2000 年第 4 期）。

发展的重要性。① 这些早期研究对社会创新的定义各不相同，但探寻社会领域变革与进步的动力机制则是共同的目标。2000 年以来，社会创新开始成为社会学、政治学、行政学、管理学等多学科关注的全球性话语，主要标志：一是2003 年詹姆斯·菲尔斯（James A. Phills Jr.）等创办斯坦福大学社会创新研究中心和《社会创新评论》专业期刊，并撰文探讨社会创新的概念内涵（Phills Jr. et al.，2008）；二是 2006 年英国社会创新先驱者杰夫·摩根（Geoff Mulgan）主持撰写《社会硅谷》研究报告（Mulgan，2007），结合他所推动的英国社会创新实践，系统梳理了社会创新的演变过程，阐述了社会创新对当代社会发展的重要价值。这些研究建构了社会创新理论的基本概念框架，引发了更多研究者的兴趣。同时，来自社区、社会组织、企业的社会创新实践呈现蓬勃发展态势：美国学者斯蒂芬·戈德史密斯（Stephen Goldsmith）通过发生在美国的大量生动案例，展示出社会创新在激发社会活力中的实践价值（Goldsmith et al.，2010）；许多领先企业将社会创新作为践行企业社会责任的新机制，并促成企业与非营利机构的深度融合（Jupp，2002）；像穆罕默德·尤努斯（Muhammad Yunus）那样的"公民企业家"在各个社会领域成为社会创新的积极行动者（actors）；② 英国、美国政府都曾设立第三部门或社会创新办公室等协调机构，以推动构建政府、企业与公民社会组织之间的伙伴关系；欧盟委员会 2011 年发表社会创新《维也纳宣言》、2013 年发表《社会创新指南》等一系列报告，阐述社会创新对欧盟各国应对复杂社会挑战的重要性（European Commission，2013）。相对于实践、政策层面的遍地开花，社会创新理论在基本概念认知上的分歧仍是一个有待解决的基础问题，"当前社会创新是一个几乎人人都喜欢但仍没有一个精确而得到广泛接受的定义术语"（Hochgerner et al.，2011），普遍困惑于社会创新概念的模糊性，影响了这一学术论域的深度开掘，也影响着公共政策领域对社会创新实践的推动。

---

① 据查普夫研究，1980 年以后西方学术界开始从社会技术、新服务行业、新生活方式以及政治创新、企业内新组织形态等维度来探讨社会创新问题。参阅查普夫（2000）。

② 穆罕默德·尤努斯因创立"格莱珉银行"（Greenmen Bank）而获得 2006 年诺贝尔和平奖，使社会创新理念在全球范围内广为传播。

国内学者20世纪90年代开始关注社会创新问题[1]，但引起广泛关注则是在2006年以后[2]，当年中央编译局和杰夫·摩根创办的英国杨氏基金会在北京召开首届"社会创新与建设创新型国家研讨会"，同年中文的杰夫·摩根社会创新研究报告发表，推动了国内社会创新研究的兴起。而我国推进政府职能转变、加强社会治理创新、深化社会体制机制改革则成为社会创新研究的现实动因。同时，全球范围内公益慈善、企业社会责任模式转型共同推动社会企业、企业社会创新等模式的快速成长，许多致力于改变社会的社会企业家、社会创业者推动着解决各类社会问题的创新行动。社会创新的实践实际上已经走在理论研究的前面，由于国内社会创新研究总体上处于初期阶段（郑琦，2011；陶秋燕、高腾飞，2019），并明显受到国外相关研究进展的影响，在概念认知、研究主题、理论价值等问题上同样缺乏统一而清晰的认知，实践上主要限于社会组织、企业的自主社会行动，尚未进入公共政策议程。

总之，社会创新是一个有价值、有前景的研究论域和政策领域，能否构建一个相对明确而内涵清晰的社会创新概念，社会创新能否成为一个独立的"创新范式"，已经成为国内外研究中共同的"痛点"，那些对社会创新研究成为"新的创新研究领域"表示怀疑的观点正是这种困惑的集中反映。[3] 更多的学者相信并期望，在综合分析现有社会创新概念不同认知的基础上，通过"批判性反思和建设性对话"（Dawson，2010），构建一个有效的社会创新概念框架和"工作定义"（Cajaiba-Santana，2014），或"共享或共同的定义"（Balamatsias，2018），才能为社会创新作为新的创新"范式"奠定充分的理论基础，也才能推进社会创新研究和政策实践。

---

① 据查证，国内研究社会创新最早的文献是1993年项保华的《社会创新与技术创新协同作用机制研究》（《科学管理研究》1993年第4期）；王雅林从社会学角度对社会创新的讨论最充分，也最接近当代社会创新的研究主旨（《论社会创新》，《学习与探索》2002年第1期）。

② 2006年或可称为"中国社会创新研究元年"，中英研讨会的召开和杰夫·摩根报告的同时发表，直接推动了国内社会创新研究，俞可平、何增科、王名等国内知名学者都发表了相关论文。本次会议的综述见刘承礼（2006）；杰夫·摩根研究报告中文节译见《社会硅谷：社会创新的发生和发展》（2006）。

③ 参见（Have et al.，2016；Pol et al.，2009）。2011年，欧盟委员会在《维也纳宣言》中提到，社会创新主要用作社会和技术变革背景下的一种描述性隐喻，而很少作为一个具有清晰范围的独特而明确的术语而出现（见 Vienna Declaration，"The Most Relevant Topics in Social Innovation Research"，http://www.socialinnovation2011.eu）。

# 二 社会创新概念的认知维度与基本内涵

当前，国内外有关社会创新的理论研究或政策报告在展开其论题之前，几乎都有对不同社会创新定义的比较和评述，并给出各自的定义，这也显示当前社会创新概念仍缺乏共识的理论现状。"社会创新研究在很大程度上是基于传闻性证据和案例研究的，缺乏统一的范式。这些文献在城市和区域发展、公共行政（公共政策）、社会运动、管理、社会心理学、经济和社会创业等不同领域依然是碎片化、不连续和分散化的。"（Cajaiba-Santana，2014）这些不同的社会创新定义既与社会学、行政学、政治学等学科视野有关，也与创新主体、创新对象（客体）、创新目的（价值）、创新方式方法等认知维度密不可分。这些不同学科领域或认知维度的概念呈现多维并存、相互交叉的情形，但透过这些略显杂乱、多样的概念（见表1），综合分析仍可以发现社会创新概念内涵上的共性特征，并与技术创新明显相区别。

**表 1　国内外社会创新概念认知的维度及主要定义**

| 概念维度 | 具体内容 | 代表性学者及社会创新定义 |
|---|---|---|
| 创新主体 | 社会组织〔非政府组织（NGO）、非营利组织（NPO）、第三部门〕 | **杰夫·摩根**：为满足社会需要的目标所驱动且主要通过具有社会目的的组织来开发和扩散的创造性的活动和服务<br>**俞可平**：社会领域的各种创新活动或社会公共领域的创新，公民团体、社会组织和社会企业是社会创新的重要主体<br>**王名**：一个涉及社会生活的基本理念、组织和制度的创新过程，即组织创新和制度创新。各种类新型社会组织及其所建构的社会网络，是社会创新的重要主体<br>**何增科**：公民和公民社会组织等社会行动者在社会领域为解决社会问题、满足社会需求而率先发起和实施的富有成效的创造性活动<br>**臧雷振**：以社会目标为指向、以创新为手段，通过发挥公民个体和社会组织的创新能力，完善社会服务功能，弥补政府和市场不足，促进社会改革与进步的过程<br>**钱为家**：公益组织是社会创新的启动者，它们是社会问题解决方案提供者、社会行动实践者、社会资源整合者或社会伙伴倡导者 |

| 概念维度 | 具体内容 | 代表性学者及社会创新定义 |
|---|---|---|
| 创新主体 | 企业（营利组织） | **德鲁克**：既是企业把"解决社会问题和满足社会需求看作企业创造利润的机遇和履行社会责任的途径"，也是"将管理的基本思想和技术运用到新问题和新时机上"<br>**罗莎贝丝·M.坎特**：企业履行社会责任的新战略，为利润驱动的企业与目标驱动的社会部门之间新型伙伴关系的建立开辟了解决社会问题和创造利润的新途径<br>**Rachel Jupp**：企业利用组织、财务和人力资源来有效地回应棘手的社会问题或利用企业的经验和专长创造社会价值，它要求把社区参与同公司核心业务、专长或创新结合起来<br>**Jérôme Auriac**：企业社会创新是企业与非政府组织"共同创造"（co-creation）的过程，这种新型合作伙伴关系贯彻在从项目设计、实际执行到结果共享的各个阶段，它既有利于企业抓住市场和未来机会，也有助于非政府组织实现自身使命<br>**Canestrino**：一种寻找新产品和服务的方法，不仅满足消费者的功能需求，而且满足他们作为公民的更广泛强烈的愿望。它专注于如何管理公司的知识，以便获得利润和实现社会目标<br>**吴绒**：企业将社会责任融入商业运作中，通过商业运作和创新手段，在解决社会问题的同时，收获经济回报，实现企业与社会双重价值的一种商业创新模式 |
| | 多元主体合作（跨部门伙伴关系） | **欧盟委员会**：最有效的社会创新是非营利组织、企业、政府三个部门的跨界合作<br>**詹姆斯·菲尔斯**：非营利组织、政府、企业三个部门合作解决影响我们的社会问题，创新之花开在多部门汇合处<br>**罗伯特·格林**：组成社会结构的各利益相关者（公共部门、私营企业和自由市场、民间社会、慈善部门和公民个人）之间达成合作和伙伴关系的助推力<br>**Rafael Ziegler**：在市民社会、市场和国家之间关系上的多部门合作——公私关系的国家-市场合作、社会企业中的市场-市民社会合作、"影子国家"的国家-市民社会合作<br>**陶秋燕**：具有社会属性的特定主体通过确立特定的社会目标，提供创新的解决方案，并与利益相关者共同生产、实施，以解决社会问题、创造共享价值及进一步推动社会变革的过程 |
| 创新对象（客体） | 社会需要社会问题社会挑战 | **詹姆斯·菲尔斯**：任何比现有方法更新颖更有效的社会需求和社会问题解决办法，创造的价值（利益）首先归于社会整体而不是私人个体<br>**欧盟委员会**：满足社会需要和创造新的社会关系或合作的新的理念（产品、服务或模式）的开发和实现<br>**Patrick Dawson**：解决社会挑战和满足社会目标，以增进社会福利<br>**Goldenberg**：个人和团体发起的应对社会和经济挑战的新的或改进的活动、机构、服务、过程或产品的开发和应用 |

| 概念维度 | 具体内容 | 代表性学者及社会创新定义 |
|---|---|---|
| 创新对象（客体） | 社会需要 社会问题 社会挑战 | **尤尔根·霍华德**：在某些行动领域或社会背景下，某些行动者或行动者群体以明确的目标推动的社会实践的新组合或重新配置，比现有的实践基础更好地满足或应对社会需要和社会问题<br>**丁元竹**：通过一些制度设计来改善目前人类应对诸如就业、人口、福利等社会问题的困境 |
| | 社会制度 社会结构 社会关系 | **司徒·康格**：创造那些改变人们相互关系方式的新的程序、法律或者组织。它解决具体的社会问题或使迄今为止还达不到的社会秩序或社会进步成为可能<br>**斯托·海斯卡拉**：社会文化的、准则的和法规的制度结构变革，能增加社会的集体权力资源，提升其经济和社会绩效，核心是社会大众的集体学习过程<br>**沃尔夫冈·查普夫**：达到目标的新途径，特别是那些改变社会变迁方向的新的组织形式、新的控制方法和新的生活方式，值得推广并将其进行制度化<br>**Cajaiba-Santana**：面向社会变革的新的合法性社会实践的集体创造。解决社会问题不是社会创新的根本，必须引起社会制度或结构上的变化<br>**Neamtan**：社会创新是指社会关系的新形式，包括制度和组织创新、生产和消费的新形式、经济与社会发展间的新关系<br>**Michael D. Mumford**：为了实现共同目标而提出的社会关系和社会组织新理念的产生和实现（如新社会制度的创造、政府新理念的形成、新社会运动的开展等）<br>**Frances Westley**：一个引入新的产品、流程或项目的复杂过程，它深刻改变创新赖以发生的社会系统的基本惯例、资源、权力流或价值观<br>**Frank Pot**：比组织创新更宽泛的概念，它包括动态管理、灵活组织、聪明工作、技能开发、组织间网络等，是创新过程的一部分，也是技术创新的补充<br>**经济合作与发展组织（OECD）**：社会创新是观念、流程、产品的变革，组织变革，金融变革和利益相关者与地方的新关系 |
| 创新目的（结果） | 社会目的 社会价值 | **Hans-Werner Franz**：一种新的更有效率和效果并具有社会目的和社会手段的社会实践<br>**王雅林**：以明确的社会目标为导向，通过创造或采用新的社会技术、方法、途径和程序，增强社会能力和建立新的规则体系，高效率地推进社会变迁进程<br>**盛亚**：以明确的社会目标为指引，基于创造性的手段，有效解决社会问题、创造社会价值、推动社会进步的过程，其主体可以是多元的，其方法可以是商业的 |

社会创新：当代创新理论与实践的新"范式"

| 概念维度 | 具体内容 | 代表性学者及社会创新定义 |
|---|---|---|
| 创新目的（结果） | 提升社会变革与公民参与能力 | **The Young Foundation**：同时满足社会需要（比现有方法更有效）和导向新的或改进的能力和关系，或更好利用资产和资源的新的方法（如产品、服务、模式、流程等），既有利于社会，又能增强社会行动能力<br>**Stefan Neumeier**：共同利益网络中的一个群体在态度、行为和观念上的某些实际的改变，核心是"资产建设"<br>**Moulaert**：从利益相关和物质或非物质资源分配方面，面向社会系统功能自下而上转变的授权和政治动员过程<br>**Eduardo Pol**：社会创新的目标领域是生活品质和人的寿命，这些与人的生命、生活、发展密切相关的创新<br>**欧盟委员会**：最终目的在于增进人类福利，不仅对社会有益，而且能增强个体行动能力<br>**Noorseha Ayob**：社会创新的两个传统——弱传统是由创新产生的总体个人效用的任何增加，强传统是在不同群体间的合作过程和权力关系的重组<br>**David Adams**：通过创造应对变革的新的和可持续的能力、资产或机会来满足未被满足需求的一种突破性方式 |

注：作者根据相关文献整理而成，为简单起见，有多位作者时只标出第一作者。

社会创新上述定义的共同点是其是与技术创新（technological innovation）或企业创新（business innovation，或商业创新）相比较而定义的。显然，社会创新与技术创新的不同主要在于创新的目的和对象不同，而与企业创新的区别在于创新的主体和目的方面。但也仅此而已，因为无论单从创新对象、创新目的，还是单从创新主体的角度，都难以准确地定义内涵与外延都略显复杂的社会创新，并难以将其与技术创新或企业创新区别开来。因为政府、企业也经常是社会创新的主体，社会创新同样也可以提供新的产品或服务，也可以创造经济价值，而企业社会创新也可兼顾满足社会需求和解决社会问题。这表明，准确定义社会创新，必须在辨识"社会创新"语义的基础上，从多重维度整合上来准确把握社会创新的独特内涵与本质，避免单一学科或维度的定义而产生的歧义。

**（一）社会创新的"语义"分析。**

社会创新是由"社会"（society）与"创新"（innovation）两个词"组合"（combination）而成的一个"新概念"，它们各有其所指。

首先，这里的"创新"是在熊彼特创新理论意义上的内涵规定，与企业创新、技术创新中的"创新"精神是一致的，包含以下内容。（1）形式的新颖性（novelty）。这不完全是指原创的，但对用户、环境和应用来说，必须是"新的",也可以是现存因素的"新"组合。(2)结果的明确性,即必须创造出新的价值或带来实际的绩效改善,应该比以往的方式方法更有效。(3)过程的"非均衡性"。创新是一个"创造性破坏"的过程,即对原有均衡状态的打破,开拓出新的状态或方向。(4)主体的特定性。熊彼特以创新阐释经济发展,技术创新的主体就是企业和企业家,创新精神就是企业家精神。熊彼特对"创新"内涵的阐释也是社会"创新"的应有之义,只不过是指向社会领域或社会价值。同样,社会创新不一定总是"全新的","它们经常是现存因素的新组合或杂交"(Mulgan,2007:5)。可见,社会"创新"应该是比现存的更有效的社会需要满足或社会问题解决的新方式方法,它打破已有的社会结构或社会关系状态,建立起能够实现社会目标或创造社会价值的新制度、新结构或新关系。总之,对于"创新"的精神实质,在不同社会创新概念的认知中并无明显歧义,都是对熊彼特"创新"理论的传承与应用。

其次,社会创新概念认知的差异性主要来自"社会"一词含义的多重性。宽泛地说,所有创新都是"社会的"创新,任何创新都会产生(积极的或消极的)"社会的"影响。正如詹姆斯·菲尔斯所言,作为限定语的"社会"(social)对社会创新的定义确实是一个"核心又特别恼人的问题"(Phills Jr. et al.,2008);尤尔根·霍华德等也说,社会创新的"社会"属性一般是不确定的(Howaldt et al.,2010);还有人认为社会创新的"概念不精确性"(conceptual imprecision)主要在于"社会"的多种用法,如社会合作形式、集体创新方式、社会部门角色、社会影响等(Ayob et al.,2016)。正是"社会"的多义性带来社会创新定义的不确定性。(1)"社会"首先从"主体"的角度被理解为社会组织(NGO/NPO),社会创新就是以社会组织为主体的创新,这是最直接明确的定义方式,也是国内社会创新定义的主流观点(见表1)。确实,社会组织是当代日益活跃的社会创新主体,但不是所有的社会创新都是社会组织承担的,政府、企业也经常是社会创新的主体,甚至是更重要的主体。即便社会组织在社会变革中发挥着越来越突出的作用,也不意味着政府关键作用的降低或让渡(Have et al.,2016),社会组织还需要与企业进行合作。(2)"社会"常常被从"目的或价值"的角度来阐释,社会创新必须实现社会目的、创造社会价值(如福利、公平、正义等),以此与创造经济价值的技术创新相区别。当然,社会创新可以创造经济价值,但必须同时创造社会价值或最终归于社会目标。(3)"社会"又被从"对象"(客体)的维度来界定社会创新,即那些指向教育、就业、医疗、福利、贫困等社会需要或社会问题,或改变社会制度、社会结构与社会关系的创新。这是最容易识别的因素。(4)"社会"还从"实现方式"或"创新方式方法"层面来规定社会创新,它意味着"集体行动"或"社会合作",即多元主体合作或跨部门伙伴关系,这是社会创新的一个突出特征。可见,准确把握社会创新的本质内涵关键是要深入把握"社会性"这一社会创新内涵的本质特征和关键识别因素。

**(二)社会创新的"社会性"内涵**

综合国内外研究,充分体现社会创新的独特内涵及特定价值,并与技术创新、企业创新形成明显区分的是创新的目的和价值、创新对象、创新方式等方面的"社会性"特质。在"目的(ends)和手段上(means)都是社会的"可以成为简单明确定义社会创新的基本维度(Murray et al., 2010),当然,还需要增加创新对象的维度。

第一,社会创新目的的社会性。社会创新多种定义中提及的"满足社会需求、解决社会问题、应对社会挑战、创造社会价值"等都属于社会目的,如"任何比现有方法更新颖、更有效的社会需求和社会问题的解决办法"(a novel solution),又必须"创造的价值(利益)首先归于社会整体而不是私人个体"(Phills Jr. et al., 2008)。这些社会目的经由社会创新过程而实现,成为社会结果,也就是创造了社会价值。社会创新不只是新理念、新想法,还应该是新实践、新行动,是把创新的社会目标付诸实践或实践的组合,产生社会结构性变革或改变社会某些方面的创新过程及其效果。只是在具体阐述中,有的强调社会制度、社会关系、社会组织等结构变化,有的强调人的观念、能力方面的更新;有的强调社会的整体变革,有的突出个体或群体的改变;也有的强调社会创新结果的多重性。总之,衡量社会创新的根本标准在社会价值,它的直接结果包括社会需要的满足、社会问题的解决或社会福利的改进,但它必须同时引起社会制度或结构上的变革,能够带来社会自身变革及其参与者能力的提升(Adams et al., 2008),也就是它的根本目的在于"激活、培养和利用(activating, fostering, and utilizing)整个社会的创新潜力"(Howaldt, Domanski & Kaletka, 2016)。

第二,社会创新对象的社会性。社会创新是面向"社会"领域的创新,即创新的对象必须是"社会的",这主要是指与人们生活密切相关的教育、医疗、就业、生态保护等方面的"社会需要"（social needs）或贫困、失业、贫富差距、弱势群体保护等"社会问题"（social problems）。与面向市场需求的企业创新、技术创新不同，那些以社会需要与社会问题为对象的创新就是社会创新，它因此被公认为是满足日益多样的社会需要和应对复杂多变的社会问题挑战的必然选择。但是，面对具体的社会需要和社会问题，政府垄断或市场主导的传统解决方式都已经捉襟见肘，现有的社会制度、法律、治理方式等也往往存在局限性，需要通过改变或重新"组合"这些现有的制度规范、组织结构、关系状态来应对，这实际上意味着社会创新也以社会制度、社会结构、社会关系等为对象。当然，无论哪个方面，社会创新主要面向区域发展、社区治理或社会某些领域的制度、某类社会关系等具体对象，并以新的手段来寻求解决之道。

第三，社会创新方式方法的社会性。社会创新"用新的手段，比以往的实践更好地达到公认的目标（更好地治理社会问题）"（查普夫，2000：22），即体现熊彼特定义的"创新"精神。但追根究底，社会创新的这种"新颖性"主要是通过"社会性"来实现的①，即它不再是以单一主体、以某种固定成型的模式来应对不断涌现的社会问题，而是通过一种类似熊彼特所说的"创造性破坏"的过程，或者引入新的机制和实现方式，或者通过原有机制、方式等因素的"新组合"来实现。这种"社会性"方式主要有两个方面：一是社会合作，即社会组织、企业、政府多元主体伙伴关系或跨部门合作关系，"创新之花开在多部门汇合处"（Phills Jr. et al.，2008）；二是社会资源、社会权力、社会关系等要素的重新"组合"，这本质上还是来自政府、企业、市民社会各自职能定位或专长的互补与协同。这两个方面在现实中都有复杂多样的表现形式与交叉融合的关系，在创新实践中构筑起一个包括政策制定者、企业参与者、社会组织等各类主体以及公民多元参与、复杂动态在内的社会关系网络或利益相关者网络，"只有集体行动才能导向创新，单独的个人不能引起创新。社会创新是在共同利益网络中合作的团体行动的结果"（Neumeier，2012：54）。而那些"社会行动者"（社会企业家）就是这个网络上的一个个纽结，他们发起的每一个社会创新行动都会牵动网络中的多个社会主体、社会资源、社会关系，共同聚

---

① Jurgen Howaldt、Michael Schwarz 曾指出，与其他创新一样，社会创新之"新"，并不必然意味着"好"，它在规范的意义上是指"社会期望的"，而且这种"社会"属性也具有不确定性。

焦于具体的社会问题上，并以"新的"或重新"组合"的方式解决社会问题。这种从实现方式的"社会性"对创新内涵的规定，也是社会创新不同于技术创新或企业创新的重要特征。

总而言之，可以从创新的"社会目的""社会对象""社会实现方式方法"三个方面的特质来"共同"界定社会创新的独特内涵，并以此与技术创新、企业创新明确区别开来。不过，"社会目的"与"社会对象"存在一定模糊或交叉问题（英文中的"objectives"既是"目标"，也是"对象"），所以许多文献往往强调在创新的"目的和手段上是社会性的"。但是，严格说来，一个面向"社会对象"（如社会需求）的创新也可以是企业创新或技术创新；而一个具有社会目标或社会价值的创新也未必一定属于社会创新（如可能是另外的政府创新）。另外，单从"主体"即社会组织角度来定义社会创新，既排斥了企业的重要作用，也忽视了政府的重要责任，更无法体现"社会合作"这一典型特征。因此，在"范式"意义上，社会创新必须同时满足"创新目的""创新对象""创新方式"三个方面的"社会性"要求，就是说，社会创新本质上是"集体行动"或"社会合作行动"，是多元社会主体（政府、企业、社会组织）为了实现社会目标，面向社会领域（社会需要、社会问题或社会制度、社会结构等）、通过社会合作方式而开展的创造性实践活动，它应该既能产生积极的社会结果，又能增强社会自身变革或相关参与者行动能力。历史地看，单一主体（政府、企业或社会组织）或公民个人都曾经并仍在发起或推动社会创新，但是，社会创新的本质不在于单一主体的创新行动，而在于多元主体或跨部门的社会合作行动。这也是社会创新作为当代社会变革机制的根本价值所在。

## 三　社会创新作为一种创新"范式"的理据

"范式"（paradigm）概念是由美国哲学家托马斯·库恩（Thomas S. Kuhn）最早提出的，代表某一学科领域的学术共同体成员所共享的世界观、基本原则与规范、技术的集合，一个范式就是"一个公认的模型或模式（Pattern）"（库恩，2003：21），它提供了学术共同体阐释某类现象或问题的标准、规则，是"一个科学领域在发展中达到成熟的标志"。一个理论一旦成为"范式"，它必然会"吸引一批坚定的拥护者，使他们脱离科学活动的其他竞争模式"（库恩，

2003：9）。显然，在库恩"范式"理论的意义上，社会创新在定义维度、概念内涵、阐释框架、学术认同、实践指向等方面，都已经成为与技术创新（企业创新）明显不同的创新理论的"竞争模式"，"如果认为蒸汽机、计算机或智能手机的发明和扩散与国家健康保护系统、企业社会责任概念或小额贷款系统的发明和社会传播不同，那么，就有充分的理由认为，技术创新与社会创新之间有着内在的区别"（库恩，2003：23）。其中具体的理据，可以从如下几个方面来说明。

第一，社会创新与技术创新同时产生于现代化进程之中。作为一项社会变革实践，社会创新是伴随工业革命及其所引发的社会结构转型而产生的社会问题解决机制，不仅与技术创新产生于同一个现代化进程中，而且在某种程度上还是技术创新赖以发生的社会条件。工业革命在欧洲的发生，绝不单纯是蒸汽机等技术创新驱动的结果，而是包括产权制度、企业组织、信贷、保险、法律乃至价值观念、生活方式等在内一系列社会变革共同作用的结果。熊彼特就以"仅仅制造出好肥皂是不够的，必须使人们养成爱洗手的习惯"来说明来自社会生活领域的变革对技术创新的重要性。德鲁克也曾通过社会保险、分期付款制度等实例，说明"社会创新远比蒸汽机车或电报更为重要"（德鲁克，2002：39）。随着创新价值的凸显和创新意识的自觉，制度创新、组织创新、文化创新等新的创新实践越来越发挥出驱动社会各领域变革的积极作用。而现代社会的治理转型和复杂多样的社会矛盾使得源自社会自身的变革与突破越来越频繁，社会创新发挥着越来越显著的作用，并逐渐进入理论研究和政策议程的视域，"19 世纪和 20 世纪的社会发展是受技术进步和经济规律驱动的，而 21 世纪的社会发展则来源于鼓励社会和制度变化的社会创新"（格林等，2015）。正如熊彼特所揭示的创新是经济发展的本质和内在动力一样，社会创新正在重塑当代社会自我发展的本质和内在动力，并将与技术创新协同推动社会进步。

第二，社会创新代表创新理论演进的新阶段。熊彼特的创新理论是面向经济和企业领域的技术创新，但由于创新的主体是企业组织，技术创新必然与组织、管理方面的创新相联系，因此，熊彼特所说的创新包括产品创新、工艺创新以及组织创新、管理创新等，他也注意到技术创新的社会条件、社会过程和社会影响，但并没有把"社会创新"作为一个独立的创新类型来对待。20 世纪 70 年代，道格拉斯·诺思（Douglass C. North）提出了系统的制度创新（institutional innovation）理论来揭示技术创新背后的社会条件和动力机制，被称为"新熊彼特主义"，他的制度创新实际上包含着社会创新方面的内容（如工会组织、保险制度等）。20 世纪 80 年代末，弗里曼（C. Freeman）提出了"国家创新系统"（national innovation system）的概念，把技术、制度、文化、社会等创新融为一体，用以阐释创新生态系统的复杂性。德鲁克将熊彼特创新理论扩展到技术之外的管理乃至社会领域，明确提出了社会创新概念。2000 年以来，"社会创新突破了从经济和技术角度看待创新的局限性，扩展了对人际关系和实践的变革在创新中的作用的全面理解"（格林等，2015），杰夫·摩根、詹姆斯·菲尔斯等不同学科学者共同构建起一个比较完整的社会创新理论框架。总之，社会创新可以看成熊彼特以来创新理论演进的新阶段，代表着创新范式的一次重要"转向"。

第三，社会创新作为独立创新"范式"基本成为学术共识。尽管对社会创新的概念内涵仍有不同的理解，但从国际范围的研究进展看，社会创新作为一种不同于技术创新的创新"范式"的独立地位和社会价值正在获得越来越广泛的认同。许多研究论文题目直接表述为诸如"社会创新：一个新兴的创新研究领域""社会创新：走向一个新的创新范式""理解社会创新：一个临时的框架"（Have et al.，2016；Ayob et al.，2016；Dawson，2010）等。有些以疑问语气探讨社会创新的论文，最后的结论都是认同创新理论的扩展性，肯定社会创新在内涵和价值上的独特性。"社会创新这个术语的流行在许多方向上扩展着这个概念，正在突破社会创新意味着'含糊不清'这一旧的说法。"（Ziegler，2017）特别是欧盟委员会的社会创新报告和《维也纳宣言》从理论研究到政策实践上都明确提出创新系统从技术创新向社会创新"范式"转移的结论。可以说，国际创新研究已经基本建构起一个阐释当代社会变革动力、应对社会问题挑战、实现社会公正持续发展的新的创新理论框架，即社会创新已经成为库恩所说的科学共同体的"研究纲领"。

第四，社会创新概念具有相对明确而独立的内涵。概念的明晰是社会创新成为一个独立创新"范式"的基本前提。如前所述，作为一种创新形式，社会创新是直接面向社会领域或社会目标（社会需求和社会问题）的创新行动，与技术创新的"社会条件"或"社会效应"有着明显的区别；社会创新必须聚焦社会目标或创造社会价值，与企业创新直接追求经济利益或所产生的"外部性"（社会效果）也具有根本的不同。因此，不管有多少种社会创新的"定义"，"社会创新"都是一个可以在对象、目的、价值等关键方面与技术创新、企业创新明显区别开来，具有完整内涵的新的创新"范式"（见表2），而不能被理解为技术创新的"附属物、副产品或结果"（技术创新"范式"的社会特征）。或者说，只有充分认识社会创新内涵的具体性和独特性，才能为超越熊彼特经济或技术创新视角，系统把握现代社会变革机制提供新的理论"范式"和政策框架（Howaldt et al.，2016）。

表2 社会创新与技术创新、企业创新的"范式"比较

| 项目 | 技术创新 | 企业创新 | 社会创新 |
|---|---|---|---|
| 创新主体 | 企业 | 企业 | 政府、企业、社会组织多元主体伙伴关系 |
| 创新目的 | 经济效益 | 利润最大化 | 社会福利改进，社会能力提升 |
| 创新对象 | 产品技术工艺 | 产品服务技术管理 | 社会问题、社会需求、社会结构、社会制度 |
| 创新方式 | 生产条件或要素的新组合 | 企业资源、组织与人员的新组合 | 社会资源、权力、主体与实践的新组合或重新配置 |

资料来源：笔者根据前述相关社会创新概念整理。

第五，社会创新在应对当代社会挑战中的价值日益凸显。随着工业社会向后工业社会的转变，一方面人类社会面临着日益复杂多变的社会需要与社会问题的挑战，呼唤社会结构、社会制度的深层次变革；另一方面，政府治理转型和市民社会的成长又在激发多元主体参与社会变革的积极力量。这样，社会创新开始由在工业社会中长期为技术创新所遮蔽的"隐性"状态中释放出来，"未来几十年中更加重要的创新将会在社会部门中出现，而不是在诸如信息科技或保险的商业部门出现"（摩根，2006）。有荷兰学者研究，对于当代成功的创新来说，技术创新可以解释其中的25%，社会创新则可以解释其中的75%（Pot，2008）。即便单就经济而言，来自教育、健康、医疗、文化、环境等领域的社会创新将成为经济发展的新业态或新增长点。这些社会创新还能为后工业社会更加复杂的技术创新或经济创新提供社会支持和促进作用，"像汽车、电子、网络等新技术的发展依赖于社会创新和依赖于技术或商业创新一样多"（Mulgan，2007）。更重要的是，社会创新在应对社会挑战、满足社会需要的同时，又能通过社会自身的结构性调整和激发多元主体的能动作用而不断增强社会自身及其各主

体的变革意愿与能力，促进社会可持续变革与包容性发展。尤尔根·霍华德（Jürgen Howaldt）等通过欧盟"社会创新驱动"项目（SI-DRIVE），从绘制全球社会创新图谱中得出结论："社会创新在全球范围内对应对 21 世纪社会、经济、政治和环境挑战的重要性。"（Howaldt et al.，2016）如果说，技术创新是工业社会主导性的创新范式的话，那么，社会创新正在成长为后工业社会的主要创新范式之一（Howaldt et al.，2016），并与技术创新共同构成当代社会发展的驱动力。

在我国，经过近年来的传播和研究，社会创新作为新的创新"范式"基本上已成理论共识，来自企业、社会组织和社区层面的社会创新实践也在各领域遍地开花。面对新时代的发展任务和社会主要矛盾转化，需要总结社会体制机制改革的积极成果和借鉴欧盟地区等发达地区和国家的成功经验，以建设创新型国家为导向，适时将社会创新纳入公共政策议程，启动社会创新行动，激发起社会多元主体的力量，培育各领域积极的"社会行动者"，构建技术创新与社会创新互补协同的双轮创新驱动战略，为满足人们日益增长的美好生活需要和促进社会公平充分发展提供新的动力。

**参考文献**

〔美〕彼得·德鲁克（2002）：《创新与创业精神：管理大师谈创新实务与策略》，张炜译，上海：上海人民出版社。

刘承礼（2006）：《社会创新的含义与实践》，《经济社会体制比较》，第 6 期。

纪光欣、岳琳琳（2012）：《德鲁克社会创新思想及其价值探析》，《外国经济与管理》，第 9 期。

〔英〕杰夫·摩根等（2006）：《社会硅谷：社会创新的发生和发展》，《经济社会体制比较》，第 5 期。

〔英〕罗伯特·格林等（2015）：《社会创新：应对当代社会挑战的方案？——理论和实践的概念定位》，《国外理论动态》，第 7 期。

陶秋燕、高腾飞（2019）：《社会创新：源起、研究脉络与理论框架》，《外国经济与管理》，第 6 期。

〔美〕托马斯·库恩（2003）：《科学革命的结构》，金吾伦、胡新和译，北京：北京大学出版社。

〔德〕沃尔夫冈·查普夫（2000）：《现代化与社会转型》，陈宏成、陈黎译，北京：

社会科学文献出版社。

郑琦（2011）：《国外社会创新的理论与实践》，《中国行政管理》，第 8 期。

Adams，D.，et al.（2008），"Social Innovation as a New Public Administration Strategy"，*Proceedings of the 12th Annual Conference of the International Research Society for Public Management*，Brisbane，March，pp. 1 – 8.

Ayob，N.，et al.（2016），"How Social Innovation 'Came to Be'：Tracing the Evolution of a Contested Concept"，*Journal of Social Policy – 1*，pp. 1 – 19.

Balamatsias，G.（2018），"8 Popular Social Innovation Definition"，*Social Innovation Academy*，4.

Cajaiba-Santana，G.（2014），"Social Innovation：Moving the Field Forward. A Conceptual Framework"，*Technological Forecasting and Social Change*，82，February，pp. 42 – 51.

Dawson，P.（2010），"Understanding Social Innovation：A Provisional Framework"，*Int. J. Technology Management*，51（1），pp. 9 – 19.

European Commission（2013），"Guide to Social Innovation"，http://socialinnovationexchange. org/global/network-highlights/news/european-commission-guide-social-innovation，p. 6.

Goldsmith，S.，et al.（2010），"The Power of Social Innovation：How Civic Entrepreneurs Ignite Community Networks for Good"，John Wiley & Sons. Inc.

Have，R.，et al.（2016），"Social Innovation Research：An Emerging Area of Innovation Studies?"，*Research Policy*，45（9），pp. 1923 – 1929.

Hochgerner，J.，et al.（2011），"Vienna Declaration：The Most Relevant Topics in Social Innovation Research"，维也纳社会创新中心，http://www. socialinnovation2011. eu。

Howaldt，J.，Domanski，D. & Kaletka，C.（2016），"Social innovation：Towards a New Innovation Paradigm"，*Mackenzie Management Review* 17（6），http://dx. doi. org/10. 1590/1678 – 69712016/administracao. v17n6p20 – 44，p. 2.

Howaldt，J.，et al.（2010），"Social innovation：Conception，Research Fields and International Trends"，Dortmund，http://www. internationalmonitoring. com，p. 47.

Howaldt，J.，et al.（2016），"Mapping the World of Social Innovation：A Global Comparative Analysis across Sectors and World Regions"，https://eldorado. tu-dortmund. de/handle/2003/35151.

Jupp，R.（2002），*Getting Down to Business：An Agenda for Corporate Social Innovation*，London：Demos.

Mulgan，G.（2007），*Social Innovation：What It Is，Why It Matter and How It Can Be Accelerated*，The Basingstoke Press.

Murray，R.，et al.（2010），"The Open Book of Social Innovation"，The Young Foundation，http://www. youngfoundation. org.

Neumeier，S.（2012），"Why Do Social Innovations in Rural Development Matter and Should They Be Considered More Seriously in Rural Development Research?"，*Sociologia Ruralis*，52（1），pp. 50 – 67.

Phills Jr. , J. A. , et al. (2008), "Rediscovering Social Innovation", *Stanford Social Innovation Review*, 6 (4), pp. 36 – 50。

Pol, E. , et al. (2009), "Social Innovation: Buzz Word or Enduring Term?", *The Journal of Socio-Economics*, 38, pp. 878 – 885.

Pot, F. (2008), "Social Innovation: The New Challenge for Europe", *International Journal of Productivity and Performance Management*, 57 (6), pp. 468 – 473.

Ziegler, R. (2017), "Social Innovation as a Collaborative Concept", *The European Journal of Social Science Research*, July, pp. 1 – 29.

# Social Innovation: A New Paradigm of Innovative Theory and Practice in the Contemporary Era: Analysis of Connotation on Conception of Social Innovation

Ji Guangxin & Kong Min

[**Abstract**] As a rising and valuable research field, there are different views on the conceptual cognition of social innovation. "Innovation" in the word "social innovation" inherits the basic spirit of Joseph Alois Schumpeter's innovation theory, but the word "society" includes its relatively independent and clear connotation in "sociality" in terms of innovative purposes, objects and means which makes it different from technological innovation. Social innovation has taken place in history, but give play to prominent function in contemporary social change, so it is becoming a new "paradigm" of innovation with distinctive connotation and values which is different from technological innovation.

[**Keywords**] Social Innovation; Technical Innovation; Social Ends; Social Problems

（责任编辑：俞祖成）

# 国外非营利组织商业化研究述评

程 培[*]

【摘要】我国社会转型过程中，非营利组织领域的商业化趋势越来越明显。国外非营利组织商业化研究能够为了解我国非营利组织商业化提供有益的借鉴。本文对国外非营利组织商业化的概念、起因、社会影响及对我国的启发进行了总结与梳理。笔者发现，国内外研究中关于非营利组织商业化的争议持续存在，集中体现在其社会性后果是潜在地促进还是阻碍市民社会的发展方面。未来，非营利组织商业化研究在概念界定、经验和理论拓展方面都有待进一步探索。

【关键词】非营利组织商业化；社会服务；公共价值

随着新公共管理运动的兴起，西方社会非营利组织商业化 20 世纪 70 年代末开始出现，并逐渐成为非营利组织主流的发展趋势。从国内发展来看，社会转型时期，伴随着社会组织数量的增加和影响力的增强，我国公益事业蓬勃发展，公益与商业领域之间的关系也越来越复杂，非营利组织商业化趋势逐渐凸显。

西方社会非营利组织商业化趋势的相关研究自 20 世纪 70 年代末开始出现，对国外非营利组织商业化的概念、原因及影响的梳理和分析，有助于为我国当下阶段的非营利组织商业化发展提供一些参考。西方社会中，非营利组织不仅

---

* 程培，上海大学社会学院社会学专业在读博士研究生，研究方向为社会组织与社会治理。

是传递社会服务的工具，而且是建立市民社会并维持其有效运行的重要载体（Salamon，1993）。非营利组织能够通过服务提供、价值引领和政策倡导、建立社会资本等方式促进市民社会的发展（Salamon，1997）；由于非营利组织具有非强制性和呼吁慈善的特点，它们比政府和市场组织更有能力建立关于社会信任、合作和相互支持的准则（Backman & Smith，2000：362）。然而，近几十年来，非营利领域中普遍出现的商业化趋势对非营利组织的公共价值倡导与社会服务功能造成了一定程度的冲击。本文将对国外非营利组织商业化的概念、动力、社会影响进行系统梳理，并指出其对我国非营利组织商业化研究的启发，进而反思不同的制度性约束和特定的社会发展阶段对非营利组织商业化可能产生的影响，希望为我国非营利组织商业化本土性经验和理论研究的进一步探索提供一些参考。

## 一　非营利组织商业化的概念界定

在非营利组织商业化研究中，由于学者们使用了许多内涵相似而又有所区分的关键性概念，因此关于非营利组织商业化尚未形成统一的概念界定。在研究中，非营利组织的商业活动（business action）、类商业行为（business-like behavior）、商业化（commercialization）、商业主义（commercialism）、市场化（marketization）等概念，都被学者含混地用在非营利组织商业化的研究领域，共同指向非营利组织的营利活动这一内容。

1987年，美国学者斯科洛特（Edward Skloot）根据首要动机区分了非营利组织的商业活动和非营利性活动，把非营利组织的商业活动定义为"以赚钱为目的的持续性活动"，这些活动与组织宗旨相关但不是通常意义上的活动（Skloot，1987：381）。韦斯布罗德（Burton A. Weisbrod）对非营利组织商业化的定义与斯科洛特相似，将非营利组织的商业主义（commercialism）定义为"组织在一定程度上依赖销售收入而非捐赠或政府补贴，与企业进行产品或服务竞争，或与企业保持合作伙伴关系，最终转变成营利性组织"（Arrow & Weisbrod，1998：271）。韦斯布罗德对非营利组织商业化的这一界定成为后来学者研究的重要参考。

21世纪初，艾肯芭莉（Angela M. Eikenberry）等人总结了非营利组织在市场中的行为特点，认为非营利组织领域的市场化趋势（marketization）表现为商业收入的产生、合同竞争、新兴企业家捐赠者的影响，以及社会企业的兴起，她的界定突出了企业家对非营利组织商业化的推动作用（Eikenberry & Kluver，2004）。查尔德（Curtis Child）对"商业收入代表了非营利组织商业化"的观点进行了质疑，他认为商业收入的增加只是将非营利组织对捐赠者的依赖转变成对市场主体的资源依赖，并不能代表组织商业转向的发生（Child，2010）。

达特（Raymond Dart）从组织管理的角度，通过对一个人力服务组织的深度观察和定性研究，在个体组织的分析层次解释了非营利组织在项目目标、服务传递、组织管理和组织修辞等方面的商业化（Dart，2004）。同时，也有学者从组织内部的管理理性化、组织理性化和商业化的运作方式等方面分析非营利组织的商业化（Di Zhang & Swanson，2013；Hwang & Powell，2009；Meyer et al.，2013）。

非营利组织商业化的概念具有复杂性，大多数研究侧重于强调概念的某一个面向，虽能够细致深入地揭示概念的某些特征，但缺乏对商业化概念的整体性理解。麦尔（Florentine Maier）、迈耶（Michael Meyer）和斯坦利伯格（Martin Steinbereithner）等人的研究突破了这一局限性。他们于 2016 年发表的文章尝试对非营利组织商业化研究中不统一的概念进行归纳和系统梳理，并总结出非营利组织商业化的三个研究维度，即商业化的组织（business-like organization）、商业化的目标（business-like goals）和商业化的修辞（business-like rhetoric）三方面（Maier et al.，2016）。这几位学者试图用非营利组织商业化（business-like）这一概念，统合近年来非营利组织研究的同一个研究议题，这一努力突破了最初研究中仅仅从组织收入来源或组织管理的单一角度理解商业化的局限性，但概念涵盖范围的扩大又为深入理解商业化的本质增加了难度。

## 二 国外非营利组织商业化的缘起

非营利组织商业化主要在特定历史时期组织与外部环境的互动中产生。新公共管理运动和新自由主义改革一般被视为非营利组织商业化兴起的宏观背景，特定的经济、政治环境成为非营利组织商业化的制度性前提（Harvie & Manzi，2011）。另一些学者则关注到非营利组织商业化的内在驱动力，认为组织资金渠道、董事会特点、组织文化等组织内在的特点推动了组织商业化的路径选择（Bednall et al. , 2001；Hasenfeld & Garrow, 2012）。

20 世纪 70 年代末 80 年代初，新公共管理运动和新自由主义改革诱发非营利组织的商业化趋势，经济理性化的话语权和意识形态推动了非营利组织的商业化（Harvie & Manzi, 2011）。政府资助和个人捐赠的下降促使非营利组织通过商业收入来维持生存（Dees, 1998；Young, 1998；Young et al. , 2002）。也有学者指出非营利组织商业化另一个可能的原因，即传统形式的政府资助、私人捐赠的增长速度与非营利组织的数量增长之间并不匹配，非营利领域组织数量的增加产生了对资源的竞争，非营利组织因此寻求商业形式的收入来应对与其他组织竞争资源时的压力（Kerlin & Pollak, 2011；田蓉, 2010）。

多数研究认为新公共管理运动和新自由主义改革是非营利组织商业化的诱因，也有一些研究表明，非营利组织商业化的兴起可能有着更早的驱动力（Kerlin & Pollak, 2011；Toepler, 2006）。特普勒（Toepler）通过对大都会艺术博物馆四十年的纵向数据分析发现，20 世纪 70 年代的经济危机导致捐赠基金的减少也可能是商业化趋势背后的驱动力，这一思路虽然对解释博物馆商业活动的动机很有说服力，但仍有待于更深入地理解经济危机对其他非营利组织的长期影响和后果（Toepler, 2006）。

在个体组织层面，非营利组织商业化来源于组织的内在驱动力。非营利组织在关键性资源供应并不稳定的环境中维持着生存，商业活动作为组织自我调节的机制，能够允许非营利组织在关键性资源不稳定的条件下仍然履行组织使命，促进目标的实现，增强组织的合法性（Guo, 2006；Moeller & Valentinov, 2012；Sanders, 2015 ；Young, 1998）。首先，组织的资源获取渠道对组织行为产生影响。非营利组织获得持续性资源的现实需求促使组织与企业保持竞争或合作关系，寻求商业收入（Harvie & Manzi, 2011；Kerlin & Pollak, 2011）。企业资助的非营利组织倾向于保持与企业合作伙伴式的商业化关系（Bednall et al. , 2001）。同时，组织管理的专业化表现为使用企业化标准来进行财务、税收管理及员工管理（Hwang & Powell, 2009；Keevers et al. , 2012；Harmer et al. , 2012）。此外，非营利组织的董事会特点、组织文化、意识形态、组织活动领域、会员制或面向公众的定位等要素也会推动组织的商业化（Hasenfeld & Garrow, 2012）。

非营利组织的商业化现象出现在特定的政治、经济制度条件下，受到外部环境及组织自身特点的影响。新公共管理运动与 20 世纪 70 年代的经济危机驱动等观点强调外在环境对非营利组织商业化的重要影响；同时，组织本身的特点也会诱发非营利领域的商业化倾向。推动组织商业化的宏观与微观因素之间相互关联、相互影响，非营利组织与环境的交互作用推动了组织的商业化趋势（Hvenmark，2013）。

# 三　商业化对非营利组织的影响

关于非营利组织商业化所带来的影响，国外学者的研究一直存在较大争议。部分经验研究显示出商业化能够在维持组织生存、提高组织管理水平等方面给非营利组织本身带来积极的影响（Beck et al.，2008；Anderson & Dees，2017），但也有一些国外学者对非营利组织商业化持消极态度，认为其损害了非营利组织提供社会服务和倡导公共价值的功能，进而影响到非营利组织建立和维持市民社会的能力（Eikenberry & Kluver，2004；Minkoff & Powell，2006；Sobieraj，2006）。

## （一）非营利组织商业化的积极意义

商业化是非营利组织在特定经济、政治、社会条件下的最优选择。一些学者的经验研究表明，商业化既能够增加组织收入，增强组织的可持续生存能力（Guo，2006）；也能够促进组织在管理中提升专业性和效率，进而改进组织管理（Hwang & Powell，2009）。

1. 维持组织的可持续生存。对非营利组织来说，商业收入能够为它们在竞争性市场中的可持续生存提供解决办法（Beck et al.，2008；Anderson & Dees，2017）。社会服务、艺术、教育等领域的非营利组织越来越多地出售服务，并参与其他商业活动，从而获得商业收入。商业活动和商业收入增强了非营利组织的稳定性和抗风险能力，有利于项目的持续性运作，提升组织可持续生存能力。

2. 促进组织管理能力的提升。非营利组织的商业化对改善组织管理有着正面影响。商业化有利于提升非营利组织的专业化水平，增强组织管理理性化的能力。组织的战略规划、独立的财务审计、量化的项目评估等专业性价值和管理主义的理念伴随着商业化趋势得到推广，非营利组织的专业化水平得到提升

（Hwang & Powell，2009）。有学者认为，企业管理方法能够缓解组织使命和市场导向之间的潜在紧张关系，使组织能在两个极端之间保持健康的平衡（Jäger & Timon，2010；Stull，2009）。商业化甚至会带来组织性质的改变，部分非营利组织在运作中创造性地吸纳市场规则和文化，转变成为社会企业，以商业方式追求组织社会目标的实现（Dees，1998；Young et al.，2002）。

### （二）非营利组织商业化的潜在风险

商业化能够使非营利组织从市场中获得更稳定的资源、更高的效率和创新性，更好地针对客户需求提供服务，有效地改进组织管理。但是，商业化也会导致商业领域与非营利领域之间的界限变得模糊，对非营利组织本身承担的参与社会治理、提供社会服务等功能造成一定的冲击，这些变化会潜在地威胁到非营利组织营造和维持市民社会的独特贡献。

1. 公共价值倡导功能的弱化。非营利组织的商业实践，有时以牺牲组织的社会价值追求为代价（Alexander et al.，1999；Austin et al.，2006）。有学者认为，商业化发展的意识形态与实践活动会威胁到非营利组织的合法性（Bush，1992；Eikenberry & Kluver，2004；O'Reilly，2011；Arrow & Weisbrod，1998）。非营利组织的商业化虽然能够使组织增加收入，但会使非营利组织面临道德困境，不利于非营利组织社会价值使命的实现（Goddeeris & Weisbrod，1998）。

作为公共价值的倡导者，非营利组织的功能之一是培育志愿者精神，积累社区社会资本，加强与社区网络的联结，促成横向的社会团结，而商业化在一定程度上阻碍了非营利组织这一功能的实现。一方面，商业化使非营利组织不再依赖传统的捐赠者和捐赠网络，减弱了非营利组织关注零散的个体捐赠者的动力，其转而注重维持与企业家捐赠者的关系。对于一个能成功地从商业活动中获得收入的非营利组织来说，来自个体的捐赠并不必要（James，1998）。另一方面，非营利组织的商业实践引起组织内部管理者和志愿者之间越来越多的分歧，这在一定程度上影响了志愿者参与公共活动的积极性（Kreutzer & Jäger，2011）。商业活动虽然使非营利组织能够在短期内减少对个体捐赠者和社会网络的依赖，但长期来看，不利于非营利组织的社区建设和志愿者精神的培育（Backman & Smith，2000；Brainard & Siplon，2004；Sobieraj，2006）。

2. 社会服务目标的偏移。商业化使非营利组织过于重视社会服务功能，忽视了价值引导和社区资本营造功能的发挥，进一步说，结果导向的操作方法和量化的评估标准使得非营利组织的社会服务目标由注重受助者的长期深层需求转向关注那些有能力支付服务、指标容易被测量的社会需求。

首先，商业活动引起非营利组织的目标向社会服务领域偏移。结果导向的量化评估标准促使非营利组织更注重社会服务功能，在一定程度上偏离社区建设和价值倡导的目标（Minkoff & Powell，2006；Aiken & Bode，2009；Keevers et al.，2012；Maier et al.，2016）。其次，商业活动分散了非营利组织对核心社会目标的注意力，甚至会破坏社会目标的实现（Dees，1998；Foster & Bradach，2005：94）。非营利组织以商业方式进行社会服务领域的活动时，服务焦点从需要受助的对象转变为有能力支付服务的人群（Salamon，1993）。此外，制度环境对组织财务的要求鼓励非营利组织提供结果容易被测量和记录的服务，不支持那些有长期需求或深层次需求但结果不容易被测量的服务（Keevers et al.，2012）。长此以往，会使非营利组织变得越来越像营利组织，它们的服务对象变得越来越像消费者（Hasenfeld & Garrow，2012）。

除了在一般意义上讨论非营利组织商业化的社会影响，学者开始关注到商业化在不同的社会发展阶段和具体社会情境中所产生的独特影响。不同社会发展阶段中，商业化会对非营利组织产生差异化影响，在政府将部分职能转交给市场和社会的转型过程中，商业化的发展趋势能够为非营利组织创造更多机遇。捷克学者将非营利组织商业化现象放在本国政府转型的特定历史情境中进行讨论，捷克政府鼓励非营利组织自负盈亏的宏观政策推进了组织的商业化，由于非营利组织对政府具有财务依赖性的特点，组织的商业化有利于将它们从过去家长式的国家中解放出来（Vaceková et al.，2017）。郁建兴、陈可鉴关于中美两国的国际比较研究也更多地看到中国市场经济发展与政策职能转型过程中，商业化对非营利组织本身及对社会带来的积极意义，它有利于将非营利组织从对政府的单向资源依赖中解放出来，为其赢得更灵活的生存空间，并促进社会发展（Yu & Chen，2018；陈可鉴，2018）。

## 四　对我国非营利组织商业化研究的启发

我国非营利组织商业化趋势在最近十多年逐渐明显，成为社会转型时期非营利组织的发展路径之一。无论从规模上还是发展程度上，我国非营利组织的商业化都处于初始阶段，相关的研究积淀并不深厚。国外非营利组织商业化的相关研究为我们提供了理论和经验参考。

### （一）对我国非营利组织商业化概念界定的启发

概念界定上，国内学者多沿用韦斯布罗德的概念，认为非营利组织商业化发展模式的界定包括提供有偿服务、商业销售相关产品和服务、承接政府采购合同、商业投资和与企业联合等方式（黄春蕾、郭晓会，2015；宋程成，2017；夏荣宇，2017）。也有学者认为，我国非营利组织商业化的一个表现为双重注册，并且以工商注册的企业资源来补给民政部门注册的非营利组织，这增强了组织应对外部复杂环境挑战的能力（田蓉、Lucy Jordan，2016）。总体来看，概念界定的模糊性在我国非营利组织商业化研究中同样存在。国内学者提出的非营利组织市场化、商业化、商业运营模式均指向非营利组织的商业化这一研究领域和研究议题（陈可鉴，2018）。

### （二）对我国非营利组织商业化动力的启发

政治、经济、社会体制等宏观制度的约束及特定的历史发展情境对非营利组织商业化的兴起有着深刻影响。西方社会非营利组织商业化出现在新公共管理运动和新自由主义改革等特定的社会条件下，我国非营利组织商业化现象也出现在社会转型的背景下，将第三部门与国家、市场的关系重新带回到研究者的视野中（Lai & Spires，2020）。

非营利组织商业化的兴起与政府职能转变的改革过程密不可分，也与市场主体对公益领域的投入有着紧密的联系，特定历史时期组织与外部环境的互动推动了我国非营利组织商业化的产生与发展。非营利组织与政府关系的变化是影响我国非营利组织转型的关键因素（田蓉，2010；罗文恩、周延风，2010）。政府职能转变阶段，寻求自主性成为我国非营利组织商业化的一个主要动因。商业化能够为非营利组织带来更多具有自主性和更灵活的生存发展空间，进而重塑中国社会组织与政府部门的结构性关系（罗文恩、周延风，2010；Yu & Chen，2018）。

从非营利组织自身动力来看，商业化也被看作组织应对市场经济特征的一种策略性选择。有些学者从资源依赖的理论视角分析非营利组织的市场导向行为和商业化倾向，认为非营利组织面临对外部资源依赖的状况，市场化策略能够降低组织对外部环境要素的依赖（胡杨成、蔡宁，2008；王世强，2013；吴磊、谢璨夷，2019）。

### （三）对我国非营利组织商业化风险和挑战的启发

国外学者关于非营利组织商业化所带来的社会影响的争议，在我国非营利组织商业化进程中同样存在。部分学者认为，中国非营利组织商业化的进程有利于推动组织创新和社会发展，潜在地促进市民社会的发展（Yu & Chen，2018；陈可鉴，2018；王名、朱晓红，2009）；以康晓光为代表的学者则反对公益与商业关系中出现的商业中心主义，认为过度的商业化会诱发压缩社会组织原有功能、误导资源分配方向、阻碍公益利他主义目标实现等社会后果（康晓光，2018）。也有学者认为，非营利组织商业化背景下，非营利组织存在资源导向和疏离组织使命的风险，我国市民社会的发展仍存在较大的不确定性（Lai & Spires，2020）。

商业化对非营利组织的发展带来挑战。非营利组织作为社会结构中的重要组成部分，承担着提供社会服务、参与社会治理的功能，商业化进程会对其参与社会治理和提供社会服务的功能产生冲击。首先，竞争、营利导向的商业化机制对非营利组织参与社会治理的功能带来挑战，存在削弱组织的公共价值倡导功能的风险。企业、基金会等市场主体的逻辑对非营利组织同样具有规训作用。企业与非营利组织合作的动力是获取社会资本，学习非营利组织解决社会问题时的专业性（蔡宁等，2006）。当下阶段，由于部分非营利组织专业能力有限，在将企业作为资源方与其进行合作时，存在非营利组织对企业的单向资源依赖、非营利组织能力不足等问题（刘莉莉，2010；吴磊、谢璨夷，2019）。当非营利组织把资源汲取作为组织发展的首要目标时，公共性目标被迫让位于组织生存的目标（王诗宗、宋程成，2013；韦诸霞、汪大海，2015；韩小凤、苗红培，2016）。以"获利"为支配性动机的非营利组织吸纳了社会捐助及政府政策优惠的资源，实质却变为市场组织，社会倡导的公共性目标向市场价值妥协（耿依娜，2018；田蓉，2013；于水、杨华峰，2008）。其次，商业化趋势促使越来越多的非营利组织将重心放在社会服务领域，并且注重社会服务的低成本、短期效果等方面。商业化过程中，非营利组织偏好以知识和管理等智力资本为主的轻资产运营的社会服务领域，避开了需要众多人力、物力投入的重资产领域（田蓉，2019）。那些既未受到政策托底，又没有能力从市场购买服务的弱势群体的社会需求被忽视。

当缺乏足够的监管机制时,使命偏移和组织目标错位是非营利组织商业化可能会产生的社会性后果。我国当前处于社会转型时期,在政治体制改革与经济体制改革的同时,社会体制也在进行着相应的改革与调整,非营利组织商业化带来的社会风险与挑战成为当前阶段社会治理中一个日渐重要的问题,在市场力量越来越多投入公益领域的同时,市场经济体制的完善与社会组织治理体系的完善需要同步进行。非营利组织的商业化发展对政府管理提出了更多要求,政府需要在税收优惠和财务管理中更细致地区分非营利组织的营利性行为和非营利性行为;同时完善对非营利组织的监督和激励机制,调动第三方评估机构、社会媒体、公众等社会力量共同参与,维护非营利组织功能的正常发挥。

## 五 反思与展望

非营利组织作为第三部门的主体,其意义在于弥补政府与市场主体的不足,以更专业的身份和方法,向政府与市场无法覆盖的社会领域提供更有关怀性的社会服务,追求社会公共价值的实现,最终推动社会进步。20 世纪 80 年代以来,商业化趋势逐渐成为国外非营利领域的常态,关于国外非营利组织商业化的研究进展能够为我国非营利组织商业化的本土研究提供一定的借鉴。与此同时,我们也需要注意到,以往研究显示出一定的局限性。

首先,非营利组织商业化概念的含混性、模糊性、复杂性增加了这一领域的研究难度,诚如麦尔、迈耶等学者所言,在非营利组织商业化这一议题上,学者们使用了许多相似而又有所区别的关键性概念,不同概念的侧重点不同,基于这一前提的研究显示出零散化、碎片化的特征,不利于学术积累与理论研究的持续推进,也使得对非营利组织商业化的整体性理解存在困难。

其次,以往关于非营利组织商业化的研究,对商业化的过程与机制分析尚不充分。学者对非营利组织商业化的争议长期存在,研究方法的不同、社会发展的不同阶段以及特定的历史社会情境极大地影响到学者对非营利组织商业化社会性后果的判断。对非营利组织商业化这一现象及其社会性后果的深入理解,仍有待更多的、更具解释力的中观层次的研究。

再次,非营利组织商业化研究的理论支撑仍有待于进一步扩展和整合。目前关于国内外非营利组织商业化研究中,资源依赖理论、组织制度理论等理论视角应用较多，资源约束、合法性、组织绩效等维度常用来分析非营利组织商业化的意义与影响。由于商业化不仅表现在组织行为上，而且受到社会文化、个体认知等多方面影响，涉及组织文化与伦理、组织成员认知等不同的层面，相关理论视角下的研究也有待于进一步推进。总体上看，现有研究的理论视角较为分散，不同理论视角之间缺乏对话，未来对这个议题的关注，需要引入和拓展组织场域、组织生态系统等中观层次的理论视角，或建立本土性的理论分析框架，对我国非营利组织与多元社会主体的互动进行深入探索。

由于非营利组织的商业化趋势发生在特定的政治、经济环境中和特定的历史阶段，我们在参照别国经验来理解中国社会转型过程中的非营利组织商业化现象时，需要保持理性和批判态度，结合我国独特的制度环境加以分析，厘清我国非营利组织商业化与社会发展阶段之间的关系，从而对我国非营利组织商业化可能带来的深远影响进行更深刻的实践与理论探索。

## 参考文献

蔡宁、胡杨成、张彬（2006）：《企业与非营利组织合作获取竞争优势的机理》，《科学学研究》，第 3 期。

陈可鉴（2018）：《中国非营利组织市场化：影响因素、策略与效应》，博士学位论文，浙江大学。

耿依娜（2018）：《中国社会组织公共性研究述评》，《中国非营利评论》，第 1 期。

韩小凤、苗红培（2016）：《我国社会组织的公共性困境及其治理》，《探索》，第 6 期。

胡杨成、蔡宁（2008）：《资源依赖视角下的非营利组织市场导向动因探析》，《社会科学家》，第 3 期。

黄春蕾、郭晓会（2015）：《慈善商业化：国际经验的考察及中国的发展路径设计》，《山东大学学报》（哲学社会科学版），第 4 期。

康晓光（2018）：《"义利兼顾，以义制利"》，《人民政协报》，10 月 30 日。

刘莉莉（2010）：《我国非营利组织（NPO）市场化运作模式研究》，硕士学位论文，中国海洋大学。

罗文恩、周延风（2010）：《中国慈善组织市场化研究——背景、模式与路径》，《管理世界》，第 12 期。

宋程成（2017）：《跨部门互动与社会组织企业化：一项基于混合研究设计的分析》，《中国行政管理》，第 11 期。

田蓉（2010）：《西方非政府组织转型及其影响因素分析》，《东岳论丛》，第 11 期。

—— （2013）：《新管理主义时代香港社会福利领域 NGO 之发展》，《社会》，第 1 期。

—— （2019）：《轻资产运营：非营利组织社会企业化路径与反思》，《福建论坛》（人文社会科学版），第 10 期。

田蓉、Lucy Jordan（2016）：《非营利组织的社会企业化：模式与策略》，《华东理工大学学报》（社会科学版），第 4 期。

王名、朱晓红（2009）：《社会组织发展与社会创新》，《经济社会体制比较》，第 4 期。

王世强（2013）：《非营利组织的商业化及向非营利型社会企业的转型》，《中国第三部门研究》，第 2 期。

王诗宗、宋程成（2013）：《独立抑或自主：中国社会组织特征问题重思》，《中国社会科学》，第 5 期。

韦诸霞、汪大海（2015）：《我国城镇化进程中社会治理的公共性困境与重建》，《中州学刊》，第 4 期。

吴磊、谢璨夷（2019）：《社会组织与企业的合作模式、实践困境及其超越——基于资源依赖视角》，《广西社会科学》，第 9 期。

夏荣宇（2017）：《非营利组织商业化探析》，《党政论坛》，第 6 期。

于水、杨华锋（2008）：《公共性视角下我国非营利组织行为异化问题研究》，《江汉论坛》，第 12 期。

Aiken, M. & Bode, I. (2009), "Killing the Golden Goose? Third Sector Organizations and Back-to-work Programmes in Germany and the UK", *Social Policy & Administration*, 43 (3), pp. 209 – 225.

Alexander, J. , et al. (1999), "Implications of Welfare Reform：Do Nonprofit Survival Strategies Threaten Civil Society?", *Nonprofit and Voluntary Sector Quarterly*, 28 (4), pp. 452 – 475.

Anderson, B. B. & Dees, J. G. (2017), "Sector-bending: Blurring the Lines between Nonprofit and For-profit", *In Search of the Nonprofit Sector*, pp, 65 – 86.

Arrow, K. J. & Weisbrod, B. A. (1998), *To Profit or Not to Profit*：*The Commercial Transformation of the Nonprofit sector*, Cambridge：Cambridge University Press.

Austin, J. , et al. (2006), "Social and Commercial Entrepreneurship：Same, Different, or Both?", *Entrepreneurship Theory and Practice*, 30 (1), pp. 1 – 2.

Backman, E. V. & Smith, S. R. (2000), "Healthy Organizations, Unhealthy Communities?", *Nonprofit Management and Leadership*, 10 (4), pp. 355 – 373.

Beck, T. E. , et al. (2008), "Solutions out of Context：Examining the Transfer of Business Concepts to Nonprofit Organizations", *Nonprofit Management and Leadership*, 19 (2), pp. 153 – 171.

Bednall, D. H. B. , et al. (2001), "Business Support Approaches for Charities and Other Nonprofits", *International Journal of Nonprofit and Voluntary Sector Marketing*, 6 (2), pp. 172 – 187.

Brainard, L. A. & Siplon, P. D. (2004), "Toward Nonprofit Organization Reform in the Voluntary Spirit: Lessons from the Internet", *Nonprofit and Voluntary Sector Quarterly*, 33 (3), pp. 435 – 457.

Bush, R. (1992), "Survival of the Nonprofit Spirit in a For-profit World", *Nonprofit and Voluntary Sector Quarterly*, 21 (4), pp. 391 – 410.

Child, C. (2010), "Whither the Turn? The Ambiguous Nature of Nonprofits' Commercial Revenue", *Social Forces*, 89 (1), pp. 145 – 161.

Dart, R. (2004), "Being 'Business-like' in a Nonprofit Organization: A Grounded and Inductive Typology", *Nonprofit and Voluntary Sector Quarterly*, 33 (2), pp. 290 – 310.

Dees, J. G. (1998), "Enterprising Nonprofits: What Do You Do When Traditional Sources of Funding Fall Short?", *Harvard Business Review*, 76 (1), pp. 54 – 67.

Di Zhang, D. & Swanson, L. A. (2013), "Social Entrepreneurship in Nonprofit Organizations: An Empirical Investigation of the Synergy between Social and Business Objectives", *Journal of Nonprofit & Public Sector Marketing*, 25 (1), pp. 105 – 125.

Eikenberry, A. M. & Kluver, J. D. (2004), "The Marketization of the Nonprofit Sector: Civil Society at Risk?", *Public Administration Review*, 64 (2), pp. 132 – 140.

Foster, W. & Bradach, J. (2005), "Should Nonprofits Seek Profits?", *Harvard Business Review*, 83 (2), pp. 92 – 100.

Goddeeris, J. H. & Weisbrod, B. A. (1998), "Conversion from Nonprofit to For-profit Legal Status: Why Does It Happen and Should Anyone Care?", *Journal of Policy Analysis and Management: The Journal of the Association for Public Policy Analysis and Management*, 17 (2), pp. 215 – 233.

Guo, B. (2006), "Charity for Profit? Exploring Factors Associated with the Commercialization of Human Service Nonprofits", *Nonprofit and Voluntary Sector Quarterly*, 35 (1), pp. 123 – 138.

Harmer, A. , et al. (2012), "Has Global Fund Support for Civil Society Advocacy in the Former Soviet Union Established Meaningful Engagement or 'A Lot of Jabber about Nothing'", *Health Policy and Planning*, 28 (3), pp. 299 – 308.

Harvie, P. & Manzi, T. (2011), "Interpreting Multi-agency Partnerships: Ideology, Discourse and Domestic Violence", *Social & Legal Studies*, 20 (1), pp. 79 – 95.

Hasenfeld, Y. & Garrow, E. E. (2012), "Nonprofit Human-service Organizations, Social Rights, and Advocacy in a Neoliberal Welfare State", *Social Service Review*, 86 (2), pp. 295 – 322.

Hvenmark, J. (2013), "Business as Usual? On Managerialization and the Adoption of the Balanced Scorecard in a Democratically Governed Civil Society Organization", *Administrative Theory & Praxis*, 35 (2), pp. 223 – 247.

Hwang, H. & Powell, W. W. (2009), "The Rationalization of Charity: The Influences of

国外非营利组织商业化研究述评

Professionalism in the Nonprofit Sector", *Administrative Science Quarterly*, 54 (2), pp. 268 – 298.

James, E. (1998), "Commercialism among Nonprofits: Objectives, Opportunities, and Constraints", *To Profit or not to Profit: The Commercial Transformation of the Nonprofit Sector*, pp. 271 – 286.

Jäger, U. & Timon, B. (2010), "Strategizing in NPOs: A Case Study on the Practice of Organizational Change between Social Mission and Economic Rationale", *Voluntas: International Journal of Voluntary and Nonprofit Organizations*, 21 (1), pp. 82 – 100.

Keevers, L., et al. (2012), "Made to Measure: Taming Practices with Results-based Accountability", *Organization Studies*, 33 (1), pp. 97 – 120.

Kerlin, J. A. & Pollak, T. H. (2011), "Nonprofit Commercial Revenue: A Replacement for Declining Government Grants and Private Contributions?", *The American Review of Public Administration*, 41 (6), pp. 686 – 704.

Kreutzer, K. & Jäger, U. (2011), "Volunteering Versus Managerialism: Conflict over Organizational Identity in Voluntary Associations", *Nonprofit and Voluntary Sector Quarterly*, 40 (4), pp. 634 – 661.

Lai, W. & Spires, A. J. (2020), "Marketization and Its Discontents: Unveiling the Impacts of Foundation-led Venture Philanthropy on Grassroots NGOs in China", *The China Quarterly*, pp. 1 – 22.

Maier, F., et al. (2016), "Nonprofit Organizations Becoming Business-like: A Systematic Review", *Nonprofit and Voluntary Sector Quarterly*, 45 (1), pp. 64 – 86.

Meyer, M., et al. (2013), "In Search of Legitimacy: Managerialism and Legitimation in Civil Society Organizations", *Voluntas: International Journal of Voluntary and Nonprofit Organizations*, 24 (1), pp. 167 – 193.

Minkoff, D. C. & Powell, W. W. (2006), "Nonprofit Mission: Constancy, Responsiveness, or Seflection", *The Nonprofit Sector: A Research Handbook*, 2, pp. 591 – 609.

Moeller, L. & Valentinov, V. (2012), "The Commercialization of the Nonprofit Sector: A General Systems Theory Perspective", *Systemic Practice and Action Research*, 25 (4), pp. 365 – 370.

O'Reilly K. (2011), "We Are Not Contractors: Professionalizing the Interactive Service Work of NGOs in Rajasthan, India", *Economic Geography*, 87 (2), pp. 207 – 226.

Salamon, L. M. (1993), "The Marketization of Welfare: Changing Nonprofit and For-profit Roles in the American Welfare state", *Social Service Review*, 67 (1), pp. 16 – 39.

—— (1997), "Holding the Center: America's Nonprofit Sector at a Crossroads", *New York: Nathan Cummings Foundation*, January 16.

Sanders, M. L. (2015), "Being Nonprofit-like in a Market Economy: Understanding the Mission-market Tension in Nonprofit Organizing", *Nonprofit and Voluntary Sector Quarterly*, 44 (2), pp. 205 – 222.

Skloot, E. (1987), "Enterprise and Commerce in Non-profit Organizations", *The Nonprofit Sector: A Research Handbook*, pp. 380 – 393.

Sobieraj, S. (2006), "The Implications of Transitions in the Voluntary Sector for Civic Wngagement: A Case Study of Association Mobilization around the 2000 Presidential Campaign", *Sociological Inquiry*, 76 (1), pp. 52 – 80.

Stull, M. (2009), "Balancing Market and Mission: A Nonprofit Case Study", *Business Renaissance Quarterly*, 4 (3), p. 129.

Toepler, S. (2006), "Caveat Venditor? Museum Merchandising, Nonprofit Commercialization, and the Case of the Metropolitan Museum in New York", *Voluntas: International Journal of Voluntary and Nonprofit Organizations*, 17 (2), pp. 99 – 113.

Vaceková, G., et al., (2017), "Rethinking Nonprofit Commercialization: the Case of the Czech Republic", *VOLUNTAS: International Journal of Voluntary and Nonprofit Organizations*, 28 (5), pp. 2103 – 2123.

Young, D. R. (1998), "Commercialism in Nonprofit Social Service Associations: Its Character, Significance, and Rationale", *Journal of Policy Analysis and Management: The Journal of the Association for Public Policy Analysis and Management*, 17 (2), pp. 278 – 297.

Young, D. R., et al. (2002), "Commercialization, Social Ventures, and For-profit Competition", *The State of Nonprofit America*, pp. 423 – 446.

Yu, J. & Chen, K. (2018), "Does Nonprofit Marketization Facilitate or Inhibit the Development of Civil Society? A Comparative Study of China and the USA", *VOLUNTAS: International Journal of Voluntary and Nonprofit Organizations*, 29 (5), pp. 925 – 937.

$\mathcal{NP}$

# A Literature Review on the Commercialization of Foreign Nonprofit Organizations

Cheng Pei

国外非营利组织商业化研究述评

[ **Abstract** ] In the process of Chinese social transformation, the trend of commercialization of social organizations make the boundary between business and public area more and more ambiguous, which may threaten the main functions of non-profit organizations to participate in social governance and provide social services. Understanding the related research of commercialization of foreign NPOs is helpful to deepen our understanding of this question. This paper summarizes the connotation, causes and social influence of the commercialization of foreign NPOS. We find that the controversy about the commercialization of NPOs continues to exist, which is mainly reflected in whether its social consequences potentially promote or hinder the development of civil society. In the future, the research on the commercialization of non-profit organizations needs to be further explored in terms of concept definition, process and mechanism analysis, and theoretical expansion.

[**Keywords**] Nonprofit Organizations Commercialization; Social Services; Public Value Advocacy

（责任编辑　赖伟军）

# 编辑手记

$\mathcal{NP}$

受疫情影响，本卷《中国非营利评论》姗姗来迟。毫无疑问，疫情和非常态是 2020 年整个世界的关键词，中国人民在党和政府强有力的领导动员以及人民群众的高度配合下体现出强大的韧性和恢复能力。而对中国非营利部门来说，疫情下的行动与生存也是 2020 年的主轴。在这样一个充满历史感的年份，社会组织、公益慈善与志愿服务力量到底有着什么样的表现？在疫情应对中发挥了什么样的协同作用？

本卷以"慈善协同"为主题，收入四篇专题文章和两篇专题案例，记录了新冠肺炎疫情暴发后中国非营利部门在不同侧面的行动。重大应急事件中社会组织的协调救灾是一个重要话题，在新冠肺炎疫情这样一类特别的突发公共卫生事件中，社会组织的联合行动有何特征和模式？杨宝副教授和他的学生基于及时观察和跟踪获得的大量素材探讨了疫情中社会组织的合作模式及其呈现的不同层次。与基金会、慈善会等传统的公益慈善组织相比，此次疫情中非正式的志愿者组织和网络，以及校友会等非传统意义慈善组织的社会组织表现抢眼，体现出了强大的社会动员力和灵活性，其动员机制如何？在应急事件中的独特优势来自哪里？林顺浩与何立晗两位博士生以武汉大学校友会为例深入分析了这一现象产生的过程及其意义。此外孙梦婷、周幸钰和梁肖月的两篇文章关注了抗疫中非常关键的社区场景，分别探讨了社区社会动员中的政党角色、政党动员机制和社区社会组织的表现；周俊教授和她的学生以上海真爱梦想基金会的表现为例探讨了危机状态下社会组织与政府的关系及功能发挥类型；杨志等则从设计思维出发探讨了武汉市的疫情防控和城市治理创新问题。

限于时间节点和篇幅，本卷仅靠几篇主题文章显然还不能全面反映疫情下中国非营利部门的整体图景。疫情中专业志愿者的远程介入、社会工作者在社区的广泛参与、抗疫物资的海外动员、中国公益组织跨国救援的参与等都是中国非营利部门在非常态下呈现的新动向；与此同时，不同类型的组织和社会力量在疫情的不同阶段——应急救援期、平台救援期和后期常态防控期——也体现出不同的行动特征和不同程度的协同功能。然而总体来说，与2008年汶川地震后公益慈善组织、志愿者的集体亮相以及"中国公益元年"的评价相比，2020年的疫情对中国非营利部门来说更像是一次重大考验。其一，由于缺乏参与应对突发公共卫生事件的经验以及受相关制度的约束等原因，正式公益慈善组织的行动和作用与诸多非正式组织、志愿者网络、社区组织乃至企业的快速动员、全民行动相比反而显得不够及时和突出。其二，民间慈善力量与政府之间的协调机制存在明显缺位，公益慈善组织之间的联动也存在巨大的提升空间。其三，受疫情下的经济影响，不少社会组织，尤其是一线社会服务机构面临生存危机，非营利部门本身的韧性正在经受前所未有的考验。面对非常态下的挑战，如何增强非营利部门的内部黏度和外在韧性将成为一个非常值得讨论的话题。我们也期待后续有研究能对新冠肺炎疫情中慈善和非营利部门的行动与协同作用进行更系统的梳理和检视，以为国家完善重大突发公共卫生事件制度提供决策依据，为非营利部门应对类似公共卫生危机提供行动与协作经验。

尽管当下处于"非常态"，但这也并不妨碍《中国非营利评论》对公益慈善文化和基础理论的持续关注。本卷的专稿来自马昕女士，她是一位学者型官员，长期任职于中国社会组织和公益慈善的主管部门，她在一个更宏观的视野下提出了中国特色慈善事业的价值使命问题。党的十九届四中全会首次将"第三次分配"写入党的重要文件中，马昕女士指出要充分理解第三次分配的道德属性，除了从收入调整的角度来理解慈善的价值之外，更要看到慈善事业对于积累伦理道德和推进文化自信的重要价值和使命。与西方慈善百年来以专业化、职业化为特征的现代化进程相比，中国公益慈善近十来年的发展呈现一个传统慈善、现代慈善与后现代慈善相交织的复杂场景（康晓光教授将其概称为"超慈善"），包含了来自中国传统文化、社会主义红色文化、现代商业文明等背景的多元而复杂的思想基础和价值要素，并在新兴移动互联科技作为外生变量的影响下出现了很多别具特色与活力的慈善样态。显然，中国公益慈善有不同于西方的动力基础和发展路径，未来的发展必须与中国特色社会主义的整体制度框架相适应，必须基于自身的文化和制度特征来挖掘慈善的意义，构建中国特色的公益慈善理论基础。在此背景下，专业化、职业化的现代慈善路径很可能只是发展方向之一，基于传统文化的互助慈善、地方慈善以及基于家国情怀的公共慈善等样态因其道德属性和教化价值，都应得到充分关注。本卷书评中涉及的《华人慈善：历史与文化》以及《滕尼斯传：佛里斯兰人与世界公民》也都有助于拓展我们在历史与文化层次的思考。未来《中国非营利评论》也将持续关注探讨中国慈善文化与理论基础的文章，尤其欢迎有国际比较视野的研究成果。

2020 年中国非营利部门还有一些新的动向值得关注。除了非常态下的组织与行业韧性议题外，官办背景社会组织的转型和新动向也引起了广泛讨论。过去的非营利组织研究受国家 – 社会关系视角以及市民社会理论的影响深重，集中关注了那些"新"生长起来的、民间性较强的、符合西方理论界定的社会组织及其制度环境，而忽视了在中国社会组织生态中占据相当大甚至更大比例的官办背景社会组织。这些官办背景组织的转型走向对中国非营利部门的未来格局乃至政社关系的整体格局都有重大影响，但我们对它们的行为特征和行为逻辑还知之甚少。事实上，中国社会组织在现实中的组织治理结构、运作方式和行为逻辑与学者们依照西方非营利组织理论和管理学教材所想象的样子相差甚远。《中国非营利评论》也期待在未来有更多关注组织结构与行为逻辑的实证研究成果。

# 稿　　约

1. 《中国非营利评论》是有关中国非营利事业和社会组织研究的专业学术出版物，分为中文刊和英文刊，均为每年出版两卷。《中国非营利评论》秉持学术宗旨，采用专家匿名审稿制度，评审标准仅以学术价值为依据，鼓励创新。

2. 《中国非营利评论》设"论文""案例""研究参考""书评""观察与思考"等栏目，刊登多种体裁的学术作品。

3. 根据国内外权威学术刊物的惯例，《中国非营利评论》要求来稿必须符合学术规范，在理论上有所创新，或在资料的收集和分析上有所贡献；书评以评论为主，其中所涉及的著作内容简介不超过全文篇幅的 1/4，所选著作以近年出版的本领域重要著作为佳。

4. 来稿切勿一稿数投。因经费和人力有限，恕不退稿，投稿一个月内作者会收到评审意见。

5. 来稿须为作者本人的研究成果。作者应保证对其作品具有著作权并不侵犯其他个人或组织的著作权。译作者应保证译本未侵犯原作者或出版者的任何可能的权利，并在可能的损害产生时自行承担损害赔偿责任。

6. 《中国非营利评论》热诚欢迎国内外学者将已经出版的论著赠予本刊编辑部，备"书评"栏目之用，营造健康、前沿的学术研讨氛围。

7. 《中国非营利评论》英文刊（*The China Nonprofit Review*）是 Brill 出版集团在全球出版发行的标准国际刊号期刊，已被收录入 ESCI（Emerging Sources

Citation Index）。英文刊接受英文投稿，经由独立匿名评审后采用；同时精选中文刊的部分文章，经作者同意后由编辑部组织翻译采用。

8. 作者投稿时，电子稿件请发至：Chinanpovev@ 163. com （中文投稿），nporeviewc@ gmail. com （英文投稿）。

9.《中国非营利评论》鼓励学术创新、探讨和争鸣，所刊文章不代表本刊编辑部立场，未经授权，不得转载、翻译。

10.《中国非营利评论》已被中国期刊网、中文科技期刊网、万方数据库、龙源期刊网等收录，为适应我国信息化建设的需要，实现刊物编辑和出版工作的网络化，扩大本刊与作者知识信息交流渠道，在本刊公开发表的作品，视同为作者同意通过本刊将其作品上传至上述网站。作者如不同意作品被收录，请在来稿时向本刊声明。但在本刊所发文章的观点均属作者个人观点，不代表本刊立场。本声明最终解释权归《中国非营利评论》编辑部所有。

由于经费所限，本刊不向作者支付稿酬，文章一经刊出，编辑部向作者寄赠当期刊物 2 本。

# 来 稿 体 例

1. 各栏目内容和字数要求：

"论文"栏目发表中国非营利和社会组织领域的原创性研究，字数以8000～20000字为宜。

"案例"栏目刊登对非营利和社会组织实际运行的描述与分析性案例报告，字数以5000～15000字为宜。案例须包括以下内容：事实介绍、理论框架、运用理论框架对事实的分析。有关事实内容，要求准确具体。

"研究参考"栏目刊登国内外关于非营利相关主题的研究现状和前沿介绍、文献综述、学术信息等，字数为5000～15000字。

"书评"栏目评介重要的非营利研究著作，以5000～10000字为宜。

"观察与思考"栏目刊发非营利研究的随思随感、锐评杂论、会议与事件的评述等，字数以3000～8000字为宜。

2. 稿件第一页应包括如下信息：（1）文章标题；（2）作者姓名、单位、通信地址、邮编、电话与电子邮箱。

3. 稿件第二页应提供以下信息：（1）文章中、英文标题；（2）不超过400字的中文摘要；（3）2～5个中文关键词。书评、随笔无须提供中文摘要和关键词。

4. 稿件正文内各级标题按"一""（一）""1.""（1）"的层次设置，其中"1."以下（不包括"1."）层次标题不单占行，与正文连排。

5. 各类表、图等，均分别用阿拉伯数字连续编号，并注明图、表名称；图编号及名称置于图下端，表编号及名称置于表上端。

6. 本刊刊用的文稿，采用国际社会科学界通用的"页内注 + 参考文献"方式。

基本要求：说明性注释采用当页脚注形式。注释序号用①②③……标识，每页单独排序。文献引用采用页内注，基本格式为年份制（**作者，年份：页码**），外国人名在页内注中只出现姓（容易混淆者除外），主编、编著、编译等字眼，译文作者、国别等字眼都无须在页内注里出现，但这些都必须在参考文献中注明。

文末列明相应参考文献，参考文献中外文分列（英、法、德等西语可并列，日语、俄语等应分列）。中文参考文献按照作者姓氏汉语拼音音序排列，外文参考文献按照作者姓氏首字母排序。基本格式为：

**作者 （书出版年份）：《书名》（版次），译者，卷数，出版地：出版社。**

**作者 （文章发表年份）：《文章名》，《所刊载书刊名》，期数，刊载页码。**

**author （year），*book name*，edn.，trans.，Vol.，place：press name.**

**author （year），"article name"，Vol.（No.）*journal name*，pages.**

**图书在版编目（CIP）数据**

中国非营利评论. 第二十六卷, 2020. No. 2 / 王名
主编. -- 北京：社会科学文献出版社，2020.12
　　ISBN 978 - 7 - 5201 - 6635 - 5

　　Ⅰ. ①中…　Ⅱ. ①王…　Ⅲ. ①社会团体 - 中国 - 文集
Ⅳ. ①C232 - 53

　　中国版本图书馆 CIP 数据核字（2020）第 255527 号

**中国非营利评论（第二十六卷）**

主　　办／清华大学公益慈善研究院
　　　　　明德公益研究中心
主　　编／王　名

出 版 人／王利民
组稿编辑／刘骁军
责任编辑／姚　敏　易　卉

出　　版／社会科学文献出版社 · 集刊分社（010）59367161
　　　　　地址：北京市北三环中路甲 29 号院华龙大厦　邮编：100029
　　　　　网址：www. ssap. com. cn
发　　行／市场营销中心（010）59367081　59367083
印　　装／三河市龙林印务有限公司

规　　格／开　本：787mm × 1092mm　1/16
　　　　　印　张：18.25　字　数：308 千字
版　　次／2020 年 12 月第 1 版　2020 年 12 月第 1 次印刷
书　　号／ISBN 978 - 7 - 5201 - 6635 - 5
定　　价／98.00 元